杭州城市国际化发展报告 （2017）

ANNUAL REPORT OF HANGZHOU
INTERNATIONALIZATION (2017)

杭州市发展和改革委员会　杭州师范大学　编

人民出版社

目　　录

序　言

　　进入新时期以来,杭州在全国城市体系中的战略地位日益提高,国际知名度和影响力持续提升。2016 年,G20 峰会在杭州成功举办,这一大事件不仅展示了杭州的综合实力,也展示了杭州的城市国际化水平。杭州秉承"干在实处、走在前列、勇立潮头"的浙江精神,早在新世纪初就提出了城市国际化的战略。2007 年,习近平总书记在浙江工作期间明确指出:"杭州不应当仅仅是浙江的杭州、中国的杭州,也应当是亚洲的杭州、世界的杭州","世界一流的标准,世界一流的业绩,世界一流的胸襟和气魄,世界一流的现代化国际大都市"。2016 年 7 月,杭州市委第十一届十一次全会通过了《关于全面提升杭州城市国际化水平的若干意见》,完成了推进城市国际化的顶层设计,明确了加快建设"独特韵味、别样精彩"世界名城的"三步走"奋斗目标和打造"四大个性特征"、形成"四大基础支撑"的重点任务。

　　目前,杭州正处于"后峰会、前亚运"时期,对照习近平总书记和党中央对杭州的高度重视与殷切期望,对照"以一流的状态建设一流的城市"的明确要求,对照国内外城市日新月异的发展势头,社会各界对城市国际化的期待更多了,任务也更重了。如今,杭州正大力推进"拥江发展",加大"最多跑一次"改革,发力"城中村"改造,融入浙江省"大湾区""大花园""大通道"建设,加快推进"沪嘉杭 G60 科创大走廊"发展,追求"独特韵味、别样精彩"的可持续发展,打造新时代特色鲜明的世界名城。

　　值此时机,我们启动编撰《杭州城市国际化发展报告(2017)》,目的在于对标国内外大都市的发展经验,回顾杭州推进城市国际化的年度状况,以政府、专业和专家的视角对城市国际化的现状和发展态势进行实证的分析,并针对若干问题提出下一步的对策建议。此次编撰是我们的首次尝试,期间不断地讨论、协调和磨合,定稿时间超出了原定计划,本书稿涉及的时间主要是 2016 年至 2017 年上半年。我们希望通过此次编撰实践,形成专业、前沿、实证和时效的年度报告,为杭州城市国际化的发展贡献一份力量。本书编撰获得了有关部门领导、专家学者和出版社的大力支持,在此表示衷心的谢意! 本书一定会有这样或那样的瑕疵,期望方家批评指正!

《杭州城市国际化发展报告(2017)》编写组
2017 年 12 月

第一编　战略规划篇

年度报告

一、杭州城市国际化发展状况

在全球经济缓慢复苏、信息技术突飞猛进、世界城市充满竞争的形势下,在我国"一带一路"建设、长江经济带发展、长三角世界城市群规划等国家战略的背景下,城市国际化水平成为衡量一个城市国际影响力和竞争力的重要标志。杭州作为长三角城市群中的副中心城市,浙江省的经济、文化和科教中心,国家历史文化名城和著名的风景旅游城市,杭州市委、市政府高度重视新时代杭州城市品牌的打造与建设,明确地把推进城市国际化列为城市发展的重大战略之一。以国际化提升城市化、以城市化推进国际化,增强杭州的综合竞争力和国际影响力,以实现"变道超车",早日实现"世界名城"的夙愿。

2016年G20峰会在杭州成功举办,杭州的国际知名度和美誉度迅速扩大和提高。这一年,杭州首次跻身全球100强国际会议目的地,在中国城市中排名第三位,仅次于北京和上海;在《福布斯》发布的"中国大陆最具创新力城市"榜单中,杭州位列第四位;同一年,杭州入选《纽约时报》"全球最值得去的52个目的地",获《Travel & Leisure》国内唯一的"2016年中国首选目的地"奖项。在全球化与世界城市研究组织GaWC公布的2016世界城市体系排名中,杭州列入中国城市第十位。在城市国际化的征程中,杭州正以自己的"别样精彩、独特韵味"迈向世界城市舞台,并迅速地提升自己的地位。

（一）杭州经济发展水平迈上新台阶

在全国经济普遍不景气的情况下，杭州通过产业结构的调整与升级，社会经济平稳发展，国民经济总量稳中有升。根据杭州市统计局的数据，杭州地区国民生产总值（GDP）从2011年的7037.28亿元、2012年的7833.62亿元、2013年的8398.58亿元、2014年的9206.16亿元、2015年跃升至"万亿元"城市方阵，达10050.20亿元，这是全国第十个进入GDP"万亿元"的城市。2016年，杭州地区国民生产总值达11050.49亿元。从GDP的增速情况看，2011年杭州的GDP增速为10.1%，其后增速有所回落，2012年为9.0%，2013年为8.0%，2014年为8.2%，至2015年，增速提高至10.2%，2016年为9.5%，年均增长9.0%，分别高于全国1.7个百分点，高于浙江1.1个百分点。（见图1）

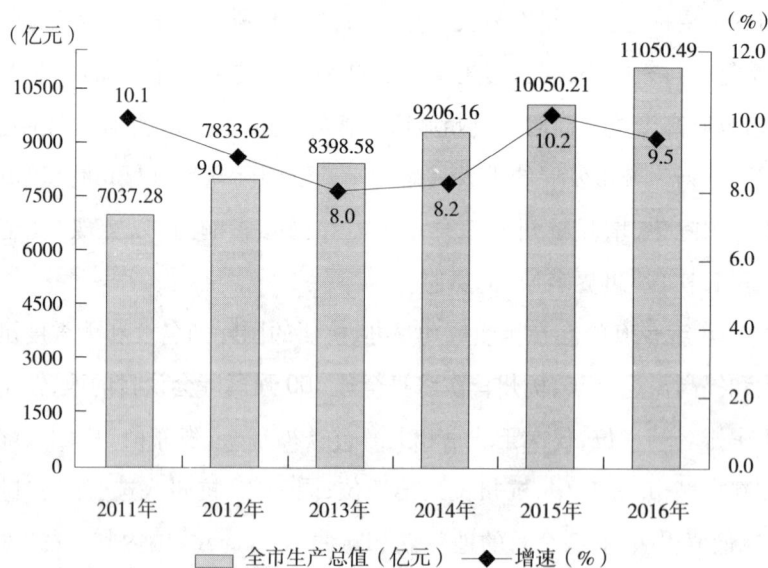

图1　2011—2016年全市生产总值及增速

资料来源：杭州市统计局《2016年杭州市国民经济和社会发展统计公报》。

在杭州的产业结构中，第三产业异军突起，成绩亮眼。杭州三次产业

结构由2011年的3.4∶46.6∶50.0,调整为2015年的2.9∶38.9∶58.2,
2016年则为2.8∶36.0∶61.2。(见图2)2011年,杭州第三产业生产总
值为3519.99亿元,2012年为4078.37亿元,2013年为4562.73亿元,
2014年5086.24亿元,2015年5853.25亿元,2016年达到了6888.59亿
元。从第三产业的增速来看,杭州2016年服务业甚至创下了17.7%的增
速,比上年同期提高了3.1个百分点。

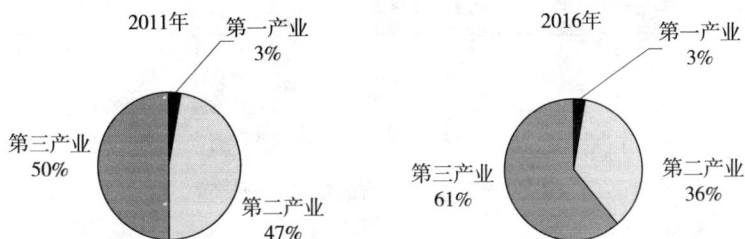

图2 杭州三次产业结构的比重

如果与北京、上海、广州、深圳、南京、成都、武汉、青岛等城市比较,杭
州的服务业比重增速是非常快的。2015年,北京、上海作为全国的政治
中心、经济中心、金融中心和科技中心,服务业比重分别达到79.6%和
67.8%,在全国是最高的。2015年,广州和深圳的服务业比重分别为
66.77%和58.8%,为副省级以上城市中的第三和第四位,杭州和南京的
比重分别是58.2%和57.32%,两者比较接近。(图3)2017年上半年,杭
州的第三产业比重继北京、上海和广州之后,与深圳同时跨越60%,超过
了发达国家三次产业的标准线。事实上,2012年至2016年,杭州服务业
对GDP增长的贡献率趋于快速增长,从54.6%升至80.0%,这是杭州经
济增长和转型升级的重要支撑。

"发展信息经济、推进智慧应用"是杭州的"一号工程",这是杭州
经济走出低谷重拾升势的主要动力源泉。2016年,杭州实现信息经济
增加值2688.00亿元,对GDP增长的贡献率超过50%,增速22.8%。
杭州是中国电子商务之都,集聚了全国超过1/3的电子商务网站。
2015年,中国(杭州)跨境电子商务综合试验区和杭州国家自主创新示
范区获批,目标是"以大众创业培育经济发展新动力、用万众创新撑起

（%）

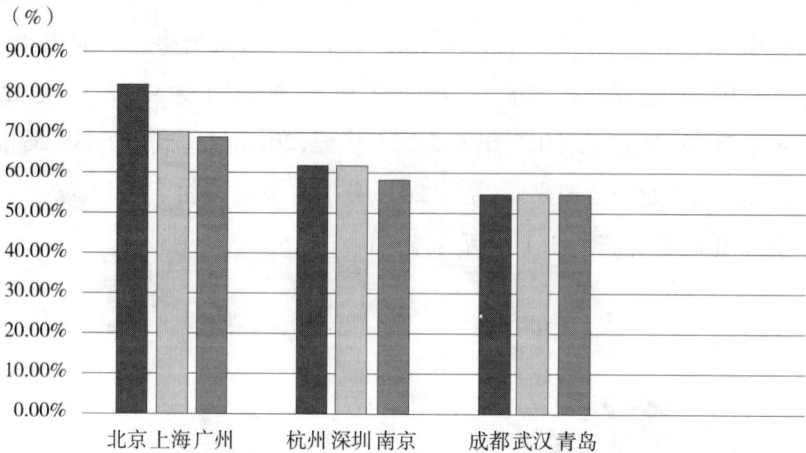

图3　全国主要城市的第三产业比重

发展新未来"。2016年,杭州发布全国首个跨境电商发展指数,跨境电商上线企业超过6000家。在创新创业方面,杭州启动了"创新创业新天堂"行动,从载体建设、人才集聚、服务提升、金融支持、平台支撑、生态优化等六个方面进行落实推进。2016年,杭州拥有国家科技孵化器体系众创空间35家;科技企业孵化器105家,其中国家级30家,孵化总面积289.00万平方米,数量位居中国副省级城市的首位。在最近五年,杭州累计新设企业26.64万家,年均增长20.7%;累计新设个体工商户32.34万家,年均增长10.5%;发明专利累计授权量3.29万件,年均增长13.9%。2016年,全市发明专利申请量24951件,发明专利授权量8647件,增长40.4%和4.2%。新认定国家重点扶持高新技术企业515家,累计达3035家。2016年,杭州财政科技支出74.92亿元,年均增长16.4%;2016年规模以上工业企业科技活动经费支出237.82亿元,年均增长12.6%。

在杭州的创新创业实践中,杭州未来科技城、梦想小镇、云栖小镇、玉皇山南基金小镇等迅速成长,大数据、电子商务、互联网金融等产业飞速发展,阿里巴巴的电商模式和蚂蚁金服的普惠金融对世界产生了重大的影响,而网易、吉利控股、海康威视、恒升电子等公司的业绩也大幅上涨,成为浙江乃至全国新经济的标杆。2016年,杭州新增上市企业 17 家、新三板挂牌企业 192 家;新设各类市场主体 16.93 万户,增长 25.5%。

(二) 杭州海归人才流入量居全国之首

杭州已连续六年入选"外籍人才眼中最具吸引力的中国城市",在《每日财经》发布的《2016 中国大陆最宜创业城市排行榜》上杭州位列第四位,仅次于北京、上海和深圳,杭州的创业和创新十分活跃,吸引了海内外的大量人才进入杭州。

全球最大的职场社交平台 LinkedIn(领英)通过其高端人才库和大数据分析,首次发布了"中国职场全球化榜单"。从中国职场全球化指数来看,杭州仅次于上海、北京、深圳和广州,从海归人才流入的相对量看,杭州还逆袭了北上广深,排名全国第一位。从下面的两张图表可以看到杭州对于人才的吸引力,全球工作机会达 80.88,排名第三位;全球海归人才流入/流出对比,杭州排第一位,流入远比流出多。(图 4、5)①

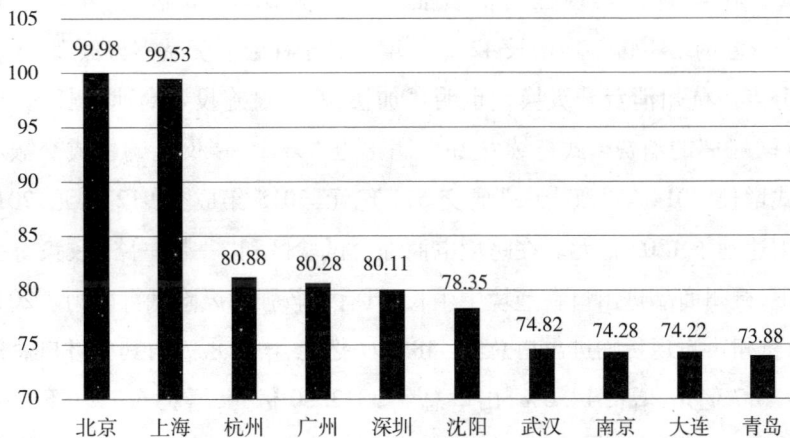

图 4 全球化工作机会城市排行榜(中国前 10 位城市)

---

① 参考《都市快报》,2017 年 3 月 22 日。

(%)

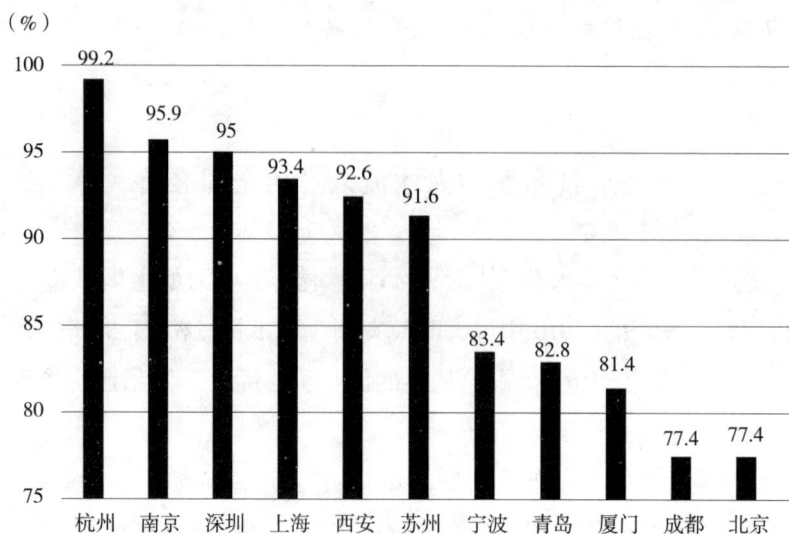

图5　2016年城市海归人才流入/流出比例(中国前10城市)

(三)杭州消费升级换代,进出口额大幅度增长

2016年杭州实现社会消费品零售总额5176.20亿元,年均增长12.7%。网络零售年均增长42.0%,增速高于社会消费品零售额29.3个百分点。杭州消费升级换代也明显加快,基础设施投资高速增长,其中"互联网+"的消费模式持续发力,阿里巴巴"双十一"网上购物成交额爆发式增长,2014年"双十一"成交571亿元,2015年成交912亿元,2016年则达到了1207亿元。在跨境电商综合试验区和"一带一路"政策等引领下,杭州商品进出口在逆境中生长,具有了较强的风险抵御能力。2016年,杭州市实现货物进出口总额4485.97亿元,增长8.7%,其中进口总额1172.17亿元,增长14.6%;出口总额3313.80亿元,增长6.7%(不含省属企业,出口3019.05亿元,增长9.5%)。在出口总额中,机电产品出口1357.20亿元,高新技术产品出口424.23亿元,分别增长8.3%和7.6%。按贸易方式来区分,一般贸易出口2922.94亿元,增长8.7%;进料加工贸易出口347.38亿元,下降8.1%。在出口市场中,亚洲、欧洲市场分别增长8.0%和8.3%(见表1)。

表1 2016年全市货物进出口总额及增速

指 标	总额(亿元)	增长(%)
货物进出口总额	4485.97	8.7
货物出口额	3313.80	6.7
一般贸易	2922.94	8.7
进料加工贸易	347.38	−8.1
机电产品	1357.20	8.3
高新技术产品	424.23	7.6
货物进口额	1172.17	14.6

资料来源:杭州市统计局《2016年杭州市国民经济和社会发展统计公报》。

(四)"一张蓝图绘到底",城市基础设施建设大力推进

2016年杭州城市建设的纲领性文件《杭州市城市总体规划(2001—2020年)》获得国务院批复。这个总规贯彻"创新、协调、绿色、开放、共享"的发展理念,按照"一张蓝图绘到底"的精神,围绕增强城市辐射带动能力、可持续发展能力、创新发展活力、支撑保障能力和城市魅力,对发展目标、空间管制、发展规模、区域城乡空间布局、空间结构、中心体系及公共服务、综合交通体系、基础设施及环境保护、历史文化名城保护、绿地系统、景观系统等方面进行了重点修改完善。该总规提出,杭州的目标定位是"以美丽中国先行区为目标,充分发挥历史文化、山水旅游资源优势,发展科教事业,建设高技术产业基地和国际重要的旅游休闲中心、国际电子商务中心、全国文化创意中心、区域性金融服务中心"。

根据城市建设的总目标,杭州全力推进城市基础设施建设。2016年,杭州全市完成城市基础设施投资1630.53亿元,增幅达20.3%。杭长高速和萧山机场高速建成通车;东湖快速路、紫之快速路等建成通车。地铁2号线西北段和4号线南段等加快建设,地铁里程增至82公里,三期建设规划获批,地铁5号线、6号线一期等工程有序推进;杭州至富阳、杭州至临安的城际铁路试验段开工建设。2016年末,市区公共交通运营线

路703条,其中,主城区356条。市区新增公共交通运营线路15条,其中,主城区12条。全年地铁客运量达到2.69亿人次,增长20.3%;主城区新建停车泊位5.1万个。交通综合治堵和公交都市创建工作持续深化,城市交通拥堵状况有所缓解。在这一年,杭州还打造了钱江新城、西湖、武林广场、运河"四大亮灯"工程,成为杭州的标志性文化景观。

杭州萧山国际机场国际地位不断提升,国际航班通航点已经超过了40个,辐射亚洲,直达北美、欧洲、大洋洲等20多个国家和地区,有52家中外航空公司在萧山机场运营,国内外定期航班通航点138个,停场过夜飞机近百架,每周进出港航班4800个。至2016年末,萧山国际机场已开通至旧金山、洛杉矶、悉尼、温哥华、墨尔本等地国际航线240条,其中国际航线38条,港澳台航线7条。内地航线进出港旅客2741.43万人次,增长11.0%;国际及地区航线进出港旅客418.06万人次,增长14.5%。2015年,中国大陆地区旅客吞吐量超过3000万人次的机场数目达到9个,首都机场8000万人次;浦东机场第二位,6000万人次;广州机场5000万人次。2016年12月,杭州萧山国际机场迈越了3000万人次的门槛,进入国内第10个三千万级机场,在全世界机场榜单中位列第65名。

（五）生态环境获得进一步改善

杭州以服务保障G20峰会为契机,结合环境整治、生态保护和城市治理,开展生态修复,大气污染综合治理,改善大气环境。2016年,杭州继续推进"五水共治"工程,新增污水管网269公里,完成7座污水处理厂一级A提标改造,完成160个行政村生活污水治理;市控以上断面水质达标率85.1%,钱塘江杭州段干流均达到或优于Ⅲ类水质。杭州获得全省治水工作最高奖"大禹鼎"奖项。千岛湖配供水工程顺利推进,闲林水库下闸蓄水。扎实推进"五气共治",三区四县(市)中心城区建成"无燃煤区",主城区节能及新能源公交车占比达95.78%,建筑工地扬尘监管全覆盖;市区空气质量优良天数为260天,优良率71.0%,PM 2.5年平均浓度为48.8μg/m³,下降14.5%,空气优良天数比上年增加18天。持续推进河道综保、湘湖综保工程和"三江两岸"生态景观保护与建设,三江沿线生态廊道基本成型。全面推广垃圾分类,实施垃圾资源全回收、原生垃圾零填埋的策略。积极推进"五废共治",九峰环境能源项目顺利推进,第二固废处置中心投用,工业固废、生活垃圾、医疗废物无害化处理工作进一步加强。

实施美丽杭州、生态文明先行示范区建设"三年行动计划",扎实推进国家生态文明先行示范区建设。深入推进"三改一拆",完成"三改"3349.7万平方米,拆除违法建筑2182.4万平方米,腾出土地2.67万亩,拆后利用2.09万亩;打响城中村改造和小城镇环境综合整治攻坚战,23个村完成全面改造。深化美丽乡村建设,开展杭派民居示范创建村12个。至2016年末,市区人均公园绿地面积达14.3平方米,建成区绿化覆盖率为40.5%。全年规模以上工业单位增加值能耗下降6.3%,单位GDP能耗预计下降6%以上。城市环境获得明显改善,统筹实施生态保护修复工程,加强城市西部生态保护,加快建设城市组团间的生态廊道,构筑大杭州生态安全屏障。

（六）G20杭州峰会服务保障工作圆满出色

贯彻落实习近平总书记的重要指示精神,以"最高标准、最快速度、最实作风、最佳效果"为目标,全力做好场馆改造、会议服务、平安护航、氛围营造以及6大类605个环境整治提升项目等峰会各项服务保障工作,实现让"党中央和总书记满意、外国元首满意、全国人民满意、全省人民满意"的"四个满意"目标。动员全市广大干部群众积极参与"服务G20,人人都是东道主"主题活动,识大体、顾大局、讲奉献,弘扬"精致和谐、大气开放"的城市人文精神,树立"诚信包容、文明友善"的市民形象,向世界展现杭州历史与现实交汇的独特韵味,为成功举办峰会贡献了杭州的智慧和力量。在G20峰会期间,一系列的活动全面展现了"西湖风光、江南韵味、中国气派、世界大同"的理念,向世界展示了中国精神、中国力量,在二十国集团进程中留下了不可磨灭的中国印记。G20杭州峰会进一步提升了杭州的综合实力和国际影响力,把杭州推向了世界舞台,让杭州站上了新的发展起点。

(七)旅游会展行业实现新的升级

为保障 G20 峰会的顺利召开,杭州进行了与旅游会展产业相关硬件装备的升级改造,提高了整体接待外宾的能力,完成了 580 余个城市环境与交通保障项目。杭州国际博览中心投入使用,一大批国际连锁酒店品牌进驻杭州,全市总计星级宾馆 173 家,其中五星级 24 家,四星级 46 家。在这一年,杭州还成功举办了西湖国际博览会、中国国际动漫节、中国(杭州)国际电子商务博览会、杭州文化创意产业博览会、杭州云栖大会和首届世界工业设计大会,会址永久落户杭州。至 2016 年末,全市各类旅行社达 717 家,增长 4.7%;A 级景区 70 个,其中 5A 级 3 个,4A 级 34 个。随着杭州知名度和影响力的迅速提升,旅游产业也获得了进一步的发展。全市实现旅游产业增加值 808.89 亿元,增长 13.3%。全市实现旅游总收入 2571.84 亿元,增长 16.9%,其中旅游外汇收入 31.49 亿美元,增长 7.5%。接待入境旅游者 363.23 万人次,增长 6.3%;接待国内游客 1.37 亿人次,增长 13.8%。(见表 2,图 6,图 7)如果对两组数据做个对比,那么我们可以发现国内旅游人数将近是入境旅游人数的 4 倍,对国内游客来说,杭州有更大的吸引力。

表 2　2011—2016 年杭州国际国内旅游人数

年　份	入境旅游者(万人次)	国内旅游者(亿人次)
2011	306.31	0.72
2012	331.12	0.82
2013	316.01	0.94
2014	326.13	1.06
2015	342.00	1.20
2016	363.23	1.37

资料来源:杭州市统计局《2016 年杭州市国民经济和社会发展统计公报》。

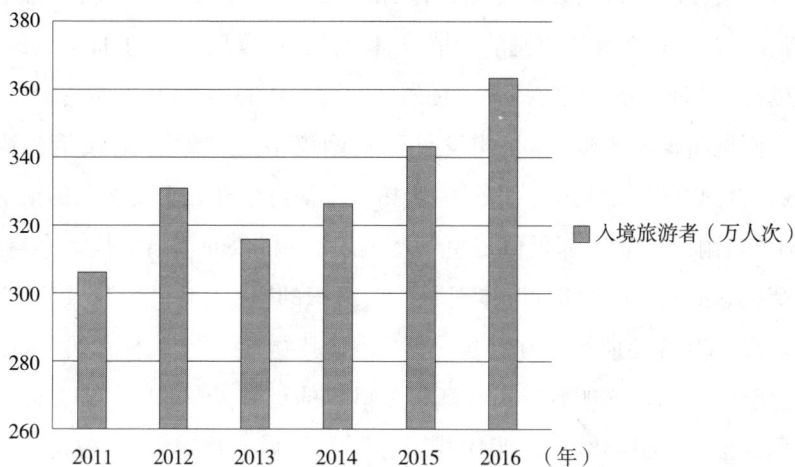

图6 杭州入境旅游者人数的变化（万人次）

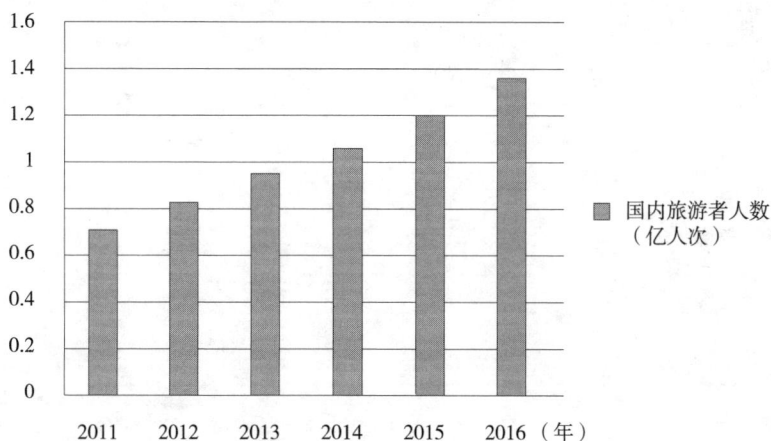

图7 杭州国内旅游者人数的变化（万人次）

（八）城市治理体系更趋完善

在近几年,杭州重视城市治理,大力构建全民"共建共享"的新格局。杭州一直以来坚持落实"四问四权"机制,即"问需于民、问情于民、问计于民、问绩于民",理清问题、找出差距,收集意见、清晰思路,深化设计、完善方案,接受监督、改进优化,听取市民意见与建议,体现"以人为本"的治理方式,切实保障市民的知情权、参与权、监督权,充分发挥人民群众积极性、主动性、创造性,提升市民的认知度和认同感,实现城市善治的目标。而杭州媒体搭建的"杭州发布""杭网议事厅""24小时民情热线""我们圆桌会""民情热线"等进一步拓宽了信息公开和全民参与的渠道,"湖滨晴雨工作室""邻里值班室"等一批富有特色的草根机构则丰富了民情民意的疏解表达渠道,体现了基层组织的"民主与民生",共建与共享。在 G20 峰会期间,"礼让斑马线"、西湖"微笑亭""武林大妈"、红袖章、交通志愿者、文明督导员等赢得了世界的点赞。在社区管理方面,全市积极推进"网格化管理、组团式服务"模式,形成覆盖到户、触角灵敏、反馈有力的社区服务工作网络,全市 1.14 万个网格全面开展以"零案件、零事故、零激化、零上交"的"平安网格"创建活动,有力地确保了城市社区的有序与安全。

二、杭州城市国际化发展
战略与重大举措

新世纪以来,杭州市委、市政府提出了城市国际化发展战略,出台了指导城市国际化工作的意见,发布了国际化行动纲要及其系列行动计划,全面推进各项工作,实现重点领域和关键环节的突破,为办好 G20 峰会和亚运会打下了坚实的基础。2016 年以来,市委召开了城市国际化主题全会,制定新时期推进城市国际化指导意见,在"十三五"发展规划中突出显示城市国际化战略地位,在重点领域制定一系列行动计划。

（一）杭州城市国际化的指导思想

一是全面贯彻党的十八大和十八届三中、四中、五中全会精神,深入贯彻习近平总书记系列重要讲话精神,认真落实省委十三届九次全会和省委城市工作会议总体部署,坚持"创新、协调、绿色、开放、共享"的发展理念,把城市国际化作为引领杭州建设发展的重要抓手。

二是抓机遇、补短板、求突破,着力打造具有全球影响力的"互联网+"创新创业中心、国际会议目的地城市、国际重要的旅游休闲中心、东方文化国际交流重要城市等四大个性特色,加快形成一流生态宜居环境、亚太地区重要国际门户枢纽、现代城市治理体系、区域协同发展新格局等四大基础支撑,持续推进历史文化名城、创新活力之城、东方品质之城和美丽中国样本建设。

三是确保杭州继续稳居全国大城市发展第一方队,努力把杭州建设成为"独特韵味、别样精彩"的世界名城。

（二）杭州城市国际化的"三步走"目标

杭州城市国际化的"三步走"目标是：第一阶段到 2020 年，杭州城市创新创业能力和产业国际竞争力明显增强，城市功能和人居环境更加完善，公共服务水平和社会文明程度显著提高，国际往来和人文交流更加深入，成为具有较高全球知名度的国际城市。

第二阶段到 2030 年，杭州城市国际化向纵深推进，城市核心竞争力走在全国城市第一方队前列，初步成为特色彰显、具有较大影响力的世界名城。

第三阶段到本世纪中叶，杭州城市的国际性特征进一步完备，经济、文化、社会和生态等领域的自身特色和个性特质充分彰显，成为具有独特东方魅力和全球重大影响力的世界名城。

（三）杭州城市国际化的八大重点工作任务

根据《关于全面提升杭州城市国际化水平的若干意见》，杭州在最近几年城市国际化发展的主要工作是，拉长"长板"，补齐"短板"，着力打造"四大个性特色"和加快形成"四大基础支撑"。

一是着力打造具有全球影响力的"互联网+"创新创业中心。拓展国际创新创业载体，构建国际前沿和高端产业集群，打造国际开放合作高地，营造国际创新创业生态环境。

二是着力打造国际会议目的地城市。打响全球会议目的地品牌，提升展会国际化水平，增强国际体育赛事组织能力。

三是着力打造国际重要的旅游休闲中心。深入推进旅游国际化，大力实施旅游全域化，努力建设国际消费中心城市。

四是着力打造东方文化国际交流重要城市。塑造东方文化品牌个性，深化国际文化交流与合作，提升市民素质和城市文明程度。

五是加快形成一流生态宜居环境。优化城市空间布局,塑造城市特色风貌,提升生态环境质量,完善生态文明制度。

六是加快形成亚太地区重要国际门户枢纽。提升交通枢纽国际化水平,完善城乡综合交通网络,加快信息网络和数据开放平台建设。

七是加快形成现代城市治理体系。优化政务法治环境,提升公共服务国际化水平,加强城市智慧治理。

八是加快形成区域协同发展新格局。主动接轨国家区域发展战略、加快杭州都市区和都市圈建设、深入推进城乡一体化。

（四）杭州推进城市国际化的重大举措

一是加强顶层设计,建立组织机构。为加强城市国际化工作指导,2009 年 6 月,杭州市委市政府出台了《关于实施城市国际化战略提高城市国际化水平的若干意见》(市委〔2009〕18 号)。2014 年 5 月,杭州市成立了市城市国际化推进工作委员会及其办公室,由市长担任委员会主任;办公室设在市发改委,由发改委主任担任办公室主任。2015 年 8 月,为推进重点领域的工作,成立了市对外宣传、市旅游休闲、市教育、市医疗和市城市标识等五个市城市国际化推进工作专业委员会,主要负责本领域国际化重大项目推进工作。2016 年 7 月,杭州发布了《关于全面提升杭州城市国际化水平的若干意见》(市委〔2016〕10 号),完善了全面提升杭州城市国际化水平的顶层设计。2017 年 1 月,为完善市国推委及各专委会的组织构架,进一步加强领导,根据市委十一届十一次全会、市城市国际化推进工作委员会第二次会议等精神,构建市委书记、市长挂帅的"双主任"架构,将原五个专业委员会调整为新的八个专业委员会,并新增设城市国际化标准推进专委会,形成一个办公室、九个专委会的"1+9"工作架构。

二是对照标杆城市,查找城市国际化"短板"。2016 年 3 月,开展查找城市国际化"短板"的专项工作。对照国内外先进城市,重点查找在开放型经济、科技创新能力、城市国际化功能(硬件)、国际化交流活动、国际化服务环境、国际化形象、国际化人才等七个方面存在的突出"短板"，分析"短板"产生的原因，从理念、制度、政策、举措等方面提出补齐"短板"的对策与建议。在"后峰会、前亚运"的窗口期，杭州将结合弥补"短板"工作，不失时机地推进新一轮城市国际化，通过实施创新驱动发展战略，巩固创新活力之城优势；通过繁荣发展社会主义先进文化，展示历史文化名城魅力；通过拓展对外开放新优势，建设国际重要商贸中心；通过推进美丽中国样本建设，打造生态文明之都；通过推进共治共管共建共享，深化东方品质之城建设；最终通过"三步走"的目标，把杭州建设成为"独特韵味、别样精彩"的世界名城。

三是制定国际化行动纲要，稳步推进国际化工作。杭州市委市政府把推进城市国际化列为我市城市发展的重大战略之一，根据城市发展规划和发展目标，杭州制定了一系列的城市国际化行动纲要。2016 年 7 月11 日，杭州市委以"推进城市国际化"为主题，召开杭州市第十一届委员会第十一次全会，审议通过了《中共杭州市委关于全面提升杭州城市国际化水平的若干意见》，为推进城市国际化提供了顶层设计。2016 年 10月 25 日，杭州召开了城市国际化推进工作委员会第二次工作会议，进一步落实市委全会工作部署。《杭州城市建设"十三五"规划纲要》将"城市国际化"列为首位战略和首要任务。为推进重点领域的主要工作，出台了一系列专项行动计划，如《杭州市旅游国际化行动计划（2016—2020）》《杭州市推进教育国际化行动计划》《杭州市推进医疗卫生国际化行动计划》《杭州市城市标识系统国际化行动计划（2016—2017 年）》等，这些行动计划为稳步推进国际化工作打下了坚实的基础。2017 年 6 月 9 日，市委召开了城市工作会议，再次明确了加快城市国际化、建设世界名城的发展战略。

四是探索国际化立法条例，推进国际标准化工作。鉴于城市国际化是一个长期而复杂的系统工程，杭州积极开展《杭州市城市国际化促进条例》法规草案的起草工作，希望尽快通过立法的方式构建常态化的推进机制，以确保城市国际化能够持续规范地进行。落实《关于实施"标准化+"行动计划推进城市国际化水平建设的意见》，推进城市可持续发展的国际标准全球试点,创建"标准国际化创新型"城市。推进"国际学校"
"国际街区""国际交通枢纽""国际化社区"等标准的研制,力争形成一
批"国内一流、国际领先"的城市国际化杭州地方标准,搭建国际标准化
的沟通平台。

　　五是加强与国内外高端智库的合作,扩大城市国际化工作的影响力。
谋划推进浙江大学与美国专业外交杂志《外交政策》GCI 机构进行战略
合作,联合浙江大学与联合国人居署,探索创建全球国际城市的新型评价
体系,正式发布《杭州市城市国际化评价指标体系》。加强与杭州师范大
学的合作,开展有关城市国际化重大课题的研究,发布《杭州城市国际化
发展报告》。推进与国内外主流媒体智库的合作,提升杭州城市的国际
化形象,扩大杭州在国内外的影响力。

三、杭州城市国际化存在的
问题与对策建议

　　杭州在推进城市国际化方面取得了显著的成绩,城市国际影响力和美誉度也得到了极大的提升。但是,对照建设世界名城的目标和城市可持续发展的要求,杭州在城市经济总量、经济发展质效、基础设施硬件、人文环境要素、对外开放程度、城市特色塑造、社会治理能力、公共服务质量、市民素质和社会文明程度等方面还存在不少的差距,在世界城市研究组(GaWC)发布的"世界城市排名"、由美国《外交政策》杂志、全球管理咨询公司科尔尼公司和芝加哥全球事务委员会联合推出的"全球城市指标"(GCI)排名和英国《经济学人》杂志发布的宜居城市排名中,杭州的城市排名位次不高,即使在中国社科院发布的"中国城市竞争力"排名中,杭州的城市综合竞争力排名也没有进入前十位。显而易见,与国内外的其他国际大都市比较,杭州在城市硬件设施建设和服务软件发展等方面还存在不少问题,在推进城市国际化能力方面也有一些亟待解决的问题。

（一） 推进城市国际化过程中存在的问题

　　一是推进城市国际化的统筹协调问题。目前,杭州形成"1+5"的组织机构,一个城市国际化推进工作委员,5个专业工作委员会及一个办公室,在十一届十一次市委城市国际化工作会议之后,又形成了市委书记和市长双挂帅的"1+9"推进组织机构。然而,面对国家"一带一路"建设、省委"一带一路"枢纽建设以及省第十四次党代会提出的"大湾区""大花园""大通道"等一系列的重大行动,尤其面对杭州"拥江发展"的新战略,推进城市国际化的统筹协调机构仍亟须进一步加强和优化。

二是城市管理者的素养和能力问题。进入新时期以来,杭州推进城市国际化遇到的最大挑战是城市管理者的理念、素质和能力问题。现在还有少部分城市管理者缺乏国际视野和国际化理念,不熟悉国际规则,不了解国外文化,不关注国际城市的发展趋势。在涉外管理过程中,有些城市管理者的沟通能力还有待于提高;在城市管理工作中,还需要务实高效的工作方法。

三是城市国际化的硬件设施问题。相对于国际著名城市和国内标杆城市,杭州的城市硬件设施仍有不少的历史欠账。在"拥江发展"的新战略下,如何在亚运会之前的四年多时间里加快城市交通基础设施的互通互联建设,如何推进陆空联结枢纽建设,即长三角世界级机场群的核心机场建设;如何完善铁路枢纽布局,推进空铁一体化发展;如何共建都市圈城际铁路网等,这些建设任务是非常艰巨的。与广州、成都、深圳等城市相比,杭州的国际通达能力不强,航空国际化率较低,到欧洲、北美、非洲等洲际航线偏少;地铁运营里程不到 100 公里,远低于初级国际化城市的 200 公里标准。另外,在国际学校、国际医院、国际化标识、国际街区等方面,特别是国际大学和国际组织等,欠缺较多。如何加强城市基础设施建设,提升硬件服务水平仍是迫切需要解决的问题。

四是城市国际化的"软环境"问题。对照先进标杆城市的发展状况,杭州城市国际化的软环境还需要进一步提升。归纳起来,杭州比较突出的问题有四个方面:一是能级短板,表现为城市综合能级不高,如国际政府组织机构和非政府组织除了亚太小水电研究培训中心一家外,常设机构几乎为零,跨国公司的全球或亚太总部等明显偏少,仅有浙江物产、吉利 2 家世界 500 强总部,与北京的 50 家、上海的 8 家相比有较大差距;二是动力短板,表现为自主创新能力还不够强,国际化人才支撑相对薄弱,如我市 R&D 经费占比虽已达 3%,但与上海的 3.7%、深圳的 4.05%有明显的差距;三是制度短板,表现为体制机制不健全、符合国际通行规则的制度供给相对缺乏；四是服务短板，表现为国际化软硬服务设施不完善、市民国际化素质有待提高。在市政协、市统计局联合开展的杭州国际形象问卷调查中，虽然外籍人士对杭州国际化水平的总体满意率达90.5%，但对杭州的空气质量、外文媒体、知识产权保护、医疗服务和公共交通等方面有不少的意见，反映的问题也比较突出。

（二）加快推进城市国际化的对策建议

一是推动"一带一路"主体平台建设，增强杭州在长三角世界级城市群的能级。着力推动杭州成为全省"一带一路"枢纽建设的"主体平台""指挥中心"和"数据大脑"，推进跨境电商综合试验区、eWTP（世界电子贸易平台）及杭州实验区和服务贸易综合改革试点建设。通过"一带一路"枢纽，联通"一带一路"沿线国家、地区和城市，营造一个更加自由、创新和普惠的国际贸易环境，再现古代的"丝绸之路"，为全球贸易开通一条新的道路，从而增强杭州作为浙江省"一带一路"的枢纽地位。

二是加快城市硬件设施建设，推进城市国际化重点领域的突破。利用筹备 2022 年亚运会的机遇，加快城市硬件设施建设，补上国际化城市功能不足的短板。首先，以建设亚太航空枢纽为引领，以打造国家铁路枢纽为抓手，统筹推进空港、陆港、河港和信息港融合发展，着力构建连通各地的多层次综合交通枢纽。其次，制定专项政策，推动国际组织集聚地建设，吸引和发展国际组织入驻杭州，积极争取新兴领域在杭州设立国际总部，争取由我国发起的政府间国际组织在杭州设立永久机构，重点在"三江两岸"筹划建立国际组织聚集地。再次，加快实施"名校名院名所"引进工程，推进德中卫生组织、乌克兰航空航天大学、北大研究院、北航研究院等重大平台建设，推动在杭高校与"一带一路"国家高校建立友好合作关系。最后，推进医疗服务国际化，积极引进国际医疗机构，创建国际医院，接轨国际远程会诊系统，打造高端国际医疗服务中心。

三是加强城市软环境建设，提升城市综合服务能力。城市"软环境"是一个城市管理能力的体现，也是一个城市生活品质的体现。建立专业委员会或专业督查小组，推进在城市公共窗口的外语资讯展示、城市公共空间的公示语和标识语的译文与规范、区县各级部门的门户网站界面、服务部门的外语办事能力和效率、国际化管理人才、跨文化管理、本地文化的外文版多语种向外传播、外文报纸、外文频道等方面的"软环境"建设。杭州具有"中国茶都""丝绸之府""动漫之都""电子商务之都""爱情之都"这样的称号，也具有"历史文化名城""创新活力之城""东方品质之城""美丽中国样本"这样的美誉，这些都从不同的角度反映了杭州的城市内涵与特色。在"后峰会、前亚运"窗口期，杭州应该继续推进城市品牌工程，扩大"杭州城市国际日"的国际影响力，提升杭州在国内外的知名度与美誉度。

四是开展城市国际化业务专项培训，提高城市管理者的素养与能力。在全球化日趋加速的时代，城市管理者应该具有基本的国际化素养和现代管理能力。城市管理素养与能力的提升需要一个长期的过程，一方面需要组织城市管理者参加城市国际化业务培训。首先是与国际化业务直接相关的部门，如各类服务窗口、市政管理、会展旅游、文化教育、宣传、医疗卫生、社区治安等部门需要业务培训，既要熟悉自身业务，也要熟悉国际规则。其次是间接相关的业务部门也需要参与国际化的业务培训，因为城市国际化涵盖了城市管理的绝大多数领域。另一方面，继续实施管理干部的境外学习与实训，扩大国际视野，提升业务能力，助推城市国际化。

五是加强相关机构的整合，提高推进城市国际化的统筹协调能力。根据省委、市委的工作安排，统筹推进"一带一路"建设与城市国际化工作，将"一带一路"和市国推办合署办公，充实市国推办和专委会办公室力量，加强市国推委机制建设。首先，加强市国推委执行能力，将市国推办和专委会办公室与市属工作职责分离，形成专门工作机构。其次，调整现有的专业委员会机构，改变国推办联系专委会、专委会联系国推办成员单位的复杂工作关系，形成市国推办直接联系主要成员单位，尤其是加强与市教育局、外侨办、市卫计委、市人社局、市民政局、市西博办等单位的联系与合作，努力推进国际大学引进、国际医院建设、国际组织聚集地建设、国际街区与国际社区创建、国际人才引进等重点领域工作的突破性进展。

六是提升市民国际化文明素质,营造共建共享国际化大都市氛围。推进城市国际化的最终目的是让市民共享城市发展成果。市民是城市国际化的推动者和受益者,必须坚持共享发展的理念,落实"四问四权",强化市民主人翁意识;发挥专家学者智库作用,深入开展城市国际化研究和决策咨询;建立有突出贡献的外籍人士和市民表扬奖励机制,调动社会各界的积极性、主动性、创造性,汇聚加快城市国际化的正能量,推动政府、社会、市民同心同向行动,使政府有形之手、市场无形之手、市民勤劳之手同向发力,加快形成共治共管、共建共享的良好格局。

撰稿:杭州城市国际化发展报告(2017)编写组

一、新一轮城市规划修编构建杭州国际城市发展空间报告

（一）杭州城市总体规划概况

城市国际化的核心内容之一是城市建设的国际化。城市建设的关键是高品质的规划引领。为进一步推动以人为核心的新型城镇化,实现美丽中国建设样本的目标,构建多规融合的规划体制和机制,提升城市国际化水平,现行《杭州市城市总体规划(2001—2020 年)》贯彻"创新、协调、绿色、开放、共享"的发展理念,按照"一张蓝图绘到底"的精神,围绕增强城市辐射带动能力、可持续发展能力、发展活力、支撑保障能力和城市魅力,对发展目标、空间管制、发展规模、区域城乡空间布局、空间结构、中心体系及公共服务、综合交通体系、基础设施及环境保护、历史文化名城保护、绿地系统、景观系统等方面进行了重点修改完善。该规划于 2016 年初经国务院批复,是现阶段引领杭州城市建设的重要纲领性文件。作为指导城市建设的全局性、综合性、战略性规划,总规主要聚焦下述规划要点。

1. 定位提升,创新转型

落实习近平总书记关于杭州"美丽中国"建设样本的设想和《长三角区域规划》中明确的"一基地四中心"的要求,总规提出杭州的目标定位

25

是"以美丽中国先行区为目标,充分发挥历史文化、山水旅游资源优势,发展科教事业,建设高技术产业基地和国际重要的旅游休闲中心、国际电子商务中心、全国文化创意中心、区域性金融服务中心"。至 2020 年,杭州将成为市域常住人口 1000 万,市区 745 万,城镇建设用地 729 平方千米的超大城市。总规目标与实现城市国际化的目标有机地融为一体,推动杭州向着世界名城的方向迈进。

杭州近年来国际地位和发展实力的提升,主要得益于信息经济和创业创新方面的成就。因此,总规提出要以开放带动中国(杭州)跨境电子商务综合试验区发展,以创新驱动杭州国家自主创新示范区的建设;以大江东和城西科创两大产业集聚区为战略平台,以"特色小镇"为突破点,重点发展信息技术、电子商务、大数据、云计算服务、文化创意、高端装备制造等,占据产业链的高端环节;提升改造传统工业企业,营造接轨国际的营商环境和创新环境。

2. 以人为本,保障民生

总规在交通出行、服务均等、生态环境、城市安全、住房保障等方面进行优化和提升,以期让人民群众有更多的幸福感和获得感。

打造便捷高效的综合交通体系,形成航空、铁路、公路、水运等多种交通方式为一体,分工有序、客货分流,换乘联运便捷、内外交通衔接良好的综合交通网络。以 8 条城际轨道交通网为中心,构建都市区 1 小时通勤网络。完善 10 条轨道交通和"四纵五横三连十一延"的骨干交通网,提升主副城、组团、新城间的交通服务水平。坚持公交优先,构建包括城市轨道、地面公交、出租车、公共自行车和水上巴士的"五位一体"大公交体系。

提供均衡优质的公共服务。构建城市主中心—城市副中心—城市次中心—居住区级中心四级公共中心体系。提升主城设施品质,加密副城、组团中心,引导优质医疗、文化、教育资源向副城和组团布局。结合轨道交通与新城综合体调整优化次中心。

开展生态修复,深入开展大气污染综合治理,改善大气环境;深入实施"三江两岸"生态保护和"五水共治"工程,提升水环境质量;全面推广垃圾分类,实施垃圾资源全回收、原生垃圾零填埋的策略。

提升城市安全的保障能力,保障供水安全、污水处理安全、防洪排涝安全和能源安全。

保障市民"住有所居"。主城重点提升居住环境品质,副城加强保障性住房建设,组团建设与产业发展相匹配的居住区。建立以公共租赁住房为主的住房保障体系,满足中低收入家庭需求。

3. 划定边界,严守底线

"美丽发展"的动力来自对自然生态品质的彰显。作为全国试点城市,秉承"多规融合"的理念,通过叠加固化生态带、基本农田、水源保护、生态公益林保护、文物埋藏保护区等各部门、各法规要求保护和控制的区域,杭州率先划定城市开发边界,控制城市空间的无序蔓延,为城市发展留白留绿。严格按照管制要求,确保开发边界外的生态保育(禁建区和限建区)面积占市区面积的65%以上。

4. 优化布局,精明增长

总规坚持"城市东扩、旅游西进,沿江开发、跨江发展"的空间策略,形成"东动、西静、南新、北秀、中兴"的城市格局。延续"一主三副六组团"的空间结构,对主城、副城、组团的范围和内涵进行了优化调整。加强富阳的对接和融入,实施统一规划管理。城市空间发展将更为均衡。

统筹城乡用地管理,锁定总量、严控增量、盘活存量、提高质量。新增空间体现公共利益和发展方向,优先向副城和组团倾斜,重点满足重大工程需要;优先保障绿地、居住、公共服务等提升生活品质的设施;优先安排在轨道站点500米范围,实行TOD开发模式。推动低端功能向外围地区疏散,着力强化研发创新、现代服务、商务会展等功能,加强城中村、旧工业区等存量空间更新提升和复合高效地下空间的开发利用。

5. 区域协同，城乡统筹

总规提出主动对接"一带一路"建设、长江经济带等国家发展战略，融入以上海为龙头的长三角城市群，通过长三角、都市区和市域层面的合作互补，实现功能复合和提升，从而增强杭州辐射带动力，成为世界级城市群中的中心城市。

打造城镇集约紧凑、乡村开敞疏朗的城乡空间格局。以轨道交通引导人口和产业轴向、网络化布局，推进城乡基本公共服务均等化；"旅游西进"，共同打造"三江两岸"世界级生态风景走廊。推进城乡一体化进程，逐步实现产业共兴、交通共网、设施共建、环境共保、城乡共富，共赢发展。

6. 城景交融，文化传承

杭州的魅力在于城湖合璧、山水城相依的风貌，杭州的灵魂在于历史文化与城景的交融。

总规提出延续三面云山一面城的城湖格局，营造拥江而立、疏朗开放的大山水与现代城市相融合的特色风貌。构建"一圈、两轴、六条生态带"的生态景观绿地系统，打造郊野公园、城市公园、绿道网络，重点控制西湖、钱塘江、大运河、西溪湿地、临安城遗址、山体周边等景观风貌区。

全面、系统地保护历史环境风貌和文化遗产，将历史文化保护转向深度拓展，与城市更新、文化体验、旅游发展进行深度融合，形成多层次、全方位的保护、管理、展示和利用体系。与世界遗产保护衔接，保护遗产的历史信息和全部价值。

（二）杭州城市未来发展愿景

峰会后、亚运前，2017年是杭州城市国际化和建设世界名城的新起点。现行总规将于2020年达到规划期限，新一轮总规正在编制。全球化环境下，与世界的深度互动是未来发展的主旋律。处在创新驱动、转型发展关键时期，未来杭州将进一步以城市化带动国际化、以国际化提升城市化。

1. 践行美丽发展，建设世界名城

国家赋予杭州"美丽中国"最佳样本的期许和责任，杭州呼应国家要求，提升城市发展目标为建设"独特魅力别样精彩世界名城"。

面向全球，杭州要代表中国积极参与国际分工，努力成长为新兴全球城市，提升在世界城市体系中的地位，展现杭州实践、杭州经验、杭州成就，代表中国的道路自信、制度自信和文化自信。

面向全国，杭州重在成为生态文明建设的示范城市。坚持走"绿水青山就是金山银山"的发展之路，为其他城市转型探索道路、作出表率，展现美丽发展、绿色发展、品质发展的生命力与价值，引领其他城市转型发展。

2. 全球科创高地，亚太国际门户

创新发展是杭州国际化和世界名城建设的核心依托。杭州将构建多样化、网络化、国际化的创新战略平台，营造创新创业生态环境，强化各类主体、各项要素间的协同创新，形成信息经济引领，实体经济跟进的创新体系，推动杭州建设成为全球信息经济科创高地。

借助峰会与亚运会对杭州知名度的提升，杭州将打响国际会展之都、赛事之城和旅游休闲中心品牌，建设"网上丝绸之路"，引领全球跨境电商发展，打造高层级、强能级的亚太重要国际门户枢纽。

3. 强化和谐宜居，构筑品质标杆

通过强化公众参与，深化公共服务体系建设，提升政务、法治环境，完善城市智慧管理，提升城市运行效率，构建公平持续、优质均衡的社会事业，让全市人民享有更满意的收入、更可靠的保障、更优质的公共服务、更便捷智慧的交通、更健康的生活，将杭州打造成为品质发展的典范城市，做靓杭州国际宜居城市的品牌。

4. 区域均衡发展，空间深度融合

互联网、新经济的发展，使得远郊、乡村地区的价值得以彰显，为空间网络化提供机遇。各县市、乡镇、村将以相互嵌合的城际轨道网、快速交通网、公共服务网、市政设施网、信息互联网等网络为支撑,特色发展、错位发展,形成多中心、多组团、网络化的空间形态,实现区域均衡发展,为杭州发展提供集群支撑。

市区随着跨江发展逐步转向拥江发展,南北呼应,主城区与萧山、余杭、富阳将深度融合,空间架构日臻完善;随着临安撤市设区,市区结构进一步转向主次分工、网络一体。

5. 生态人文共荣,城乡全域景区

严格落实开发边界管控,持续推进"五水共治""五气共治""五废共治"等环境治理、生态修复工作,调动社会各界参与和监督生态保育的积极性,有机串联自然景观,形成展示城乡魅力的窗口。融合挖掘良渚、跨湖桥、吴越、南宋等地域历史文化,塑造东方文化品牌个性,将历史印记、自然气息有机融入到城市开发,打造城乡全域景区。

撰稿:杨明聪、潘蓉,杭州市规划局

二、杭州以国际标准推进
城市国际化发展报告

（一）整体情况

近年来,杭州引入了首个全球通用的城市可持续发展标准,积极探索在社会管理、公共服务方面的标准化,在寻找城市可持续发展和市民美好生活的"标准"之路上已经逐渐结出果实。2013 年,杭州市质监局作为全国唯一受邀城市代表,直接参与可持续发展城市国际标准的研究与制定。2014 年 6 月,杭州市质监局与中国标准化研究院开展研究合作,利用国际标准评估杭州的可持续发展。2016 年 6 月 27 日至 7 月 1 日,杭州代表中国首次主办了国际标准化组织城市可持续发展标准化技术会(ISO/TC268)全会。全球 24 个国家和地区的 70 余名代表参加会议。杭州作为主办城市首次提出了成立"国际城市联盟"的构想。2016 年 10 月 3—7日,在美国波士顿,杭州正式成为全球首个城市可持续发展标准化试点城市。

2016 年 12 月,杭州市发布了《关于实施"标准化+"行动计划,提升城市国际化水平的实施方案》(杭政函〔2016〕190 号),提出了杭州的近中远期发展目标,确定标准化+城市可持续发展试点、+技术创新、+互联网、+智慧城市、+先进制造、+现代服务业、+公共基础建设、+生态宜居环境建设、+城市治理、+区域协同发展等十个方面的重点任务。2017 年 2月,国际标准化组织城市可持续发展标准化技术会(ISO/TC268)在巴黎召开会议,正式研讨杭州倡议。与会代表纷纷表示赞赏和支持,表决同意在杭州发起成立"国际城市联盟"。2017 年 4 月 18 日,国际标准化组织"健康信息学"标准化技术委员会(ISO/TC 215)2017 年全会在杭州召开。2017 年 6 月 30 日,国际标准化组织(ISO)授权杭州为全球首个"国际标准化会议基地"。"全球可持续发展标准化城市联盟"在杭州成立。杭州参与制定的首个城市可持续发展国家标准已进入报批发布程序。

(二)标准化+政府管理

2009 年,上城区在全国率先推进政府工作全面标准化,并被国家标准委列为国家级标准化试点项目。区政府在梳理政府管理、公共服务具体职能,整理相关法律法规、政策、文件依据的基础上,制定相关项目的标准,将项目的内容、程序、方法等以标准形式规范,形成了 1 个大体系,4 个分体系,31 个子体系,300 余个职能标准化项目,800 余项法律法规及政策依据。建立了以探索"规范公权、服务民权"的上城区政府管理标准化国家示范,使政府工作可量化、可评估、可考核。居家养老工程是该区较早开始标准化建设的项目之一,《上城区居家养老服务与管理规范》对居家养老 32 个服务项目、价格进行政府参与定价,制定了一个低于市场价的价格表。测量血压、理发等项目由上城区志愿者协会提供免费上门服务,方便老人生活。目前,上城区被国家民政部确定为"全国居家养老服务社会化示范活动试点区"。

杭州电梯应急救援也是政府管理的一个典范。杭州建立了全国首个电梯应急处置标准化国家示范,用电梯事故救援时间小于 14 分钟的速度领跑世界。2010 年 10 月,杭州率先搭建全国首个电梯应急处置平台,全国首个电梯应急热线 96333 同步上线,96333 实行 24 小时值班,带 6 位电梯识别码的 96333 标志,实现了故障电梯的精准定位,是全国首支市特种设备安全的"机动部队"。杭州以开展"城市电梯应急指挥公共服务国家标准化试点"为载体,建立健全电梯应急处置标准体系、大数据管理平台、风险预警机制、质量反溯机制和智慧监管系统。其中,《电梯应急处置平台数据归集规则》作为全国首个 96333 标准,已由国家质检总局下文在全国 25 个试点城市推广;《电梯应急处置平台技术规范》作为我国特种设备领域首个团体标准,于 2016 年 1 月 1 日正式施行,标志着我国电梯应急处置步入规范化道路,杭州 96333 模式上升为国家标准。今天,杭州模式在广州、南京、西安、沈阳等多个城市落地开花,成为全国电梯应急专属号码。

(三)标准化+公共服务

杭州"小红车"誉满全球。最近,又荣获艾希顿"2017 年可持续交通项目奖"。这背后无处不体现出"标准化+公共服务"的理念。2008 年 5 月 1 日,杭州第一辆公共自行车投入运行。目前已拥有 85800 辆自行车,累计租用 7 亿多次,其中 96% 为免费租用,同时已向全国 200 多个城市(地区)输出了概念和技术项目。它参加首个公共自行车碳排放交易,用低碳方式减少城市拥堵,已成为全球规模最大的公共自行车系统。2011年,杭州开始了"城市公共自行车服务标准化试点"国家标准化试点项目的建设,将全市 3500 多个服务点布局、8.5 万多辆自行车调配、自行车道设置纳入标准化体系,建立起一套全面协调、系统有效且可以控制的内部秩序,通过系统地制定和贯彻实施标准,为公共自行车服务和管理提供坚实的技术支撑。杭州公共自行车系统被英国广播公司(BBC)旅游频道评为"全球 8 个提供最棒的公共自行车服务的城市之一"。现如今,杭州"城市公共自行车服务标准化试点",为全国提供了可借鉴、可复制的模式。"杭州模式"已在黑龙江、辽宁、内蒙古、北京、天津、江苏、福建、广东等全国 25 个省(自治区、直辖市)142 个城市进行推广应用。可以说,杭州"小红车"倡导的共享理念,正影响推动共享单车等共享经济的发展。

全球城市可持续发展标准化标准技术委员会发布的《ISO37101》标准中指出,福祉是城市可持续的六大目标之一。杭州在智精残疾人托养服务方面探索的"标准化"服务正是其体现。2014 年 12 月 3 日,杭州发布了全国首个《智精残疾人托养机构护理服务规范》地方标准,托养服务内容,包括基础护理服务、康复训练服务、安全守护服务、医疗保健服务和社会延伸服务。《规范》包含 220 个智精残疾人托养服务标准动作,实现标准化试点工作的全方位、全覆盖。形成了 9 大类 52 个标准,实现智精残疾人托养服务重点工作标准覆盖率 100%、标准实施率 100%。《规范》明确了托养机构要求、人员及服务要求、服务管理以及监督与评估,推动杭州市残疾人托养服务业走向正规化、标准化的发展轨道。该标准实现了从管理层到执行层全员的标准化管理,残疾人家属满意度达到 90%。《规范》是中国在智精残疾人托养机构护理方面出台的首个服务规范,具有很强的前瞻性,考虑了地域差异、城乡发展水平,避免了服务要求方面实际的盲目性和高标准,影响甚至引领全国智精残疾人托养机构的服务发展方向。

（四）标准化+生态治理

杭州坚持用"标准化+生态治理"的理念,践行"绿水青山就是金山银山",全力打造"美丽茶园""美丽乡村""美丽县城"等美丽系列,建设"美丽中国"的"杭州样本"。

西湖龙井茶,声名在外。西湖风景名胜区是西湖龙井茶的核心产区和一级保护区,涵盖了 7 个龙井茶基地,产地有 6000 余亩。2016 年上半年,龙井茶产量 100.9 吨,产值达到 1.18 亿元。2014 年,为创建"生态美、生产美、生活美"为一体的西湖龙井"美丽茶园",杭州西湖风景名胜区管委会在省、市质监部门的大力支持下,开始承担了国标委《国家美丽茶园综合标准化示范区(西湖)》项目。项目组共收集整理与西湖龙井茶相关的技术标准、管理标准、工作标准、操作标准 83 项,其中新制定、修订的标准和增加的相关管理制度 30 个。结合标准推广实施,景区投入千万资金实施了美丽茶园游步道、茶园蓄水池、茶园喷灌设施、茶园生态复种等大型生态基础设施建设,极大改善了茶园生态环境。2016 年 8 月,启动"中欧互认互保"——西湖龙井茶(龙井茶西湖产区)地理标志产品国际化运用试点。"中欧互认互保"是国家质检总局与欧盟委员会共同推动的"10+10"地理标志互认互保项目。该项目明确了中方指定的 10 个产品可获准使用欧盟地理标志产品官方标志,并得到欧盟 28 个成员国保护。试点意味着西湖龙井茶拿到了欧盟的通行证,这为西湖龙井茶走向世界打开了大门。

杭州山清水秀,"美丽乡村""美丽县城"吸引了无数游客。杭州推动桐庐县开展国家级美丽县城建设综合标准化试点,让中国最美县城——桐庐家喻户晓。发布全国首个《"美丽高速"建设与管理服务规范》,不但提升高速公路沿线服务质量,而且还实现与周边区县合作创建一个跨区域的旅游联盟,推广开发沿线丰富的旅游资源,提升地区旅游经济。

(五)标准化+中国制造

"得标准者得天下",谁掌握标准,谁就占据产业主导权,拥有市场主动权。标准已成为全球制造业、国际贸易乃至世界经济的必争之地。世界各国都在以空前力量争夺国际标准竞争制高点。目前,我国主导制定的国际标准为 179 项,杭州市已累计完成 23 项国际标准,占全国的 1/8。其中,杭州滨江区主导制定国际标准就有 12 项。另有 535 项国家标准、794 项行业标准和 211 项地方标准的制(修)订工作;先后有 6 个国际、43 个国家、38 个省级标准化组织落户我市。

目前,浙江正努力抓住"中国制造 2025"战略机遇,对标先进、精准发力、持久发力,做高标准、做强品牌、做优质量,大力推进"浙江制造"品牌建设,努力把"浙江制造"打造成中国制造的标杆和浙江经济的金字招牌,激发经济转型升级的新动能。打造"浙江制造"品牌,就是要构建"浙江制造"标准体系,实施"浙江制造"标准提升工程,研究制定国际先进、国内一流、拥有自主知识产权的"浙江制造"产品标准。杭州一直在全省发挥着龙头、领跑、示范、带头作用,在推进"浙江制造"标准制定上,首批由省质监局、省经信委公布的 37 家企业标准"领跑者"名单中,杭州就有 13 家,占 35%。

作为"中国电子商务之都",杭州在电子商务标准化先行一步。全国首个电子商务质量管理标准技术委员会于 2016 年 4 月落户杭州,创新规范电子商务质量管理。电子商务标技委委员由来自全国各地、各部门、各行业的 83 人组成。阿里巴巴(中国)有限公司董事局主席马云在其中担任副主任委员。目前,第一批 7 项国家标准《电子商务质量管理术语》《电子商务交易产品可追溯性通用规范》《电子商务平台产品信息展示要求》和《电子商务平台商家入驻审核规范》陆续进入报批或审定阶段,并有望年内发布。这意味着,中国电子商务质量管理将进入标准化时代。

  未来,杭州将以开展全球可持续发展国际城市试点为契机,总结"杭州经验",提升"杭州标准",与世界城市共同分享可持续发展经验和发展机遇。

撰稿:王友明、许肖杰,杭州市质量技术监督局

三、关于发挥 G20 峰会综合效应　打造高端国际会展目的地城市报告

千年前,大宋王朝的南迁杭州,成就了当时世界上"最美丽华贵"的城市。千年后,历史再次眷顾杭州,G20 峰会的举办,将给这座城市以全新的历史定位,全面助力杭州迈向世界名城。

杭州应紧紧抓住这一契机,充分放大峰会的综合效应,认清和整合自己的资源禀赋,着力发挥城市特色优势,找准城市国际化定位,厘清城市国际化实现路径,构建城市国际化的支撑体系,为杭州实现高起点上的新发展再添动力,再增活力,再谱历史新篇。

经深入调研,我们提出,以打造高端国际会展目的地为主抓手,带动杭州城市国际化,即主抓手带动战略的建言。

（一）"主抓手带动城市国际化"的提出

G20 峰会把杭州推向了当今世界大舞台的最前沿,全球聚焦杭州。它给杭州带来的广告效应、集聚效应、带动效应、倒逼效应等是显而易见的,但这些效应都只是从不同的方面、不同的角度,反映着一个内在、根本的效应:世界发现了杭州,杭州重新认识了自己。

世界发现了杭州。与以往对杭州零散、有限的认识不同,峰会一下子拉近了杭州与世界的距离,大规模地集中吸引了全球顶端政经领袖群体、世界重要媒体、国际工商界巨头的目光,使他们发现了一个别样精彩的城市,使他们明白了峰会为什么会选择杭州,使他们在峰会后会持续地关注

杭州、研究杭州、接触杭州。世界也将通过峰会的吸引,井喷进而持续地与杭州主动对接。这必然为杭州带来密集持续的、高端全方位的国际信息流、人才流、资本流、技术流等,从而带来不落幕的峰会效应。然而,对于这一切,杭州准备好了吗?这首先取决于杭州怎么认识自己——世界究竟发现了一个怎么样的杭州?

杭州重新认识了自己。这主要是,对杭州特有的资源禀赋及其作用点的重新认识和把握。这是一种什么样的资源禀赋,这些资源禀赋能用来干什么,并以一种什么样的载体和抓手,来充分体现和集中发挥这种禀赋的作用?

一个城市的资源禀赋,由它的自然禀赋、历史禀赋和功能禀赋构成。杭州最大的城市资源禀赋特点是什么?以前人们对此就有认识,即它的"综合前端性":既有秀美纵深的自然山水,又有深厚悠久的历史人文;既有发达雄厚的经济实力,又有极具商业化的创新活力;既有超大型的城市规模,又有完备的城市功能。这一形态在中国乃至世界上都是少有的,即这一禀赋的每一个方面可能都不是全国全球最好的,但每一个方面都是靠前的,这就形成了杭州在全国乃至世界上最独特的城市禀赋之一,是杭州特有的综合优势禀赋。G20峰会在杭州的举办凸显了这一禀赋,使人们对这一禀赋有了新的更深刻的认识。与以往的认识区别在于,以前孤立、分散地看待它,现在将它集中联系起来看待;以前对它的地位作用认识多局限于国内、省内,现在则将它进一步放在全球来审视;以前对它的分析与运用发挥多是分离的,现在可以更清楚地看到集中发挥它的作用点。

那么,这一独特的综合优势禀赋可以用来干什么呢?G20杭州峰会本身已经揭示、回答了这个问题:这是一个适合经常举办高端国际会议的地方,是可以打造成高端国际会展目的地的城市,即成为各类国际政治、经济、科技、社会文化等高端会议举办地。换句话说,高端国际会展目的地最集中地体现了杭州综合前端的资源禀赋,打造高端国际会展目的地,是最能将这一资源禀赋综合优势和潜力发挥出来并带动杭州国际化发展的作用点。

开过 G20 峰会的城市,未必都能成为适合经常性举办高端国际会议的地方。有的地方因政治、经济、历史等特定原因,开一次会议也许可以,但作为高端国际会议的经常性举办地,特别需要像杭州这样的综合条件:钟灵毓秀的自然山水可以为会议带来突破难点的灵感,深厚的历史人文底蕴,会给会议带来正能量的美感,发达的经济和繁荣的商业会给会议带来活力的感染,足够大的城市规模和完备的城市功能会给会议带来包容性和便利感。这一良好的综合条件,使得人们更愿意在这样一个城市里举办各种高端的国际会议。这就是 G20 峰会所激发的使杭州重新认识并可以充分发挥自己资源禀赋的不落幕的峰会效应。

（二）“主抓手带动城市国际化”的意义

经常性举办高端国际会议对杭州意味着什么?意味着杭州是一个可以掌握世界发展制高点的最前沿的城市,能抢得发展先机,赢得无限机会。对杭州来说,高端国际会展目的地,可以成为带动城市国际化的龙头。高端国际会议的本质是高端要素资源的聚集与扩散,高端国际会议使精英荟萃、人才云集、信息交汇、观点碰撞、高见迭出。它所汇聚的各种国际高端信息、人才、资本、技术等资源的发挥,将使杭州这座历史名城的文化特色充分彰显,将给这座创新活力之城注入强劲的动力,将使这座东方城市的品质得到极大的提高,将持续有力地推动它坚实地迈向世界名城。

高端国际会展目的地持续汇聚的资源,将不断地覆盖、带动“一基地四中心”产业的升级发展,促进发展形态的嬗变。国际跨国公司、各类国际机构,大量高端游客,将源源不断地与杭州结缘,杭州企业也将不断走向世界。这必将使杭州在全球产业分工格局中,处于高端位置。

高端国际会展目的地的持续打造,将极大地带动与之相适应的会议场馆、酒店等设施和国际航线、区域交通网、市内公共接驳和通行等国际通达需求;带动国际学校、国际医院、国际社区、国际服务机构和设施等需求;带动生态环境的不断改善;带动日常生活、各类经济社会交往活动中,国际通行规则、标准、语言等的规范运用；带动杭州地方特色文化的发掘建设；带动城市管理向国际水准提高；带动杭州市民国际人文素质的整体提升，凝聚市民的"杭州人"意识，增强市民的"国际城市"观念，提高市民的文明行为。

杭州将在打造高端国际会展目的地所产生的各种效应的覆盖、带动、渗透中，不断推进城市国际化，不断提升这座城市的活力和品质。

（三）"主抓手带动城市国际化"的路径

路径是通向成功目标的道路。城市国际化不会平白无故地发生，也不会毫无规律地发展。根据对杭州城市资源禀赋优势及其发挥作用点的分析，应将高端国际会展目的地作为杭州面向未来的城市核心功能，作为实现城市国际化的龙头；将打造高端国际会展目的地，作为推进杭州城市国际化的主抓手、突破口和必由之路。

这是一个实现杭州城市国际化的战略选择。要实现这样的战略，必须遵循一定的客观规律，分阶段、有步骤的推进。以打造高端国际会展目的地带动杭州城市国际化的过程，可以分为各有侧重的三个阶段来设计和推进。第一阶段，应集中于满足高端国际会展目的地的基础要素建设为主攻方向，将发动机的功率做强做大。重点建设完善与目的地相匹配的大型会议场馆、酒店功能群，建设完善国际通勤设施，如国际机场功能设施（杭州机场近三五年内将马上突破年旅客吞吐4000万人次的设计极限，应尽快上马第三跑道或第二机场），机场与市区的接驳地铁专线等，彻底解决目前小马拉大车，基础设施功能低、小、散的突出短板问题。没有这些条件，就失去了实现战略意图的前提。

这个阶段还要特别注意国际会议系列品牌的建设，包括流动的和固定的知名国际会议。要借势G20峰会效应，通过各种方式和渠道，争取各类高端国际会议不间断地在杭州举办，逐步形成稳定的会议档期。要着力于会议专业承办机构和人才队伍的建设，吸引大量的国内外知名专业办会团队落户杭州，形成国际上最强大的办会力量。

第二阶段,随着会议设施和相关体系的日臻完善,国际会议带来的大量国际企业落地、国际机构入驻和国际人员居留,应将打造的重点逐渐放到国际学校、国际医院、国际社区和其他国际服务设施以及体育、文化等社会服务功能的建设上来。因为国际化始终要以国际人口主体的存在和发展变化为转移,该阶段国际人口的迅速增多和集聚,必然带来各种社会服务的大量需求。满足他们在这方面的需要,势必成为第二阶段的主攻方向。

第三阶段,经过前面两个阶段的带动发展,城市国际化软硬件基本功能的不断完善,在大量日常经济、社会交往活动中的国际通行规则、通行标准等建设,具有国际水准的城市管理,以及对市民国际素养的整体培育、提升,应作为本阶段的打造重点。

以上三个阶段只是按打造高端国际会展目的地带动城市国际化发展规律的大致区分,没有决然的界限,比如国际化城市管理体系的完善,各个阶段始终要重视,只是侧重不同。

(四)集中打造高端国际会展目的地的工作建议

1.统一认识,把打造高端国际会展目的地作为杭州城市国际化的战略抉择。

2.以打造高端国际会展目的地为目标,制定调整升级版的杭州城市国际化规划及相应的政策。

3.建立适应高端国际会展目的地建设的管理体制,成立市级工作领导小组;设立统一办会管理的市会议促进局;成立市会议促进中心,负责营运。

我们坚信,打造高端国际会展目的地必将极大推动杭州城市国际化,杭州必将因会而活、因会再兴、因会闻名天下。

撰稿:杭州市政协课题组

四、以全域化为战略全面提升旅游国际化的杭州路径

旅游业是杭州的优势特色产业,也是杭州城市的"国际金名片"。杭州旅游资源得天独厚,文化底蕴深厚,同时地处中国最繁华的经济圈,旅游休闲产业蓬勃发展,对城市产生了积极而卓越的社会文化影响,引领着国内旅游业发展的潮流。特别是 G20 杭州峰会的成功举办,极大地提升了杭州在国际上的知名度,旅游国际化取得新进展。

2010 年 5 月国务院批准的《长江三角洲区域规划》,将杭州的发展定位为"一基地四中心",即高技术产业基地和国际重要的旅游休闲中心、全国文化创意中心、电子商务中心、区域性金融服务中心。2004 年,杭州在全国率先开展旅游国际化战略,目前正实施第四轮旅游国际化行动计划。2011 年,《杭州市"十二五"旅游休闲业发展规划》中,创新性地提出了旅游全域化战略,杭州成为全国最早提出全域旅游战略的地区。在此背景下,杭州市齐心协力,以旅游"国际化""全域化"战略为指导,加快从观光旅游向观光游览、休闲度假、商务会展、文化体验"四位一体"的综合产业转变,旅游经济持续保持平稳向上的态势,在旅游总收入、入境旅游人数、旅游外汇收入等方面均列全国 15 个副省级城市前三名,2017 年荣获"中国旅游休闲示范城市",入选全球 15 个旅游最佳实践样本城市。

(一)杭州推进旅游国际化和全域化取得丰硕成果

近年来,杭州市委、市政府高度重视旅游业发展,强调旅游业是杭州

战略性支柱产业,要当好省级旅游改革试点的排头兵,走在全国重要城市旅游业发展的前列,努力建设成为国际重要的旅游休闲中心,当好城市国际化的"急先锋"。

1.国际重要的旅游休闲中心建设稳步推进。杭州以旅游产品、营销、功能、服务、管理、环境六个方面国际化为切入点,在前三轮旅游国际化推进工作成果的基础上,2016年全面启动新一轮旅游国际化,《杭州市第四轮旅游国际化行动计划(2016—2020年)》从大空间、多行业的全域角度,突出旅游和城市的接轨及融合,关注国际游客心中杭州不同于中国其他城市的"最根本的文化形象","西湖文化""良渚文化""南宋文化""运河文化"以及宗教文化、茶文化、中医药文化、丝绸文化等已成为欧美游客心目中的"人间天堂"和"旅游胜地"。2017年1月1日起《杭州市旅游条例》正式实施,确立实施旅游国际化战略的法律地位。制定出台《杭州市旅游休闲业转型升级实施意见》《杭州市旅游休闲业转型升级三年行动计划》等政策意见,确立推进转型升级八大体系建设,有效形成适应城市国际化发展要求的体制机制。2016年,全市实现旅游增加值809亿人民币,增长13.3%,占全市GDP的7.3%,占服务业比重的12%。2017年上半年,全市实现旅游总收入1259.38亿元,同比增长16.19%,继续位列全国15个副省级城市前三名。目前,杭州萧山国际机场旅客吞吐量突破3000万人次,国际及地区通航点达41个,144小时过境免签政策全面实施,国际友城增至29个,提高了杭州国际可进入性。

2.国家全域旅游示范区创建工作有序启动。杭州以创新综合监管"五大机制"、完善旅游公共服务体系、推进旅游大数据中心建设、促进产业融合和新业态发展为五大任务,制定创建国家全域旅游示范区实施方案,推动旅游产业向深度和广度空间拓展,全面推进全域旅游发展。比如,西湖区按照建设"全域化景区"的要求,优化整合"四环四沿"旅游资源,进一步擦亮之江、西溪、西山三张国字号"金名片",高品质打造蒋村集市、青芝坞等15条商业特色街区,持续打响特色节庆、"一绿一红"茶文化、乡村休闲旅游品牌,加快旅游休闲产业转型升级,成功创建全国首批国家生态文明建设示范区、省旅游经济强区。再比如,桐庐县以"旅游全域化、全域景区化、景区生态化"为要求,坚持旅游产业规划与县域总体规划、城市规划、交通规划、生态规划等多规融合,坚持以景区的理念规划全县、以景点的要求建设镇村,大力实施最美县城、魅力城镇、秀美乡村建设工程,并以魅力公路、生态河道、旅游绿道等为骨架,串珠成链、连线成片,逐步形成点上出彩、沿线美丽、面上风景的全域景区格局,2016年国家旅游局在桐庐县召开全国第一次全域旅游创建工作现场会。

3. 国际市场营销竞争力不断强化。杭州一直注重将有限的营销资源用在重点国际市场,特别是欧美市场的开拓上。G20杭州峰会后,尤其在美国、英国、法国、德国、韩国5个G20国家12家国际主流媒体集中实施传统媒体+新媒体的资源整合营销。根据全球五大咨询机构GFK的第三方评估,杭州在美(洛杉矶和纽约地区)的提及度仅次于北京、上海,排在中国旅游城市第三位。借势G20杭州峰会,2016年杭州第二次入选《纽约时报》"全球值得到访的52个目的地"榜单,位列第16名,比2011年上升了17位。同时首次进入全球旅游专业杂志《Travel+Leisure》(《漫旅》)"全球必去的16个旅游目的地"和"2016年中国首选目的地"(国内唯一)权威榜单。杭州旅游Facebook账户粉丝达30万人,位居全国城市旅游账户第三位。2017年杭州首次在境外启动"最忆是杭州"主题营销系列活动,先后策划"寻找当代马可波罗""杭州大使环球行""F计划·杭州全球旗袍日"等一系列旅游项目营销。同时,直接走出国门与全美最大的在线旅行商EXPEDIA(亿客行)、欧洲最大的在线旅行商Odigeo(奥德旗)旗下的Opodo(欧普渡)和GoVoages(去旅行)进行深度合作,这在全国还是首例。2017年10月,杭州入选全球15个旅游最佳实践样本城市①,同期,受到联合国世界旅游组织(UNWTO)吉隆坡年会(2017年12月)的邀请,杭州作为亚太地区唯一"最佳实践样本"代表与会重点介

---

① 2016年12月联合国世界旅游组织(UNWTO)启动了"全球旅游最佳实践样本城市"的遴选,通过世界旅游组织专家组的专项调研和实地绩效评估,旨在其所属的193个成员国中确定15个"全球旅游最佳实践样本",在全球目的地城市中推广借鉴。同时入选的城市还有比利时的安特卫普、德国的柏林、阿根廷的布宜诺斯艾利斯、哥伦比亚的波哥大、中国的北京、南非的开普敦、丹麦的哥本哈根、奥地利的林茨、摩洛哥的马拉喀什、韩国的首尔、日本的札幌、意大利的都灵、中国的天津、日本的东京。

绍"杭州样本"。

4.旅游入境市场客源结构得到改善。近年来,杭州入境旅游人数持续上升,特别是 G20 杭州峰会后,游客人数增速进一步加快,入境旅游2016 年达到 363.23 万人次,与杭州旅游国际化战略初始的 2004 年入境123.41 万人次比,增长了 294%,其中外国人 255.62 人次,所占比例达到了 70.37%,而 2016 年全国入境旅游总人次 13844 万,其中外国人 2813万人次,外国人所占比重只有 20.3%。相应地,旅游外汇收入实现规模性增长,2016 年杭州旅游外汇收入 31.49 亿美元,比 2004 年 5.97 亿美元增长 527%。入境旅游人数和外汇收入在全国 15 个副省级城市中多年保持前三名的成绩。2017 年上半年杭州接待入境游客 180.8 万人次、实现旅游外汇收入 17.6 亿美元,增幅均创近五年新高。

5.会展国际影响力日渐显现。根据国际大会与会议协会(ICCA)统计,2004 年到 2015 年 10 多年间,杭州从 2004 年举办 6 个国际会议增加到 2015 年 27 个国际会议,国际会议城市排名从 198 名上升到 2015 年首次跻身全球国际会议目的地 100 强,从 2013 年起稳居国内会议城市排名第三位,位居北京、上海之后。2016 年在全国首推城市会展品牌"峰会杭州",连续三年成功举办中国(杭州)会议与奖励旅游产业交易会,引进国内外高端会议项目 430 个,会议消费规模达 3.85 亿元,成立国内首个由官方发起的杭州市国际会议竞标服务中心,先后获得"年度最佳国内会奖旅游城市""2016 中国最具创新力国际会奖目的地"等荣誉称号。通过成功服务保障 G20 杭州峰会,杭州举办重大会议活动的服务能力不断提升,国博中心等场馆设施运行良好,交通、安全保障等方面积累了成功经验、固化了不少成果。从 2016 年 9 月 25 日开馆至 2017 年 8 月底,国博中心已举办会议 1100 多场次、展览 25 场,合作项目已排至2022 年。

6.旅游产业基础不断夯实。全市"十二五"期间完成旅游项目投资596 亿元。目前,杭州共有 A 级景区 54 个,其中 5A 级景区(点)3 个,4A级景区(点)34 个;共有星级饭店 186 家,其中五星级饭店 24 家、四星级饭店 46 家,陆续引进国际知名饭店品牌,国际前十知名酒店品牌基本落户杭州。杭州先后推出了 100 个"旅游休闲示范点"，100 个社会资源国际旅游访问点，分别获得休闲旅游投资竞争力和综合旅游投资竞争力城市排名第一位。

7. 旅游产业融合日趋成熟。制定出台旅游产业融合规划，加快旅游产业融合，特别是加强旅游产业与文创等文化产业的融合，打造融合产品。旅游+特色行业融合平稳推进，2016 年，全市重点扶持美食、茶楼等十大行业项目 73 个项目，潜力行业产品转化为旅游休闲产品有 42 个。桐庐县不断强化"旅游+"的思维，促进旅游与第一产、二产、三产融合催化、互荣共赢。比如，依托蓝莓、蜜桃、樱桃等特色农业，开发农业观光、农事体验、水果采摘等"旅游+农业"项目；依托制笔、针织、箱包等块状经济，开发集"制造—展销—体验"于一体的"旅游+工业"项目；依托桐庐中医药文化、富春耕读文化、诗词文化等文化资源，积极推出养生休闲、民俗体验、特色美食等精品旅游路线和项目。淳安县近五年来游客接待量和旅游经济收入年均分别递增 12% 和 14% 以上，2017 年荣获"全国通用航空旅游示范单位"，成功入选全省首批全域旅游示范县创建单位，以"旅游+城市"打造特色街区，形成千岛湖—杭州、千岛湖—黄山一小时交通圈，建成全国首个县域旅游大数据平台，推进城市休闲化；以"旅游+服务"实现服务标准化，获批"全国旅游标准化试点县"称号，出台国内首个《全县景区化规划》。

（二）杭州坚持全域化战略全面提升旅游国际化态势分析

1. 机遇与优势

重大会展赛事活动影响深远。2016 年，G20 杭州峰会成功举办，这是杭州旅游国际化战略升级的重大机遇，更是杭州迈入世界旅游目的地行列的标志性事件。未来几年，杭州将先后承办全国学生运动会、世界短池游泳锦标赛、世界游泳大会和亚运会等国际赛事，必定会有效促进杭州城市运营能力和国际知名度的提升，对杭州旅游都是极大的利好消息。

"世遗"效应持续释放。世界遗产代表了最具国际影响力的自然和文化资源,2011年杭州西湖申遗成功,2014年京杭大运河申遗成功,2019年将力争良渚申遗成功,这是杭州旅游国际影响力的重要表现和品牌之一。杭州应充分整合利用"双世遗"的世界影响力,创新开发旅游产品,打响世界遗产旅游品牌,扩大杭州旅游国际化影响力。

过境免签政策发力。杭州口岸全面实施"144小时过境免签政策",包括美国、俄罗斯等51个国家的旅客均在免签范围内,借助这一政策,杭州加强与国际航空公司和中国国际旅行社、中国旅行社、中国青年旅行社等三大旅行社合作,共同推出吸引中转游客的延伸旅游产品和服务。

杭黄高铁串珠成链。杭黄高铁为杭州旅游"全域化"发展提供了重要便利。"十三五"期间,杭黄高铁开通,穿越浙江、安徽两省,是长三角城际铁路网延伸,沿途将名城(杭州)、名江(富春江、新安江)、名湖(千岛湖)、名山(黄山)串联起来,形成一条世界级黄金旅游通道,将极大有利于整合旅游资源、加强长三角经济辐射。

旅游软硬环境兼备。杭州优质旅游资源丰富,山、水、城齐备,加上有关杭州的众多人文典故、民间故事、诗词文化、影视剧、现代企业(如阿里巴巴)等的影响力,使杭州亚洲儒家文化圈内,具有很好的知名度与美誉度,这些为杭州吸引更多的中外游客,为旅游发展奠定了坚实基础。同时,经过多年努力,杭州自行车系统、智慧旅游基础设施、游步道慢行系统等旅游公共服务体系均走在全国前列,具有较强示范意义。杭州还是全国唯一推行斑马线让行制度的城市,旅游亲和力比较高。

2. 短板与突破口

产业结构的差距。游客结构上,杭州旅游在发展过程中存在国内游客多、观光游客多、短期游客多,境外游客少、商务游客少、人均消费少的"三多三少"现象。目前入境游客仍以港澳台地区和日、韩、东南亚各国游客为主,欧美游客少。消费结构上,杭州入境过夜游客人均消费不如国内游客人均消费,且其中交通、游览、住宿、餐饮等基本消费高达60%以上,而娱乐、购物及其他非基本消费仅占30%左右,处于旅游消费结构的国际最低警戒线。市场结构上，杭州本土国际旅行社由于入境旅游回报率低，营销成本高，入境旅游业务严重萎缩，而入境客源奖励政策尽管在全国起步最早，但与目前全国各地比，政策激励动力不足，入境客源分流严重。

国际知名度的差距。近年来，全市开展多项重大工程，如西湖综合保护工程、大运河综合保护工程、西溪湿地提升改造工程、"三江两岸"绿道项目等，重点打造国际品牌特色产品，但是重大旅游项目建设及国际旅游产品开发后劲不足，特别是"三江"上游的旅游大项目开发困难。与工程相配套，杭州在国际化营销上做了许多工作，但在全球，特别是欧美市场知名度仍然较低，缺乏符合欧美游客需求的知名旅游产品，处在北京、上海、广州、桂林、西安等国内城市之下，且杭州目前国际航线只有36条，而广州有128条，成都有85条，且只有两条直航连接欧美国家，国际游客可进入性欠缺。

基础设施的差距。交通是旅游最基本的要素之一，目前，杭州旅游基础接待设施正在完善，但交通瓶颈影响游客的旅游体验。近年来，杭州在自行车系统、游步道慢行系统、微公交系统等领域建设进展很快，但拥堵情况仍然较为突出，成为旅游发展的桎梏。

区域发展的差距。区县旅游发展偏弱，全域联动亟待加强。"十二五"期间，杭州区县旅游发展虽获得了较大的发展，但与城区旅游差距依然较大。高质量旅游景点、项目投资和旅游服务设施等建设多集中在城区，区县间、城乡间旅游交通和集散体系建设较弱，全域旅游联动性有限。旅游旺季环西湖景区游客过度集中，近远郊游客分担率仍然不高，影响了旅游目的地美誉度，而区县旅游产品却没有得到有效开发。

人才竞争的差距。目前，杭州存在旅游从业人员与中高级人才"一剩一缺"的突出矛盾，全市旅游休闲业直接从业人员近50万人，但高层次人才留不住，人才数量不足、比例不高，结构有待进一步优化，特别缺乏旅游休闲理论研究人才、旅游目的地营销人才、旅游休闲活动策划人才、会展运营管理人才、旅游电子商务人才、旅游媒体传播人才等领军人物、旅游工匠。

（三）未来五年杭州旅游发展的顶层设计、主要路径和具体目标

1. 顶层设计

未来五年,是杭州借 G20 峰会效应,着力打造具有全球影响力的四大个性特色,即"互联网+"创新创业中心、国际会议目的地城市、国际重要的旅游休闲中心、东方文化国际交流重要城市的关键时期,也是加快建设独特韵味别样精彩世界名城的关键阶段。

2016 年 7 月,市委专题召开十一届十一次全会,通过《中共杭州市委关于全面提升杭州城市国际化水平的若干意见》,把着力打造"国际重要的旅游休闲中心"列为杭州城市国际化四大个性特色之一,提出要深入实施"旅游国际化"和"旅游全域化"战略,充分发挥杭州旅游的品牌优势和在城市国际化中的排头兵作用,重点补齐旅游产品开发不够、旅游服务体系不健全、旅游区域发展不平衡、高端消费外流等短板,努力实现高端旅游和商贸消费新突破,成为国际旅游目的地、购物消费新天堂。

2017 年 2 月,杭州市第十二次党代会上提出要加快国际重要的旅游休闲中心建设,围绕创建国家全域旅游示范区,实施新一轮旅游国际化行动计划,持续推进旅游目的地功能、管理和环境国际化,基本形成以国际化为引领的观光游览、休闲度假、文化体验、商务会展"四位一体"全域旅游新格局,建成中国旅游国际化示范城市。

2. 主要路径

《杭州市第四轮旅游国际化行动计划(2016—2020 年)》从旅游国际环境、国际旅游产品、国际营销、国际化人才等方面入手,强化旅游和城市的融合,突出"文化彰显"和"舒适度提升",加深国际游客心中的美誉度。

《杭州市创建国家全域旅游示范区实施方案》推进旅游全产业融合,提出杭州迈向国际品质的旅游全域化发展思路和杭州"后 G20"旅游发展对策建议。推进全域旅游"1+3"管理体制,推动旅游警察、旅游巡回法

庭、工商旅游机构、旅游纠纷人民调解委员会的设立。

3. 具体目标

加深国际游客心中的美誉度，实施好杭州市第四轮旅游国际化行动计划，争创全国全域旅游示范城市，巩固杭州"国际重要的旅游休闲中心"地位。

旅游经济指标：至 2020 年，接待入境旅游者达 435 万人次，年均增长4.96%；旅游外汇收入 41.8 亿美元，年均增长近 7.4%；入境游客人均停留天数 3.2 天；入境过夜旅游人均天花费达到 300 美元。

旅游结构性指标：至 2020 年，西部一区四县（市）旅游接待人数占全市旅游接待人次的比重力争从 2015 年的 41% 提升到 2020 年的 45%，西部一区四县（市）旅游总收入占全市旅游总收入的比重从 2015 年的 22% 提升到 2020 年的 25%。

产业要素指标：至 2020 年，全市力争世界文化遗产项目新增 1 个，新增 5A 级景区 1 家；新增五星级旅行社 5 家、全国百强旅行社 2 家；拥有国际品牌连锁酒店 30 家、五星级酒店 36 家、智慧酒店试点 20 家。旅游从业人员专业技能培训率达到 100%。

社会效益目标：至 2020 年，争取全市旅游休闲产业增加值年均增长10%以上，全市旅游休闲业增加值占全市 GDP 的比重提升至 8.0%，旅游消费（旅游餐饮和旅游购物）占全社会零售总额的比重提升至 23%。游客满意度在全国各大旅游城市满意度排名中位居前列。

（四）杭州坚持全域化战略提升旅游国际化的对策举措

服务保障 G20 峰会和承办 2022 年亚运会，为杭州旅游业大发展提供了极佳机遇，创造了新的条件，杭州将紧紧抓住"后峰会、前亚运"窗口期，以国际化、全域化、品质化、智慧化为导向，以产业转型升级为主线，深入实施"旅游国际化"与"旅游全域化"两大战略，结合城市资源禀赋，全面提升杭州旅游整体形象和服务水平，充分发挥杭州旅游城市品牌优势和在城市国际化中的"排头兵"作用。

1. 坚持国际化战略,提升旅游休闲产品国际化水平

转变旅游休闲产品开发思路,以挖掘城市特质文化、展现城市休闲生活为重点,将特色文化的传播、城市故事的渲染、生活氛围的营造作为主要途径和手段,进一步丰富和彰显旅游产品的国际化特质,全面提升杭州旅游休闲产品国际化水平。

实现核心产品的国际化呈现。根据国际游客的旅游习惯,重点提升西湖、西溪、灵隐、京杭大运河杭州段、湘湖、千岛湖、清凉峰等核心旅游产品的国际化呈现方式和水平,进一步优化景区的外文导览导游词,彰显杭州城市地域文化特色。特别是紧扣"拥江发展"战略,建设一流的"三江"水上旅游产品、打造"三江"黄金旅游线。

丰富旅游精品体系。结合杭州的旅游资源条件和市场影响力,注重特色挖掘,构建精品体验旅游产品:(1)文化精品,打造都市文化休闲体验产品。加强对历史文化古镇、特色街区与历史建筑(乡土建筑)的保护;以运河文化为主题,打造系列产品;整合包装现代时尚文化旅游产品;提升优化"宋城千古情""西湖之夜"等晚间旅游文化演艺项目,结合杭州本土文化,创建新型演绎活动、高雅音乐表演等多项文化产品。(2)创意精品,打造文化创意休闲旅游产品。深入挖掘杭州历史与民俗文化资源,与相关院校和创意机构合作,引入优秀创意人才和创意团队,将历史和民俗文化与旅游充分结合,加快文化的创新型衍生。(3)运动精品,打造运动娱乐休闲旅游产品。结合杭州丰富的山地水土、绿道等资源,可重点开发山地运动、水上运动、休闲运动、高端运动、主题游乐等休闲运动产品。(4)慢游精品,加快"慢游杭州"国际旅游线路的开发与推广,绘制多语种的杭州慢游地图,做好慢游线路上的多语种公共交通指示和旅游配套服务设施(休闲娱乐设施)建设。

扶持和打造产业融合类国际旅游产品。按照国际游客的特点,梳理演艺、电影、书场、茶馆、特色展览等文化活动,提升国际影响力,增强杭州国际文化大都市和国际创意文化之都形象。强化博物馆国际接待能力,按国际标准丰富展览内容，打造"museum pass Hangzhou 杭州博物馆之旅"线路，编制多语种博物馆介绍手册（享乐博物馆手册）等。加大针对国际市场的健康养生系列旅游休闲产品的开发与推广，建设中医养生旅游体验集聚区和基地。

加强区县特色旅游产品的国际化打造。重点打造下沙（萧山）的观潮、富阳的特色运动和富春江山水、桐庐的江南古村落群慢生活、建德九姓渔民文化和严州古文化、千岛湖的自然山水度假、余杭的良渚文化和中泰运动休闲旅游小镇等旅游产品。

大力发展国际会奖旅游市场。杭州将"国际会议目的地城市"和"国际重要的旅游休闲中心"作为国际化发展目标，要加强两者的相互推进作用，力争成为国际集团、全球企业、公共机构、国际协会等首选的会奖旅游目的地城市。借助 G20 峰会及其他国际性赛事，积极宣传城市形象；加大与境内外会展公司的合作力度，促进会奖企业向专业化、品牌化方向发展；在现有西博会、休博会、茶博会、国际电子商务博览会等品牌性会议会展的基础上，加强与国际组织和相关城市合作，大力引进国际性会议和会奖旅游项目，努力打造国际会奖旅游目的地形象；借助国际会展活动，大力引进国际高端旅游人士，加快打造国际商业购物中心，建立适应国际旅游团队的外宾服务规则与多语言信息引导。

2. 坚持全域化战略，推进区域旅游协调发展

以旅游全域化发展战略为抓手，提升旅游业空间运行整体效率，通过继续深化旅游西进、加快旅游集聚区建设、构建旅游产业集群等推动大杭州旅游发展一体化。

深化"旅游西进"战略，引导区县旅游大发展。贯彻实施全省旅游"东扩西进"两翼发展的战略部署，以区、县（市）为主体，以"三江两岸"和浙皖高速为双轴，积极鼓励与支持各地探索全域景区化战略的科学实施；大力推进乡村旅游与精品农业、特色农业相融合，做强乡村旅游产业。

突出旅游集聚区建设，提升旅游产品的体验性与特色。立足构建规模化的产业集群体系，重点推进历史文化街区集聚板块、文化创意休闲板

块、特色街巷商业板块、演艺产业板块、运动休闲板块、文创板块、民宿产业板块、主题公园板块、花卉产业板块、清凉世界度假板块、养生保健旅游组团板块等的建设,编制旅游集聚区专项规划,出台相关扶持政策。

推进重大旅游项目建设,助推全域旅游发展。旅游项目建设引入社会多元投资,重点吸引有创造影响力、辐射力的大项目,如特色鲜明的大型主题公园等;助推温泉、滑雪等高端、新型旅游休闲产品落户杭州;加快游艇、低空飞行、大型科技游乐项目等新业态培育。重点推进一区四县(市)旅游建设项目招商引资。

加强区县主题型的休闲度假区打造。重点提升湘湖旅游度假区、千岛湖度假区、临安清凉峰旅游度假区,继续创建桐庐富春江慢生活体验区、大径山乡村旅游度假区。

3. 坚持品质化战略,完善高品质服务体系

以"国际游客无障碍旅游区"功能建设为抓手,以"智慧旅游"为导向,深化旅游经济实验室建设,积极提升旅游企业的智慧化水平,改善旅游咨询服务和城市的可进入性及城市内外交通的顺畅性,使杭州成为具有国际水准的、智慧引领的全域休闲度假型城市。

打造智慧旅游三大平台,助力旅游公共服务。建设"智慧旅游"服务平台,实现全过程、互动式的虚拟旅游体验;建设"智慧旅游"管理平台,实现旅游行业从传统的被动处理、事后管理向过程管理和实时管理转变;建设"智慧旅游"营销平台,实现精准定位的互动式旅游营销。

优化大杭州旅游交通服务体系,改善景区交通可进入性。加快全市公共交通设施建设,重点建好主城区至"三江两岸"、环千岛湖沿线地段和重要节点的公共交通及服务设施,完善一区四县(市)自驾车驿站系统。优化地铁、轻轨等新型城市交通规划,兼顾旅游景区的需要;发展景区内部绿色、环保式交通;通过各种手段和经济杠杆解决停车难、车行不顺等问题。

提升城市旅游的国际可进入性。加大杭州144小时过境免签政策在国际游客中的营销宣传力度,开辟和增加杭州至欧美和澳新远程旅游市场的国际新航线,制定出台对亚洲和国内短途廉价航空公司引进入境游

客和经营杭州旅游产品的补助政策。

加强多功能的以游客需求为本的旅游集散网络建设。提升城市旅游集散中心的功能，为游客提供多功能的便捷服务；提升完善现有旅游集散体系，加强主城区与区县集散中心的互动；建设以地铁、公共汽车、出租汽车、"水上巴士""免费单车"为互补的五位一体城市旅游大公交体系，形成便捷、通畅的城市公共交通网络。

完善旅游配套设施及服务。加大对盲道、升降电梯等无障碍设施的建设；推进医疗、教育、市民素质等各个方面的全方位提升。打造系统稳定、认证便捷、安全可靠的免费 Wi-Fi 网络系统。进一步提升景区、宾馆、旅行社、出租车等服务从业人员的服务意识与能力。

进一步完善大型交通枢纽的多语种图形标识和指示系统，规范、优化全市 A 级景区、星级宾馆的公共标识标牌以及交通道路旅游指示牌。

制定健全的旅游应急救援方案，储备旅游应急救援物资和器材，加强旅游热点地区的定点应急救助点建设，提供紧急医疗服务、紧急情况快速救助服务等。

4. 坚持商旅互动策略，培育和引导旅游消费氛围

积极培育旅游消费氛围，通过商旅互动，激发内需，提振消费，将杭州建成国际消费中心城市。

打造旅游消费特色品牌。整合美食茶楼、运动休闲、文化娱乐、婚恋旅游、养生保健、美丽产业等城市资源，积极拓展"游客群体"增量市场。

强化城市旅游消费的金融手段。大力发展旅游移动支付业务，扩大外币银行卡使用范围。

扩大旅游购物消费。进一步开发具有本地特色和文化底蕴的旅游商品；积极争取境外游客购物离境退税政策支持，有效提升入境游客购物消费。

5. 坚持精准化营销策略，创新国际化的科学营销网络

在后峰会时期，我们更应该顺势而上，加强精准化营销。重点拓展欧美等远程市场,巩固周边传统市场,创新旅游科学营销推广体系,构建全球重点目标市场营销网络。

突显"Living Poetry"国际宣传口号的作用和影响力。把杭州国际旅游营销的核心放在旅游国际宣传口号的"living"(生活的文化)上。重点阐释"世界文化遗产""江南的悠闲、东方慢生活""龙井茶""南宋""禅修静地""丝绸之府""中医药""阿里巴巴""中国美院"等 12 个关键词。同时,加大"Living Poetry"杭州国际旅游口号的城市可视化工作,增强国际游客对杭州旅游的品牌记忆度。

加强精准定位的市场研究开发。国际市场方面,牵头组织运河沿线旅游城市赴欧美国家联合推广;不断拓展传统入境市场和新兴客源市场,增加国际新航线。

构建全球重点目标市场营销网络。在调研游客需求的基础上重点推进欧美市场新媒体整合营销、欧美市场网络广告定向投放、四大海外新媒体平台建设维护。结合游客需求,出版杭州旅游系列书籍;拍摄符合客源国居民审美体验偏好的杭州旅游宣传片,进行强势宣传。

撰稿:许玲,杭州市委政研室

五、打造大运河（杭州段）世界级
公共休闲大走廊的报告

大运河（杭州段）是杭州城市千百年来发展的空间轴线、生态屏障带、经济命脉线和历史文化之根，是杭州历史文化名城的双擎之一。基于加快建设独特韵味别样精彩世界名城的发展战略，我们建议将大运河（杭州段）打造成世界级的公共休闲大走廊，使之成为杭州城市公共空间的新亮点、城市"双修"的新典范、城市有机更新的新标杆，夯实"世界一流生态环境""独具东方魅力和品质"全球重大影响力世界名城的发展根基。

（一）打造世界级公共休闲大走廊
对杭州国际化的现实意义

打造世界级公共休闲大走廊是落实习近平总书记指示的最好行动。早在 2006 年 12 月 31 日，时任浙江省委书记习近平在考察大运河（杭州段）综保工程时，就希望把大运河（杭州段）打造成"景观河、生态河、人文河"，真正成为"人民的运河"和"游客的运河"。然而在后申遗时代，与西湖和钱塘江保护与开发力度相比，大运河（杭州段）的功能利用与历史文化遗产保护形势仍十分严峻，历史文化保护与开发利用趋于碎片化，两岸的城市公共休闲空间开发严重滞后。

打造世界级公共休闲大走廊是国际化城市发展的趋势。世界上的国际大都市都高度重视打造城市公共休闲空间，尤其利用河流或湖泊来重塑城市公共空间,如伦敦的泰晤士河、巴黎的塞纳河、纽约的东河和哈德逊河、首尔的清溪川、新加坡的加冷河、大阪道顿崛区的运河等,都是城市公共休闲空间建设的成功典范。当前大运河(杭州段)的发展状况还难以支撑起杭州建设"独具东方魅力和品质"别样精彩世界名城的根基,亟待进行"脱胎换骨"式的大提升。

打造世界级公共休闲大走廊是贯彻落实城市"双修"精神和海绵城市建设的根本体现。在以往的大运河(杭州段)整治中,生态建设理念滞后,突出了大运河及沿岸的生产和居住功能,重视了河道的截弯取直、河岸驳坎、道路硬化、植被绿化,忽略了运河本身的肌理及与之相关的生态环境,导致当前大运河沿岸建筑形态单一,住宅小区封闭,建筑立面和色彩呆板,与大运河缺乏有机的联系。通过打造世界级公共休闲大走廊,修复城市生态、修补运河两岸建筑形态,改善城市环境和城市风貌,真正提升大运河(杭州段)110公里沿岸数百万居民城市国际化的获得感,打造杭州生态城市新名片。

(二) 打造世界级公共休闲大走廊
对杭州国际化的厚实支撑

大运河是杭州城市发展的"根",也是杭州城市成长的"魂"。千百年来,杭州随"河"而兴,大运河一直承载着杭州城市发展的历史与文化。

大运河(杭州段)是杭州城市发展的空间轴心带。隋代凿通江南运河直抵杭州城北,后运河又"穿钱塘市而入江"。在其后的城市建设中,杭州不断地将运河引入市内,构成杭州水运网。南宋时期,都城临安构建了以盐桥河(今中河)为主的轴线,凸显了杭州的"江南水城"风貌。现今,绵延近110公里的运河岸线完整,两岸居住小区林立,城市空间依次展开,大运河(杭州段)的城市轴线十分清晰。

大运河(杭州段)是杭州城市发展的生态屏障带。大运河自然环境禀赋突出,是杭州的重要生态带,既是绿带,也是风带,有助于杭州城市的生态环境和空气的流动。大运河与众多的河滨、湖泊、池塘、湿地和沼泽织成一张稠密的水网,将杭嘉湖平原的自然生态禀赋接入城市,使杭州具有自然的灵气。运河两岸田地精耕细作,植被丰富,树木扶疏,村落遍布,鸡鸭成群,风光秀丽;水生植物种类繁多,运河沿岸物产丰富,不仅出产桑、蚕、丝、绸和麻等工业原料,而且也盛产各类鱼虾水产。

大运河(杭州段)是杭州城市发展的经济命脉带。自古以来,大运河两岸集市众多,民谚有"百官门外鱼担儿,坝子门外丝篮儿,正阳门外跑马儿,螺蛳门外盐担儿,草桥门外菜担儿,候潮门外酒坛儿,清波门外柴担儿,钱塘门外香篮儿"。杭州城北旧有"十里银湖墅"之称,沿河商业繁华,商贾云集。随着近代工业的发展,杭州运河两岸集聚了大量的丝织制造工业,中华人民共和国成立以后拥有大量的国营工厂和企业,如今运河两岸依然分布着工业园区、航运港口、商业中心、文化创意产业中心以及大量的经济实体。

大运河(杭州段)是杭州城市发展的历史文化带。大运河两岸曾经集聚着杭州的建筑文化、商业文化、饮食文化、娱乐文化和民俗文化,留下了众多的传统民居、民间传说和名人足迹。现有桥西历史文化街区、小河直街历史街区和大兜路历史街区,还有众多文化景观,构成了"一馆、两带、二场、三园、六埠、十五桥"的运河景观。

大运河(杭州段)是杭州城市发展的成就展示带。从20世纪50年代起,省市政府十分重视大运河(杭州段)的整治工程,开展了江河沟通工程和疏浚河道工程;从20世纪80年代起,结合旧城改造,对中河、东河总长达10多公里河道进行了综合治理;2002年启动了运河(杭州段)综合整治与保护开发。这些综合治理工程使杭州运河产生了巨大的变化,也呈现了杭州城市蜕变的阶段性成果。

(三) 打造世界级公共休闲大走廊面临的问题和困难

作为杭州城市发展的空间轴心带,大运河(杭州段)缺乏卓越的规划和设计。大运河(杭州段)发展整体感觉平庸与单调,两岸的公共空间视觉凌乱,拥有性和视觉通透性较差;沿岸建筑呆板,建筑立面与大运河不相协调;景观布局零乱,绿地树林化严重,绿道建设级别低;公共空间与居民住宅小区互相封闭,阻隔市民的可达性和参与性。在 G20 峰会后,混乱的标识和标志又重新占据了一些公共空间。

作为杭州城市发展的生态屏障带,大运河(杭州段)难以发挥应有的水利功能。目前,大运河(杭州段)依然承担着货物运输、排涝和泄洪等水利功能,但由于城市交通和街道社区建设,不少河道遭遇填埋和覆盖,大运河成了没有枝桠的光树杆,暗河和暗流成为现有运河水网的一部分。而河道截弯取直、滩涂疏浚和人工驳坎等虽然便利了通航、防洪和治污,但也改变了原有的生态肌理,城市排涝、排污存在一些问题,部分支流和旧涵管仍有少量生产和生活污废水进入运河;而大运河沿岸的道路硬化容易造成地表水积存和直排,增加了水体污染。大运河沿岸的绿化简单粗暴,绿化方式仍需要优化和提升。

作为杭州城市发展的经济命脉带,大运河(杭州段)难以引领新兴产业发展。大运河(杭州段)曾经集聚了大量的仓储码头和工业企业,随着传统产业的衰落与工厂的搬迁,运河两岸的经济趋于萧条。现虽有丝联166 产业创意园、Loft 49 创意园等文创产业,但仍缺乏高科技产业以及高端服务业的规划与建设,亟待需要拓展一些与区域相协调的新兴产业。

作为杭州城市发展的历史文化带,大运河(杭州段)基因凸显不够。大运河(杭州段)虽然有着丰富的运河文化,有像广济桥、拱宸桥这样的千年古桥,但新建桥梁缺乏与大运河相匹配的规划与设计。历史街区虽有桥西历史街区、小河直街历史街区和大兜路历史街区,但其余街区几乎消失,而新的运河街区完全缺失。虽然拥有中国刀剪剑博物馆、中国扇博物馆、中国杭州工艺美术博物馆、杭州运河文化博物馆、杭州富义仓遗址公园、杭州西湖文化广场和运河文化广场,但其他含有历史文化基因的公共空间仍建设不足。大运河(杭州段)应该具有连续不断的标志性建筑、历史文化街区、博物馆以及其他文化设施。

作为杭州城市发展的成效展示带,大运河(杭州段)缺乏顶级集聚人气的基本设施。一是大运河(杭州段)的开放性、可达性和休闲性不够。大运河(杭州段)现有两岸街区与大运河大多存在分隔,企事业单位和居住小区封闭割裂。两岸休闲空间狭窄、设施简陋、档次较低，与两岸街区、居住小区缺乏有效的融合衔接，沿岸缺乏相对连续的、凝聚两岸活力的高级别公园、运动休闲型道路、公共休闲空间、商业设施以及其他吸引人气的标志性建筑。二是大运河（杭州段）公共休闲大走廊比较低端。两岸亲水步行道和绿道未实现全部贯通，缺乏高级别的健身休闲道路和自行车道；运河沿岸缺乏世界级的、可参与性的休闲空间和运动公园，缺乏能够凝聚人气的文化休闲设施。公共厕所与沿岸环境并不协调，缺乏创意。

（四）打造世界级公共休闲大走廊的政策建议

以高起点规划为引导，重新定位大运河（杭州段）的功能。高起点、高标准做好大运河（杭州段）公共休闲大走廊的规划与设计，重新定位大运河（杭州段）的功能，由单一的运输功能向城市公共空间转变。统筹大运河（杭州段）的公共休闲空间的分布，以公共休闲大走廊来串联各个重要的公共休闲空间节点。重点建设两岸亲水步行道（古纤道）和世界级的健身休闲道路（包括自行车道），改变目前健身休闲道路基本阙如，亲水步行道断断续续的碎片化状况。可以选择武林门段到拱宸桥段做试点，改变原有道路的大理石铺装，以目前世界健身休闲道路标准建设，建设一批与公共休闲大走廊相匹配的服务设施，为杭州的公共休闲大走廊建设树立标杆。同时，转变观念，突出大运河（杭州段）的城市公共休闲空间功能。公共休闲大走廊的最大特色是将大运河（杭州段）作为重要的城市公共空间轴线，将两岸街区有机融入大运河的公共空间之中，而不是把大运河作为彼此隔绝的边界。增加大运河（杭州段）沿岸街区道路至运河沿岸的可达性，打开大运河两岸街区、住宅小区和企事业单位的封闭围墙（或栅栏），例如，流水苑、京都苑、武林一号、武林外滩、大塘新村、朝晖小区、稻香园、左家新村等，真正做到"还河于民"。

以世界先进城市为标杆，提升大运河（杭州段）公共空间的建设级别。伦敦泰晤士河南岸、巴黎塞纳河两岸、纽约东河海滨地带和哈德逊河公园、首尔的清溪川、新加坡的加冷河、大阪道顿崛区运河等规划、设计与改造都取得了巨大的成功,值得我们借鉴:一是重视高标准的规划与设计,充分论证,项目建设拥有前瞻性;二是充分利用河道的自然禀赋,发掘自然美、生态美和建筑美;三是注重城市公共空间的视觉效果,协调两岸建筑及其色彩;四是充分利用和改造原有的建筑功能,建设高标准的公园、绿地、绿道、健身运动设施以及雕塑作品等;五是注重与相邻街区的融合,强调公共空间开放性;六是以人为本,充分考虑文脉延续性与各项设施的适用性。我们应该重点打造几个与大运河相协调的世界级公共空间,建设和整治杭州三堡船闸公园、艮山门运河公园、武林门运河公园、丽水路段运河公园、湖州街运河公园、浙窑运河公园、城北体育公园、运河森林公园等;重点建设几个大运河沿岸的标志性街区;重塑大运河区域的城市功能与特色。

以"生态修复"理念为指针,提升大运河(杭州段)的自然生态环境。大运河(杭州段)可以结合"五水共治"和"海绵城市"的理念,改造部分运河河道,使运河"显山露水",恢复部分已湮没的河道,疏浚一批小河道;加强运河水网治理,改善运河水质;改造部分运河驳坎,调整沿岸道路的大理石铺装;恢复部分河滩与植被,提高动物的栖居性和暴雨水的捕获能力;加强运河沿岸的绿化规划与设计,改变传统的粗放式绿化(园林化或树林化),提升绿带的景观性;注重运河沿岸的绿化整体风貌,突出绿带空间的美学效果,把大运河打造成真正的"生态河"。

以城市"修补"理念为着力点,提升大运河(杭州段)的景观效果。城市"修补"是指用更新织补的理念,拆除违章建筑,修复运河两岸的城市设施、空间环境、景观风貌,形成新的城市轴心景观带。大运河(杭州段)沿岸仍有一些违规建筑需要加以整治,以增加公共空间,一些公用建筑也存在散、乱、差的问题,公共厕所设置不尽合理。运河景观除了现有的桥、亭、街区和一些遗址建筑以外,可以部分再现原有的"湖墅八景",也可以新增部分具有大运河城市公共空间特色的现代景观,使大运河(杭州段)成为一条真正的"景观河"。

以"世界遗产"保护为标准,提升大运河(杭州段)的历史文化保护力度。在大运河遗产区内,杭州市列入大运河首批申遗的点段共有11处,包含富义仓、凤山水城门遗址、桥西历史街区、西兴过塘行码头、拱宸桥、广济桥等6个遗产点,还有杭州塘段、江南运河杭州段、上塘河段、杭州中河—龙山河、浙东运河主线等5段河道,总长度达110公里。在后申遗时代,杭州应该发挥大运河世界文化遗产的综合带动作用,继续挖掘大运河(杭州段)的历史文化元素,修建杭州的工业博物馆、仓储博物馆以及专门的陈列馆,建设其他各类文化景观,丰富大运河沿岸的历史文化呈现方式。

以统筹协调为准则,形成共建共享合力推进的良好氛围。打造大运河(杭州段)世界级公共休闲大走廊涉及110公里的大运河(杭州段)区域,涉及杭州余杭区、拱墅区、西湖区、下城区、上城区、江干区等不同的行政区域,需要建立政府主导、部门协同、上下联动、全民参与的协作推进机制,保障重大项目的推进。同时,加强立法保障,激励公众参与,形成共建共享合力推进的良好氛围。

撰稿:张卫良,杭州师范大学杭州城市国际化研究院

六、国际大湾区视角下杭州
建设世界名城报告

国际一流大湾区都孕育着世界超级城市群发展,承担着全球经济发展的引领创新、聚集辐射的核心功能,是带动全球经济发展的重要增长极和引领技术变革的发动机。杭州大湾区已具备了发展成为世界大湾区经济的基础和条件,承担着新常态下中国经济转型升级的历史使命。杭州应通过发挥创新经济优势,争取大改革、构筑新平台、聚焦原基因、集聚高要素、谋划大格局以及创建国际营商环境等,加快世界名城建设,与上海互为依托和促进,共同引领杭州大湾区发展。

(一) 国际城市发展的大湾区形态

大湾区经济作为重要的滨海经济形态,是当今国际经济版图的突出亮点,是世界一流滨海城市经济的显著标志,集中了全球 60% 以上的经济总量,体现了极强的集聚优势。世界许多城市凭借有利的各种大海湾资源条件,实现了整合城市资源、提升城市发展水平的目的,形成了很多国际名城,甚至世界城市,如纽约湾、旧金山湾、东京、温哥华、悉尼以及鹿儿岛、波士顿等。研究世界大湾区城市群发展内在规律和一般条件,探索杭州世界名城建设与引领大杭州湾区发展的路径,是亟待研究的重大问题。

世界大湾区城市产业发展表明,作为一种成熟的区域经济模式,大湾区经济集中了较多的跨国公司和国际金融机构以及国际经济与政治组织,是国际资本、技术、信息和劳动力集散中心,具有通行国际惯例和国际法规,在某种程度上能够控制和影响全球或区域性经济活动。大湾区经济孕育着世界级城市群的形成与发展,已成为各国经济发展的龙头和主力,国家之间竞争的重要载体,全球区域创新中心的代名词。大湾区崛起的背后,是产业的转型升级以及经济、社会、环境、资源等整个社会生活的优化。

世界上形成了十几个规模较大的湾区经济形态,尤其纽约、旧金山、东京三大湾区,通过其开放的经济结构、高效的资源配置能力、强大的集聚外溢功能、发达的国际交往网络,在经济、人口、科技、产业等领域都体现出了无可比拟的聚集优势。美国纽约湾区是世界金融的核心中枢、商业中心以及国际航运中心,为美国第一大港口城市,是重要制造业中心。纽约湾区内有 58 所大学,两所世界著名大学,人口达到 6500 万,占美国总人口的 20%,聚集了全球银行、保险公司、交易所及大公司总部,云集了百老汇、华尔街、帝国大厦、格林威治村、中央公园、联合国总部、大都会艺术博物馆、第五大道、洛克菲勒大厦等全球知名现代建筑群,成为国际大湾区之首。旧金山湾区以知识创新为驱动,湾区内有举世知名的硅谷和斯坦福、加州伯克利等 20 多所著名大学。旧金山私人创业基金机构有 30 多家,具有充足的资金保证,同时有谷歌、苹果、特斯拉等企业全球总部集聚,一大批中小企业的参与支撑,引领全世界 20 多种产业发展。旧金山湾区良好的自然、生态和文化、社会的环境,使其能充分吸引、留住高端人才,推动着创新经济始终引领全球发展。东京湾区经济总量占了日本的 1/3,集中了日本的钢铁、有色冶金、炼油、石化、机械、电子、汽车、造船等主要工业部门,是世界上经济最发达、城市化水平最高的城市群之一,工业沿着东京湾西岸东京和横滨之间发展,成为京滨工业地带。东京湾区还依托港口建设进行大规模的综合开发,发展现代化的重化工业和海运物流业,建立了世界规模的产业中心,通过政府的政策引导和市场调节,实现了湾区内产业联动格局,产业高度集中。

（二）世界大湾区城市群发展的特点和规律

随着经济全球化和国际分工深刻变化,信息化、科技化的深度发展,基于科技创新网络的经济开放,文化人文、生态环境,尤其人才集聚的科技创新等新动能驱动力量逐渐凸显,成为大湾区经济发展的最大支撑。纽约、旧金山、东京三大湾区等世界大湾区不仅拥有一线的海景资源和核心地段,更是大力发展教育、科技和文化等事业,密集投放智力资源,推动创新发展,引领全球新兴产业发展,同时善用自然景观与空间特征实现湾区多层次功能,不断推进湾区发展模式的转变,发展中造就了优质的人文氛围与人居环境,完善基础设施建设,改善融资环境,发展滨海旅游与休闲产业,吸引总部经济与现代服务业集聚。

纵观世界大湾区城市群发展,无不具有高度开放、创新引领、区域融合、宜居宜业等特征,形成了相似的发展路径。一是推动湾区向世界高度对外开放。湾区海运发达,港口城市成为交通枢纽与对外开放的门户,国际投资、贸易便利,经济开放性较强,汇集一批跨国公司和企业总部及国际经济组织,制定行业的国际标准,发布行业发展报告等,形成全球产业要素集聚区,成为世界的经济、贸易、金融中心之一。一些城市通过实施较为宽松的财税制度,甚至自由贸易制度,从而吸引国际产业要素集聚,打造国际商贸自由港,如开曼群岛、巴厘岛等。同时湾区吸引大量外来人口,形成开发包容的移民文化。

二是推动湾区持续创新引领。由于湾区经济的高度开放,更容易汇集全球资金、人才与信息,催生创新成果,推动新产业衍生与集聚,成为湾区经济发展的根本动力。纽约湾区内有 58 所大学,两所世界著名大学。旧金山湾区以知识创新为驱动,有举世知名的硅谷和斯坦福、加州伯克利等 20 多所著名大学,从硅谷到旧金山湾的 101 高速公路旁,就聚集了大批高科技、技术创新公司以及世界知名高校如斯坦福大学,有效聚合了科创资源和科技产业。

三是推动湾区内部融合发展。湾区核心城市与周边城市形成良好的职能分工协作,各城市在高端服务、教育科研、生产制造、生态旅游上各具特色,要素流动畅通。美国纽约湾区经过区域合并,大纽约区域形成,由纽约州、康涅狄格州、新泽西州等 31 个县联合组成。日本环东京湾地区有东京、横滨、川崎、船桥、千叶等 5 个大城市,形成了由横滨港、东京港、千叶港、川崎港、木更津港、横须贺港六个港口首尾相连的马蹄形港口群。

四是打造湾区宜居宜业创新环境。湾区城市大多自然环境优美，依山临海适宜居住，环境优势加上文化氛围开放，易于吸引投资和新兴产业发展。依托宜人宜居的优美生态自然环境和奇特的自然风貌，以及历史文化人文资源，吸引全球人才集聚，形成以旅游、时尚、养生健康等主导的现代优势产业。美国纽约湾区被认为是世界上最适于人类居住的地区之一，也是富人聚集的地区。

美国未来学家雷蒙德·库兹韦尔提出"奇点理论"，分析人类技术的进步和文明的演化，并描述了一个向人工超级智能跃进临界点。从 20 世纪以来，每一次世界经济格局大调整都会产生一个世界级湾区。如一战到二战期间，纽约湾依靠大西洋贸易通道成为第一个世界级湾区；二战后，旧金山湾依靠太平洋贸易通道成为第二个世界级湾区；20 世纪 60—90 年代，亚洲制造业的崛起和壮大，东京湾凭借科技制造实力成为第三个世界级湾区。随着中国经济发展和区域格局形成，在珠三角、长三角等经济发展较快和区位条件优越的地区，将会形成新的世纪大湾区，即粤港澳大湾区和环杭州湾大湾区。

（三）大湾区发展的国家规划

国家提出粤港澳大湾区发展规划。粤港澳大湾区自 2008 年提出以来，一直受到中央和地方的持续推动。2014 年，深圳首次在政府工作报告里提出了"湾区经济"的概念。2015 年 11 月，中共广东省委十一届五次全会在湾区经济的基础上首次提出了"粤港澳大湾区"，随后得到了中央的认可，并最终写入了十二届全国人大五次会议《政府工作报告》。在国内技术模仿空间缩小和改革红利逐渐减弱、全要素生产率增速持续下降等情况下，为向国际价值链高端攀升，培育新时期发展的新经济动能，探索科技创新、产业升级、发展转型，同时为打造中国经济升级版提供有力支撑，推动"一带一路"建设，在 2017 年中央政府工作报告中国家提出了要推动内地与港澳深化合作，研究制定粤港澳大湾区城市群发展规划。

2017年7月1日上午,《深化粤港澳合作推进大湾区建设框架协议》在香港签署。按照协议,粤港澳三地将在中央有关部门支持下,打造国际一流湾区和世界级城市群。

继粤港澳大湾区提出以后,各界积极谋划打造环杭州湾大湾区发展。环杭州湾大湾区包含上海、杭州和宁波等中心城市和副中心城市,苏州、舟山、无锡、嘉兴、绍兴、南通等经济发达城市,总人口数量已接近北美、西欧、日本的世界级城市群,常住人口超1.5亿,占全国人口的11%,是全国人口流入最多的区域之一,未来人口支撑力潜力较大。湾区经济增长迅猛、产业布局完善、对外贸易发达、创新氛围浓厚,综合实力全国最强,我国以至世界经济增长最迅速、城市化进程最快的地区之一,发展成为世界级城市群的条件已基本具备。拥有全国最多的上市公司,已有1000余家,占中国A股上市公司共计1/3,是珠三角和京津冀地区两地之和。2017年,浙江省委十四届一次全会提出以"八八战略"为指引推进拥江发展大跨越,以"一带一路"为统领扩大对外开放,以"大花园"建设为抓手走好"绿水青山就是金山银山"之路。杭州城市工作会议提出要坚定不移实施拥江发展战略,在"大湾区"建设上走在全省前列。

有研究指出,粤港澳大湾区和环杭州湾大湾区的未来发展,要从国家意义与历史使命出发来定位。一是要成为"一带一路"发展支撑区域。探索构建高标准贸易投资规则,建立与国际接轨的开放型经济新体制,为"一带一路"、双向开放和参与全球治理提供支撑。二是要培育具有世界级竞争力的创新中心。要强化全球资源配置能力,成为新经济发展策源地,为全国推进供给侧结构性改革提供支撑。三是要打造世界级城市群与经济增长重要引擎。对标以纽约、伦敦、东京为中心的世界级城市群,探索新型城镇化机制,带动区域协同发展,共同成为引领中国乃至全球经济增长的区域科创中心和新经济的策源地、集聚地。

(四)杭州在大湾区发展的创新引领

科技创新、新经济以精英人才和人力资本为本,以人才集聚为主要内容,尤其是创业者、投资家和企业家的集聚,以及大量科技研发人才即科学家、工程师和技术工人的集聚。G20峰会后的杭州,已进入智慧经济与文创产业并驾齐驱、eWTP(世界电子贸易平台)与普惠金融双轮引擎的崭新阶段,正以连接创新方式打造"天堂硅谷"。作为一直走在全国重要城市前列的"智慧城市",杭州将着力打造具有全球影响力的"互联网+"创新创业中心,新一代智能化技术的信息产业在杭州已经并将继续得到健康发展。杭州已成为全球最大的移动支付之城。根据今年4月北京大学互联网金融研究中心发布的报告指出,互联网金融发展指数杭州居全国首位。《北京大学数字普惠金融指数》显示,杭州数字普惠金融发展同样居全国首位。近几年,杭州技术的创新带来生活方式的创新,更带动整个城市的创业创新,已经形成了一个互联网生态圈,中国第一座互联网金融大厦吸引了大批互联网金融企业的入驻,包括蚂蚁金服、挖财、铜板街、51信用卡、恒生电子、数米基金网等。

杭州的创业氛围与北京、深圳处在同一层面,世界一流的信息经济、宜居环境发展正好迎合了时代的需求。在环杭州湾大湾区城市群中,杭州具备了构建前沿创新产业体系,引领大湾区发展的基础条件和良好优势。

一是杭州对周边区域辐射带动影响大。杭州成为继北京、上海、深圳之后,第四个拥有百家A股上市公司的城市,成为中国资本第四城。杭州对周边区域的经济影响力和带动力不断增强,以杭州为核心的杭州都市圈是浙江省经济最具活力的区块,为全国第四大都市圈,2017年上半年,全市信息经济实现增加值1409亿元,增幅22.5%,GDP占比24.8%;全市信息经济实现主营业务收入3808亿元,增幅28.3%。主导产业带动作用明显,电子商务、移动互联网、数字内容、软件与信息服务、云计算与大数据、集成电路等六大产业的增加值增幅均超过24%。

二是杭州创新活力国内首屈一指。杭州市委、市政府明确以信息经济为"一号工程",在信息经济引领下,创新创业氛围浓厚,拥有"天堂硅谷"的美誉。杭州是中国跨境电子商务综合试验区,网站数量、B2B、B2C、C2C、第三方支付均居全国第一,并致力于打造"国际电子商务中心"。随着互联网的高速发展,杭州在智慧物流、数字内容、物联网、大数据、云计算、互联网金融等领域领先全国甚至全球。科技创新综合实力位居全国省会城市前列,全国民营企业 500 强数量居全国首位,发明专利授权量居省会城市第一。每千人企业拥有数高出全国平均水平一倍以上,基本达到发达国家水平。涌现出以阿里巴巴为代表的世界级跨国企业、以海康威视为代表的安防领先品牌,"电子商务之都"形成了全球辐射力,以马云为代表的全球顶尖风云杭商。杭州已连续六年入选"外籍人才眼中最具吸引力的中国城市",在"中国大陆最优创业城市"中排名第四。

三是杭州以人文魅力引领城市发展。杭州在十多年前 5A 景区西湖就已取消门票实行免费游,属全国首创;拥有全球最大的"免费公共自行车"系统,是全球公共自行车服务最佳城市;是信用借还网络最发达城市;是真正做到斑马线礼让行人的城市;"无现金城市"模式引领全国、全球,是全球最大的移动支付之城……西湖文化景观、中国大运河(杭州段)先后列入"世界遗产名录",国际级非遗项目数量居全国同类城市第一。已连续十年荣获"中国最具幸福感城市"。城市发展的"杭州模式"逐渐成为全国各地借鉴、复制的样本,也必然成为中国未来城市发展的标杆。

四是杭州是国家综合交通枢纽城市。近年来,杭州先后建成沪杭客专、宁杭客专、杭甬客专和杭长客专等,2013 年投运的杭州东站是目前接驳功能最为齐全、亚洲最大动车交通枢纽之一。杭州萧山国际机场完成二期改造,客运稳居全国前十,国际航班数量居华东机场第二位,是世界百强机场、中国第四大航空口岸。杭州港衔接长江和京杭运河两大水系,年吞吐量位居国内内河港口前十。2022 年亚运会召开前,杭州还将建成 12 条共计 450 公里的城市快速轨道交通网。高速公路网、铁路网、民用机场以及城市交通基础设施快速发展,杭州国家级交通枢纽地位逐年提升。

五是杭州的国际影响力在持续提升。杭州自古就是"人间天堂",被誉为"世上最美丽华贵之城",拥有西湖与大运河两大世界遗产。随着

2016 年杭州 G20 国际峰会的成功举办,杭州的国际影响力与日俱增。国内外各大主流机构和媒体对杭州的评价不断提高。杭州首次跻身全球 100 强国际会议目的地,位列城市排名全国第三,仅次于北京和上海。《福布斯》发布的"中国大陆最具创新力城市",杭州位列第四。杭州入选《纽约时报》"全球最值得去的 52 个目的地",获 *Travel & Leisure* 国内唯一的"2016 年中国首选目的地"奖项。在全球化与世界城市研究组织 GaWC 公布的 2016 世界城市体系排名中,杭州列入中国城市第十位,进入世界城市体系。

(五) 加快杭州世界名城建设的几点建议

与京津冀的中央"红利"和粤港澳改革"红利"相比,杭州大湾区经济的发展道路在于新经济"红利"。突破杭州大湾区发展约束的关键是争取列入国家大发展规划,并跻身国家中心城市,获得更广的发展空间,尤其要充分发掘创新经济优势,争取大改革、构筑新平台、聚焦原基因、集聚高要素、谋划大格局以及创建国际营商环境,与上海形成双驱动,引领杭州大湾区发展。

1. 争取国家重大改革试点,释放制度供给红利

近几年来,杭州先后取得跨境电子商务综合试验区、国家自主创新示范区和服务贸易等国家级试点红利,有助于全面提升杭州的城市国际竞争力。但是,相比上海、天津、福建和广东等地的自由贸易试验区,杭州的单项改革、单项红利尚显单薄,如何向中央争取更多改革红利仍是重大课题。一是争取国家赋予杭州全面创新改革试点。我国"十三五"规划提出"支持沿海地区全面参与全球经济合作和竞争",2015 年国家部署开展"推进全面创新改革试验",杭州应借势争取列入国家全面创新改革试点,根据杭州发展实际研究提出科技创新、体制创新等一揽子改革方案,创建新的更大发展平台。二是打造杭州版"中国绿卡"制度。要破除以全面管制为基本特征的管理理念,让国际高端人才更便捷地在杭州进出、就业和居留。在确保国家安全的前提下,放开外籍人士来杭旅游、就学、就业、购房和居留的管制措施,鼓励具有专长的外籍人士长期居留杭州。三是突破国际资本管制瓶颈。争取国家对杭州的外债规模实行切块管理,探索在杭州开展企业资本账户可兑换路径,取消境外融资的前置审批;逐步实行外汇资本金意愿结汇,允许企业根据实际需要自主结汇,允许外商投资企业以结汇资金开展境内股权投资。

2. 聚焦杭州发展原基因,提升城市文化魅力

一座城市的核心竞争力来自于城市的老街、老宅、老树,来自于老城的历史文化遗产,形成区别于其他城市的差异性、独特性甚至是唯一性。同时城市经济的竞争越来越表现为自然生态环境的竞争,环境已成为一个城市参与国际竞争的决定性因素。一是实施大旅游战略。充分开发"西湖"金名片潜在效应,更加突出旅游国际化带动城市国际化的发展战略,做大做强杭州世界级旅游休闲养生产业,围绕环西湖尽快建设轨道交通和地铁网络,开发西湖地下商业城,彻底解决西湖自然生态环境与商贸业混杂的局面。二是充分发展东方历史文化名城。实施"杭州城市记忆工程",挖掘良渚文化、吴越文化、南宋文化等传统文化精髓,推进跨湖桥、良渚、南宋皇城、钱塘江古海塘、西溪湿地等遗址的申遗和保护利用,扩大丝绸、茶叶、中医药等杭州传统文化和产品的展示与输出,形成东方文化国际交流重要城市。

3. 集聚国际高端要素,增强创新支撑力

创新海外引资、引智、引技政策和方式,加快集聚国际高品质要素。一要出台海外人才来华服务的鼓励政策,既支持其接受聘用来杭长期就业,也鼓励采取灵活就业、专家咨询、短期服务的方式为杭州的企事业单位服务。二要组建以服务跨境电商为主业的银行机构,更好地服务跨境电商、融通国际国内资本,组建一支大规模的基础设施投资基金,推动杭州公路、地铁、桥梁隧道、赛事场馆等重大基础设施的建设。三要鼓励杭州企业引入海外战略投资,以产业投资基金入股或以企业股东方式直接持股;鼓励在杭企业设立国家级、国际级创新实验室,开展重大核心前沿科技攻关促进产业转型升级。四是加强政府基金与社会资本的合作,建立更多面向新兴产业的产业基金,出台引进新兴产业链及创新人才优惠政策。

4. 找准巧实力突破点,谋划未来国际"大事件"

国际城市发展表明,通过全球性、国际性大型赛事、会议等"大事件"的举办,能够提速城市基础设施、产业升级和综合服务功能,实现城市功能的国际化对接。杭州要在成功举办G20杭州峰会、筹备2022年亚运会的基础上找准形成巧实力的突破点,在信息经济智慧产业、历史文化保护开发、创新创业活力氛围、自然生态品质环境、民主法治营商环境、智慧城市管理等方面,谋划未来国际"大事件",积极塑造杭州巧实力。一是基于在电子商务、自然环境、文化休闲等方面既本土化又国际化的特质和优势,借助阿里巴巴国际影响力,借鉴波罗的海海运指数模式,形成杭州特色的国际城市专项标准。二是推出全球互联网营销评估指数,并与专业运营机构合作推向国际传播。三是谋划未来国际"大事件",形成新的巧实力。

5. 推进撤县(市)设区,突破区域一体化制度障碍

世界城市的基本形态是城市群发展,越来越一体化的经济体。相对江苏,浙江杭州在行政体制改革上滞后,江苏省主要城市基本上实现了全"区"化。杭州要实现高水平的大发展,要以杭州"十三五"期间打造重大发展平台的契机,尤其要打造钱塘江金融港湾、发展环杭州湾区经济的新战略下,要加快全面实现撤县(市)设区,现实全区域行政区。同时,要进行行政区域大调整。具体可分两步:第一,鉴于省政府已启动城西科创大走廊规划建设,确定其物理区域范围,首先推进行政区域调整;第二,加快城东智造大走廊、运河湖滨高端商务带、钱塘江生态经济带等发展规划的研究,确定物理区域范围,分别推进行政区域调整。

6. 推进全域协调发展, 提高城市国际化支撑能力

大湾区经济发展的基本形态是城市群发展, 越来越一体化的经济体。一是杭州要在打造钱塘江金融港湾、拥江发展升级版、谋划沪嘉杭 G60 科创走廊建设等新战略下, 加快全面实现撤县(市)设区步伐, 研究制定全域联动协调创新发展, 构建全区域协同、全要素配置、全链条融合、全方位保障、全社会动员的全域创新格局。二是进一步增强集聚和辐射功能, 凸显杭州在环杭州湾的集聚辐射作用, 协同推进中国(上海)自贸区和中国(浙江)自贸区建设、强化海港陆港空港信息港"四港"联动、深化科技创新合作。三是打造杭州特色的民主法治软环境, 按照国际通行的标准和要求, 全面加强知识产权保护; 在强化"互联网+"政务服务应用同时, 推动城市绿色、低碳、生态发展, 以宜居环境吸引高端人才、结构性领军人才来杭定居创业。

撰稿:张永平、黄宝连,杭州市发展和改革委员会

第二编　新兴产业篇

年度报告

一、杭州信息经济发展报告

"互联网+"是"创新 2.0"下的互联网发展的新业态,是利用信息通信技术以及互联网平台,使互联网与传统行业进行深度融合,推动技术进步、效率提升和组织变革,提升实体经济的创新力和生产力。在全球新一轮的科技革命和产业变革中,以移动互联网、云计算、大数据、物联网为代表的新一代信息通信技术正在加速向经济社会各领域融合渗透,互联网正深刻改变着传统的生产方式、消费方式、商业模式和管理模式,"互联网+"正在成为经济社会发展的新引擎。杭州"互联网+"特色鲜明,成绩斐然,在互联网技术、产业、应用以及跨界融合等方面取得了积极进展,涌现了像阿里巴巴、网易、华三通信、海康威视、大华等一批国际国内知名企业,成功获得了"中国软件名城"的称号,并先后获得国家自主创新示范区、中国(杭州)跨境电子商务综合试验区,已是全国领先的信息经济强市。2016 年 4 月 28 日,北京大学互联网金融研究中心发布的互联网金融发展城市排名,杭州名列第一,杭州正成为具有全球影响力的"互联网+"创新创业中心。

根据《中共杭州市委杭州市人民政府关于加快发展信息经济的若干意见》和《杭州市建设六大中心和推进智慧应用三年行动计划》,坚持"开放共享、融合创新、引领跨越、安全有序"的基本原则,以建设国家自主创新示范区、中国(杭州)跨境电子商务综合试验区等国家级创新示范建设为契机,推进互联网与经济社会各领域的融合发展全面深化。完善《杭州国家自主创新示范区发展规划纲要（2015—2020 年）》，制定《推进杭州国家自主创新示范区建设若干先行先试政策》，编制完成城西科创大走廊规划、城东智造大走廊规划。出台《关于深化改革，加强科技创新加快创新活力之城建设的若干意见》，加快形成以创新为引领和支撑的经济体系和发展方式，构建全区域协同、全要素配置、全链条融合、全方位保障、全社会动员的全域创新格局，进一步发挥科技创新在创新活力之城建设中的引领作用。

1. 加快各类创新创业载体建设

（1）组织召开相关大型会议。组织召开了"2016 浙江·杭州国际人才交流与项目合作大会"、云栖大会、中国（杭州）智能制造大会、2016 中国（杭州）"互联网+"金融大会。其中，2016 杭州云栖大会于 10 月 13 日至 16 日举行，约 4 万人参加会议，共举办 102 场峰会和分论坛。大会展区面积超过 20000 平方米，共 350 家企业参展，向全世界展示了中国的创新能力与活力，成为全球最大的云计算领域盛会。进一步推动云栖小镇成为云计算产业的聚集地，奠定了杭州在全国云计算领域的中心地位。

（2）推进特色小镇和双创平台建设。分类推进杭州未来科技城、阿里巴巴集团两大国家双创示范基地建设，加快建设梦想小镇、云栖小镇等一批科创特色小镇建设。突出"创业+创新"特点，给予特色小镇新增财政收入"三全返两减半"政策，小镇内符合条件平台按建设投入 20%—30%资助政策支持。2016 年，省、市级 41 个特色小镇完成固定资产投资近 500 亿元，其中特色产业投资和非国有投资占比 60%左右；新引进企业8000 多家，实现工业主营业务收入 1400 亿元左右，服务业营业收入 1300亿元左右，税收 170 亿元左右。其中，梦想小镇集聚了 400 余家创新创业企业，云栖小镇以全球首创的模式，打造新经济的产业生态圈。作为云栖小镇的核心支撑企业——阿里云，目前有 150 余万家企业，涉及硬件制造的就有 30 多万家，已成为名副其实的高技术分享平台，是杭州推进"工厂互联网"的主力军。以《杭州市小微企业创业创新基地城市示范工作专项资金管理办法》（2016 年）为核心，先后出台众创空间、科技企业孵化器、竞争性资金分配、活动券、服务券、创业品牌活动等 20 余个政策举措，建立了中央资金使用的总则和实施细则，做到有规可依，形成了杭州两创示范的工作体系。

（3）加快众创空间建设。为进一步提升杭州创新平台服务能力，打造创新生态链，2017 年杭州新增 31 家市级众创空间。在三年时间内，全市累计新增市级众创空间 106 家，其中，国家级和省级优秀众创空间分别为 35 家和 12 家，占全省总数的 43.75% 和 52.17%。制定出台了《关于发展众创空间推进大众创业万众创新的若干意见》，每年分别给予国家、省、市级各众创空间 30 万元、25 万元、20 万元的资助。制定出台了《杭州市科技企业孵化器认定和管理办法》，对新认定的国家级、省级孵化器，分别给予 100 万元、50 万元的一次性建设经费资助。开展杭州 2016 年孵化器的认定，并推荐市级孵化器认定省级和国家级孵化器；推进传统孵化器与众创空间的深层合作，在创业服务和发展空间上实现无缝对接。

2. 加快打造前沿和高端产业集群

（1）继续推进信息经济快速发展。2016 年，全市信息经济实现增加值 2688.0 亿元，增幅 22.8%，GDP 占比 24.3%，对全市经济增长贡献率达到 50% 以上；全市信息经济主营收入 6813.9 亿元，增幅 26.8%。2017 年上半年，全市信息经济实现增加值 1409 亿元，增幅 22.5%，GDP 占比 24.8%；全市信息经济实现主营业务收入 3808 亿元，增幅 28.3%。主导产业带动作用明显，电子商务、移动互联网、数字内容、软件与信息服务、云计算与大数据、集成电路等六大产业的增加值增幅均超过 24%。

（2）实施《中国制造 2025 杭州行动纲要》。杭州市以智能制造作为创建"中国制造 2025"试点示范城市的主攻方向，深入推进"互联网+制造"，努力实现"制造强国"和"网络强国"两大国家战略融合发展的"杭州样本"。全面推进工厂物联网和工业互联网，共组织实施工厂物联网和工业互联网试点项目 481 个，认定示范项目 23 个。组织开展多场专题对接会、专题培训和集中巡回走访活动，以解决方案推介、示范项目现场观摩等形式，扎实推进专项行动。组织实施智能制造试点示范项目，组织申报工信部智能制造试点示范项目 5 项,工信部智能制造综合标准化与新模式应用项目 17 项,其中标准化 2 项、新模式 15 项。5 家企业智能制造试点方案列入 2017 年浙江省智能制造试点示范建设地区名单。加快推进"企业上云",制定《杭州市"企业上云"行动计划》,征集 120 家云服务商,梳理汇编《杭州市云计算与大数据产品和服务目录 2.0——云计算服务商》。2017 年上半年完成"企业上云"企业 14400 余家。

（3）深化软件名城建设。按照国家关于高标准创建中国软件名城的工作要求,深入推进软件名城建设。杭州软件产业发展规模、速度、效益继续保持全国领先地位。产业结构持续优化,软件产品、信息技术服务、嵌入式系统软件继续呈橄榄形发展态势。以海康、大华领衔的安防监控产业继续保持高速增长。

3. 加快营造创新创业的生态环境

（1）设立杭州工业产业投资基金。制定并印发了《杭州工业产业投资基金管理办法》,杭州工业产业投资基金管理机制即将进入实际运作。工投基金将把"十三五"期间杭州重点发展的战略性新兴产业和先导性产业作为重点投资领域,进一步优化"互联网+"创新创业生态环境。

（2）推进"两创示范"活动券实施,优化活动券管理平台。杭州市域范围内注册的科技企业孵化器、众创空间、创投机构、创业媒体、创业咖啡、小企业创新基地、中小企业公共服务平台、第三方中介等服务机构为创业企业、创业者提供公益性活动和服务可获取补贴,惠及了更多创业企业和创业者。2016 年,杭州云服务平台发放创新券 14475.32 万元,实际使用 11764.52 万元,开展技术交流活动 2816 次,培训 6.3 万人次,累计惠及企业 5300 多家,通过"创新券"为企业减轻成本 20 亿元以上。

（3）积极落实杭州《关于推进互联网金融创新发展的指导意见》和《互联网金融创新中心建设三年行动计划》,起草了《关于加快推进钱塘金融港湾建设的实施意见》,推动各互联网金融集聚区加快发展,培育行业领军机构。下发《关于加强网络借贷机构风险防控工作的函》,全面开展互联网金融领域风险排查和规范监管。

（4）积极推进人才培养项目。杭州市信息经济人才协会成立,平台将努力搭建人才引进平台、交流沟通平台、技术攻关平台、决策咨询平台、服务促进平台等5大平台,助推信息经济加快实现高起点上的新发展。西湖大学筹备顺利,饶毅等三位科学家工作室预期年内投入使用。浙江西湖高等研究院是西湖大学的前身,西湖大学成立后,高研院将从小型高等基础科学研究院转型为推动尖端基础科研成果的转化应用转型及促进基础科研与企业合作的桥梁,并将继续在交叉学科应用、尖端科技转化方面作出大胆的探索、尝试及创新。湖畔大学加快建设,致力于培养拥有新商业文明时代企业家精神的商业领袖。

（5）进一步完善互联网基础设施建设。推进城市"数据大脑"建设,前期大数据综合治堵试点实现了部门之间数据资源的共享互通,当前围绕深化工作进行部署。扎实推进滨江、萧山、经开区等省级智慧安防试点建设,加快经开区智慧城市综合管理平台试点建设。杭州国家级互联网骨干直联点正式开通,标志着杭州乃至浙江信息经济建设具备了关键的网络节点支撑。实施"千兆智联"专项行动,开展通信设施建设、宽带千兆接入、推进智能应用、实施物联网网络覆盖、通信基础设施共建共享、开展电磁辐射安全知识教育等方面的工作。

4. 加快与国内外平台的联通和合作

（1）提升"单一窗口"平台综合服务能力,进一步推进区域通关一体化。杭州市政府与澳大利亚维多利亚州政府签署了合作备忘录,探索跨境检验检疫领域"四个国际"(国际互认、国际认可、国际预检、国际追溯)合作新模式。

（2）组织实施跨境电商B2B专项行动,支持各线下园区引进"一达通"合作伙伴及其"一拍档"设点开展业务。积极推进海外仓服务平台,杭州海外仓建设主体企业29家,共有自用型及公共型"海外仓"72个,五大洲主要出口市场均有覆盖;其中,主要服务于出口业务的海外仓有40个,占总数的56%。经过近几年的培育,杭州已经有7家企业13个海外仓被列入"省级跨境电商公共海外仓试点"名单,同时还有5家企业5个海外仓被列入"市级跨境电商公共海外仓试点"名单。

（3）塑造电商良好发展环境。根据质检总局和国家发改委签订的"关于共同开展国家电子商务产品质量大数据分析应用的战略合作协议"精神，杭州成立了全国电子商务产品质量大数据应用中心。密切联系阿里巴巴，共享相关数据，建立"用数据说话、用数据决策、用数据管理、用数据创新"管理机制，开展电子商务产品质量大数据分析应用工作，撰写大数据专题报告。在杭州市质监局的指导下，由阿里巴巴、海康威视、大华股份等5家单位联合发起成立杭州市电子商务反假联合会。坚持"互联互通、共治共享"理念，推动电子商务领域质量研究、质量提升、质量服务和质量共享，联合反假扶优，培育名牌企业，提升电子商务产品质量水平。

（4）以"四大合作"为重点，加快战略合作落地。重点推进与阿里巴巴、富士康、科大讯飞、国千计划团队的战略合作，发挥平台型企业作用。杭州市把阿里巴巴作为发展信息经济的发动机和播种机，将杭州与阿里巴巴的战略合作，聚焦到实施云计算大数据、电子商务、"互联网+"等领域的重点项目；把富士康举集团之力在杭州建设的"淘富成真"项目，作为推进全市制造业"互联网+"转型发展的示范和样板，已累计举办路演51期，参加路演项目共373个；与科大讯飞建立战略合作关系，人工智能研究中心、双创平台落户杭州。

　　　　　　　　　　杭州城市国际化发展报告（2017）编写组整理

　　　　　　　　　　材料来源：杭州市经信委

二、杭州会展业发展报告

根据市委第十一届十一次全会《中共杭州市委关于全面提升杭州城市国际化水平的若干意见》的指示精神,杭州市西博办牵头落实打造国际会议目的地城市工作。在市委、市政府的领导下,西博办科学制定计划,积极沟通协调,有力推进工作落实,取得了重要进展。

（一）主要工作

1. 科学制定工作计划

受领任务以来,办党组高度重视,先后三次专题召开办党组会议讨论研究,成立了打造国际会展目的地城市专委会,并设立了办公室,由西博办主任兼任办公室主任,西博办、发改委、商务委等有关部门为组员。根据市委、市政府的要求,结合西博办实际,提出《2016 年下半年打造国际会展目的地工作安排》并组织实施。在调研并征求相关部门意见的基础牵头完成《2017 年打造国际会展目的地工作计划》,制定了《2018—2020 年打造国际会展目的地行动计划》等,为工作推进提供了科学的依据。

2. 积极推进立法工作

结合西博办正在积极推动的会展业立法工作,将打造国际会展目的地城市工作纳入《杭州会展业促进条例》中,以法律的形式对此项工作进行分解和细化。在市人大的积极组织下,《条例》已进行了近三年调研和论证,目前已完成立法调研,进入人大初审阶段。通过《条例》的尽早出台,从根本上为杭州会展业的有序健康发展提供法制和公共保障。

3. 加快引进国际化会议项目

一是积极拓展与国际组织联系。通过与联合国教科文组织合作,分别在2013年和2015年引进该组织的"文化:可持续发展的关键"国际会议和"文化在可持续城市发展中的角色"国际会议。与世界休闲组织合作,分别于2006年和2011年成功举办了两届世界休闲博览会,今年即将举办第三届世界休闲博览会。2017年与国际标准组织(ISO)合作,举办了国际标准化组织2017年度全会暨中国健康信息标准化高峰论坛,并授权杭州成为全球首个"国际标准化会议基地"。2017年10月,杭州将举办城地组织2017年世界理事会。与亚洲时尚联合会共同举办亚洲时尚联合会中国大会。

二是主动与国家部委对接。2016年,在中央的关心下,杭州成功举办了G20峰会,世界的目光再一次聚焦杭州,打造国际会展目的地城市工作得到了有力的推进。与商务部投资促进局、财经杂志社等单位合作,继续举办国际大学创新与投资合作论坛、财经国际论坛等具有一定知名度的国际性会议。2017年吸引中国会展经济研究会来杭举办第十四届中国会展业高峰论坛暨中国会展产业发展大会。吸引中国证券投资基金业协会来杭举办2017年第三届全球私募基金西湖峰会。

三是加强校企合作。与阿里巴巴合作,每年西博会期间举办云栖大会,来自全球58个国家和地区的4万名科技精英到现场参会,超过700万人通过在线观看大会直播,创造了国内外同类型会议规模之最。2017年与浙江大学合作,共同举办了全球创新创业论坛暨世界创业论坛亚太论坛以及2017全球区块链金融(杭州)峰会。与中央美院合作举办亚洲设计管理论坛。

4. 其他工作

一是编制《杭州:迈向国际会展名城》书籍,整理分析杭州会展国际化的成果,为杭州会展国际化提供建议。目前已经完成二稿,将作进一步修订。二是参与市政协组织的打造国际会展目的地课题调研,该课题是市政协的核心课题,由王立华副主席亲自主抓,目前已完成前期调研并正在草拟初稿,8月份向市委常委会汇报。

(二) 存在问题

1. 政策扶持力度不够,相关法律规章制度和管理办法滞后

目前正在积极推进《杭州会展业促进条例》的出台工作,但专项资金管理、备案等政策制度方面还未配套完善,与国际会展目的地城市相比,在法制化建设方面还比较滞后。

2. 会议场所配套不完善

G20峰会后杭州会议宾馆设施有了长足的进步,三星级以上的宾馆达到129家,但缺少大型会议场馆、餐饮住宿娱乐等配套设施缺乏、会务服务水平较低等情况还是比较普遍的。

(三) 下一步工作计划

下一步,我市打造国际会展目的地城市工作将抓住重点,借助机遇,着力抓好以下几个方面:

1. 进一步完善基础设施条件。借助后G20前亚运的契机,对现有的全市会议场馆进行更新完善。借鉴服务保障G20峰会的经验,努力提高会务服务国际化水平。加强与市规划局、发改委等有关部门的沟通协调,加快完善杭州国际博览中心周边的餐饮、住宿、交通等配套设施。对标国内兄弟城市,争取建造国际化程度更高、配套更完善的国内一流的会展中心。

2. 进一步加大专项政策支持。在尽快出台《杭州会展业促进条例》的基础上,科学完善会展专项资金统筹使用办法、会展业备案办法等配套规章制度,提升法制化管理水平。在项目引进、扶持,在国际组织在杭设

立分支机构,在会展企业、人才的引进等方面,研究提出反映市场和行业需求的政策支撑体系。积极开展境内外会展营销,吸引更多国际会议来杭举办。

3.进一步推进国际化会议项目引进。加强与联合国教科文组织、世界休闲组织、国际展览业协会(UFI)、国际会议与大会协会(ICCA)等国际组织和机构的合作,吸引其来杭举办国际性会议项目。同时鼓励国际组织机构在杭设立分支机构,拓展业务。强化与商务部、国家贸促会、国家级协会、学会等国家级机构合作,引进该批机构具体国际和全国影响力的会议项目来杭举办。拓展校企业合作规模。加大与浙江大学等在杭高校合作力度,吸引高端学术会议召开。有针对性地与世界500强的杭州企业在更宽的领域开展合作,举办国际化会议项目。

4.进一步优化公共服务水平。继续发挥西博会"一办十部"工作协调机制,市会展办要强化统筹协调和综合服务能力,公安部门要强化安全保卫工作确保国际会议万无一失的安全保障,城管部门要强化城市管理全面打造环境优美、文明整洁、管理有序、和谐平安的城市,外事部门要强化对外交流扩大影响,宣传部门要强化营销推广做好"招展引会"工作。

杭州城市国际化发展报告（2017）编写组整理
材料来源:杭州市西博办

三、杭州旅游休闲产业
国际化发展报告

杭州是国内首个提出"旅游国际化"战略的城市,2004 年杭州正式启动实施"旅游国际化"发展战略,其目的是要让这座旅游城市具有高质量的国际旅游环境,拥有高知名度、高竞争力的旅游产品,能够提供符合国际标准的旅游服务,打造富有鲜明个性和魅力的国际旅游品牌。旅游休闲产业不仅是推动杭州经济社会协调发展的优势产业,也是杭州城市国际化的先导产业。在最近十多年,杭州连续实施了三轮旅游国际化行动计划,2016 年又组织实施以建造"国际重要的旅游休闲中心"为发展目标的新一轮旅游国际化行动计划,取得了一系列的实质性进展。

(一) 2016 年相继出台旅游休闲产业
国际化的顶层设计

2016 年 5 月,《杭州市加快推进城市国际化行动纲要(2015—2017 年)》正式公布。2016 年 6 月,《杭州城市总体规划(2001—2020 年)》进行修订。修改后的城市发展目标定位再次"升级",瞄准国际化世界名城,并将此前的"全国重要的旅游休闲中心"升格到了"国际重要的旅游休闲中心"的高度。

2016 年 7 月 11 日中共杭州市第十一届委员会第十一次全体会议即审议通过《关于全面提升杭州城市国际化水平的若干意见》(市委〔2016〕10 号),明确提出要通过深入推进旅游国际化、大力实施旅游全域化,"着力打造国际重要的旅游休闲中心"的目标任务。

2016 年 8 月 23 日杭州市第十二届人民代表大会常务委员会第三十九次会议审议通过的《杭州市旅游条例》,同年 12 月 1 日浙江省第十二届人民代表大会常务委员会第三十五次会议批准,自 2017 年 1 月 1 日起施行。其中第三条、第十一条都为旅游国际化法条,要求市人民政府应当制定并实施旅游国际化行动计划,推进旅游产品、营销、功能、服务、管理、环境国际化,为杭州打造国际重要的旅游休闲中心提供了强有力的法制保障。

2016 年 10 月至 12 月《杭州市旅游休闲业发展"十三五"规划》《杭州市旅游休闲业转型升级三年行动计划》《杭州市旅游国际化行动计划(2016—2020 年)》亦相继颁布,构建了新一轮旅游国际化发展的政策支持体系,完成了要把旅游休闲产业作为杭州城市国际化"四大个性特色"之一的顶层设计。

（二）第四轮旅游国际化行动计划启动与突破重点

2016 年 12 月 8 日,杭州市委、市政府颁发的《杭州市旅游国际化行动计划(2016—2020 年)》是我市第四轮旅游国际化行动计划,共 20 条70 项具体内容。本轮旅游国际化行动计划在前三轮基础上突出强调底蕴深厚的"本源文化挖掘与融合"以及国际游客的"舒适度提升",加深国际游客心目中的杭州不同于中国其他城市的最根本的文化形象的塑造,围绕产品国际化、营销国际化、服务国际化、功能国际化和管理国际化目标,加快旅游国际化进程,实现杭州从"国内旅游目的地"向"国际旅游目的地"转变。新一轮旅游国际化行动计划的重点落实在六大行动领域:打造具有杭州特质的国际化旅游产品、提升国际旅游营销品质、加快建设与国际接轨的旅游服务体系、持续推进旅游目的地功能国际化、完善旅游目的地管理国际化、推进旅游目的地环境国际化。

该行动计划的最大亮点在于:将杭州旅游国际化战略目标聚焦于以建设"国际重要的旅游休闲中心"和"中国旅游国际化示范城市"为目标,

从顶层设计,到路径明确,再到指标量化,从破题开局走向科学推进,加速推进杭州迈入国际化旅游名城行列。

（三）全市旅游经济主要指标平稳增长

2016年全市实现旅游增加值809亿元人民币,增长13.3%,占全市GDP的7.3%,旅游休闲业增加值占服务业比重12%。全市旅游总收入2571.84亿元,同比增长16.87%;旅游外汇收入31.49亿美元,同比增长7.47%;入境游客363.23万人次,同比增长6.34%,旅游外汇收入和入境游客均列全国15个副省级城市第3位。

（四）旅游全域化创建成效初显

2016年年初,根据《国家旅游局关于公布首批创建"国家全域旅游示范区"名单的通知》,杭州市被列为为数不多的地区级创建单位。2016年5月,国家旅游局在我市桐庐县召开首次全国全域旅游创建工作现场会,我市全域旅游发展情况受到国家旅游局的充分肯定。

全域旅游示范区的创建是从优化配置经济社会发展资源,充分发挥旅游带动作用、以景区标准统筹规划建设、协调多方管理体制、发挥旅游+行业融合功能、构建全民共建共享机制等方面,为推进杭州旅游国际化进程提供了新的理念、新的领域、新的抓手和新的动力。

2016年围绕"创建"工作,目前我市主要推进了三个方面的工作:一是市政府于2016年5月下发《杭州创建国家全域旅游示范区实施方案》,明确创建工作指导思想、创建目标、工作任务、实施步骤、工作要求。二是开展全面普查调研。在国家旅游局《全域旅游示范区创建工作导则》还未正式发布的情况下,我们从国际化角度切入,组织开展了全域旅游推进课题研究,对杭州以国际化为重点深化推进全域旅游提出具体的举措和建议。三是推进全域旅游综合管理机制建设。为迎接全域旅游时代的到来,需要建立适应全域旅游格局的管理机制,为此,根据创建要求,我们着力推进"1+3+N"旅游综合管理和综合执法模式,即综合性旅游管理机构(旅游委员会)和旅游警察、旅游巡回法庭、工商旅游分局和多部门联合组成的综合执法机制,其中综合执法机制 2009 年就成立了,2017年 1 月,市旅游巡回法庭和市旅游纠纷人民调解委员会挂牌;市编委办已批复同意市公安局治安支队增挂市旅游警察支队牌子,目前正在筹划挂牌之中。区、县(市)层面,桐庐县和西湖风景名胜区率先成立了旅游警察大队。

（五）旅游公共服务体系更加完善

一是在西湖景区实现 Wi-Fi 全覆盖。名胜区在西湖景区内,率先启动景区免费 Wi-Fi 覆盖大行动,并于去年国庆长假前夕向中外游客正式开放,"i-xihu"免费 Wi-Fi 以西湖为中心,覆盖周边主要公园、博物馆、重点餐饮、道路。

二是推进旅游咨询体系国际化建设。首先,强化全员素质培训,提升专业服务能力。包括完成对公共自行车旅游咨询亭全体咨询员进行英语培训和业务培训;组织全市 400 余名旅游咨询员、话务员开展国际会议接待礼仪、主要国家通用知识、咨询服务网点设置与服务标准化、旅游志愿服务精神等方面的全员培训。其次,编印多语宣传资料,方便游客获取资讯。加大多语种旅游指南和旅游地图在全市近 300 个资料展架的配送力度,编印《杭州旅游咨询宝典》(中、英文双语有声版),游客扫扫二维码就可以语音收听西湖三十景的多语种介绍。另外,建立多语志愿队伍,提高多语保障能力。在 G20 峰会前夕,对"杭州多语种旅游志愿服务队伍"进行了重新梳理,目前比较稳定的多语种志愿服务队员有 20 余名,通过他们,96123 的三方通话能为来杭州的中外游客提供英语、德语、法语、意大利语、西班牙语、日语、韩语、俄语、马来语等 9 个语种咨询服务。

三是大力推进旅游厕所建设。按照国家旅游局《全国旅游厕所建设管理三年行动计划(2015—2017 年)》,深入推进我市旅游厕所革命。截至上半年,我市已建成旅游厕所 160 座,今年还将完成 180 座,并率先在西湖风景区、西溪湿地、湘湖风景区试点第三卫生间建设和免费取纸功能。

（六）推动直航开通，新建集散中心，
杭州城市功能国际化大步前进

去年，杭州空港新增国际航线 9 条，分别为泰国芭堤雅、日本茨城、印尼雅加达、印度加尔各答、泰国素叻他尼、美国旧金山、美国洛杉矶、澳大利亚悉尼和加拿大温哥华。今年上半年杭州空港开辟"杭州—札幌""杭州—金边"两条定期国际航线。以上这些航线的开通方便了国际游客，提高了我市旅游的国际可进入性，对于我市旅游休闲国际化具有直接重要的意义。

同时重视城市标识标牌系统建设，名胜区组织专家对辖区内导览标识系统进行外文勘误工作，共核查近 8000 块牌子，对 2300 多块存在问题的路牌进行了整改，方便了中外游客。

另外，火车东站旅游集散中心建成开业。去年 7 月，杭州火车东站旅游集散中心开业，此中心集旅游交通集散、旅游信息咨询和旅游服务于一体，为零散游客提供"集聚—扩散"的平台。目前一期主要包括旅行社、旅游咨询点、汽车租赁、旅游特产超市、候车区功能，二三期规划涵盖地方景点展示区、票务代售窗口、住宿等商业拓展功能。集散中心按照市旅委咨询点最高配置标准设置，配备专业人员提供旅游等咨询服务，同时宣传城市形象与旅游线路。

（七）旅游产品供给进一步丰富

一是创作《最忆是杭州》文化品牌。围绕峰会圆心，文广新局举全系统之力会同文广集团、商旅集团等多家单位，全力以赴投入峰会文艺演出、元首配偶文化活动、欢迎宴会伴宴演出和主要场馆文化陈列等一系列峰会文化活动的创意策划、组织排演和服务保障工作，推出的《最忆是杭

州》大型水上情景表演交响音乐会惊艳世界，习总书记称赞"文艺演出精彩纷呈"，《人民日报》誉之为中国文艺的"新标高"。峰会结束后，打破专题演出"首演即终演"的惯例，10月1日至11月10日，现场连续演出50场，演出票配额提前数日被各大旅行社抢购一空；为满足社会需求，今年5月1日起《最忆是杭州》旅游版的演出进入常态化公演，让杭州旅游演艺项目又多了一张"金名片"，提升了杭州城市的知名度、美誉度和国际化程度。

二是体育旅游风起云涌。去年，"西湖跑山赛"已进入赛事发展的第十五年。与其他国内赛事不同，杭州西湖跑山赛场地为美丽的西湖群山，5A级景区内，带有浓厚的杭州特色，80%为外地及外籍选手，赛事关门时间充裕，不只为竞技，把竞技体育与旅游很好地结合在一起。另外，体育局组织了"体育+旅游国际论坛"，邀请世界知名户外品牌、国内户外运动俱乐部、旅行社、在杭16家体育旅游企业代表和36家旅行社代表共同参与本次论坛，商讨杭州体育旅游未来的发展方向。

三是提升"购物天堂、美食之都"品牌。商务部门携"杭帮菜"积极开展各种美食文化国际交流推广活动，举办第十七届中国（杭州）美食节，不断开拓国际市场，甘其食、外婆家、绿茶这些我市餐饮品牌均走出了国门。今年5月18日—21日，首届中国国际茶叶博览会在杭州国际博览中心举办，西湖龙井继1958年由农业部首次评选为中国十大名茶后，第二次入围全国十佳，被评为中国茶叶区域十大公用品牌之首。

四是推进"三江两岸"旅游开发。启动"三江两岸"风景名胜区内的28个区块详细规划编制，其中目前已完成对建德七里泷和严东关等7个景区详细规划的编制，并通过省市县三级联审；今年6月，市运河集团与珠江航运成功签约，合作开发钱塘江水上旅游线路及水上旅游产品，力争能够早日开通钱塘江夜游项目，促进"三江两岸"旅游资源开发。

五是运河景区创5A稳步推进。去年拱墅区与运河集团密切合作，加快运河景区5A创建步伐，结合运河亮灯工程，升级沿线讲解词及软性服务，完善运河夜游、运河世遗、运河山水、运河文化等特色产品，协同本地旅行社共同营销，受到市场认可，运河的知名度越来越大。今年4月

14日,我委会同市运河集团召开了《京杭大运河杭州景区旅游总体规划暨5A级景区创建规划》评审会,对南起武林门,北至石祥路,总长约7.5公里,拟创建5A级景区的区域进行了总体规划会审。7月初,我委组织召开了运河5A景区道路交通指引标识标牌设置工作协调会,市城管委、市公路局、市交警等相关职能部门参加会议,会上讨论了运河景区在高速公路、城区一、二级主干道上的交通引导系统建设方案。

(八)国际化营销深入开展

一是强势宣传,借势国际一流媒体推广杭州。2016年,在美国哥伦比亚电视台、英国广播公司电视台(BBC)、《纽约时报》《今日美国》《漫旅》、英国《每日电讯》、法国《费加罗报》《GEO》杂志、德国《商报》《国家地理旅行者》等媒体上发布系列整版的介绍杭州文章及同期网络报导,总曝光量达到5123.9万次;杭州的城市宣传也首度嵌入美国第50届"超级碗"前夜演唱会现场,俗称的美国"春晚";同时与英国广播公司合作,推出BBC首个城市动画音乐短片"G20游杭州"。今年5月,以丝绸和旗袍为载体,我市旅游国际化启动新一轮全球营销,包括杭州在内的全球共十处地标性场景举办"杭州全球旗袍日"活动,再一次向世界推介杭州,截至目前,"杭州全球旗袍日"活动已经被《华盛顿商务周刊》在内的253家线上媒体转载,覆盖北美市场1200万受众。《人民日报》《欧洲时报》《西班牙联合时报》《澳洲日报》、凤凰网等海内外媒体对活动进行的大篇幅报道,整个项目预计将影响杭州旅游境外主要目标市场超1亿人次。

二是合作欧、美最大的在线旅行商。在全美最大的在线旅行商亿客行(EXPEDIA)网页上首度上线"杭州旅游专页",为美国游客提供杭州机+酒优惠产品,最终预订金额同比增长26%。与欧洲最大的在线旅行商Odigeo(欧迪吉)进行深度合作,在该旅游平台英国站、法国站、德国站推出杭州旅游专页,3个月推广期内,英、法、德三个市场预订量较前3个月增长20%以上。

三是以中外文化交流助推国际化营销。去年,杭州歌剧舞剧院随文化部赴泰国参加中泰双方联合举办的第 12 届"欢乐春节"活动；舞剧《遇见大运河》参加新加坡第 23 届"春城洋溢华夏情"文化艺术旅游展。杭州越剧院取材于莎士比亚《李尔王》的越剧《忠言》，赴希腊参加 2016 年 Aisxylia 文化节演出，我驻希腊大使馆专门发来感谢信。杭州爱乐乐团于 11 月 11 日至 23 日赴捷克、意大利、奥地利、德国等四国五城市进行巡演。文广新局还组织协助美国佐治亚州公共电视台来我市拍摄纪录片"茶——东方神药"，该片去年 4 月在美国主流电视媒体播放，覆盖北美大部分地区。这些对外文化交流活动，推广了中华文化，提升了杭州知名度。

市外宣部门精心组织"精彩峰会 韵味杭州"主题外宣活动，编印《杭州简史》中英文版、《杭州印象》中英文版、《杭州人手册》《印象杭州》《杭州》等一系列外宣书籍。由杭州电视台拍摄制作的杭州城市形象宣传片在英国 BBC 电视台播出，与央视合作摄制《杭州》专题宣传片先后在央视综合频道和 5 个外语频道播出。市外宣部门还精心制作 20 个"杭州故事"系列视频短片，在腾讯、乐视、爱奇艺等新媒体密集推送，点击率达 6600 余万次，有效传播了杭州城市形象。名胜区举办了"喜迎峰会，茶香世界"为主题的西湖龙井茶推广活动，全方位展示龙井茶文化，推动西湖龙井茶文化进一步走向世界。

去年淳安县旅游休闲国际化营销可圈可点，完成了中、英、日、韩四国语言五种版本（包括繁体中文）的千岛湖旅游网站群改版提升；在全球最大的互动和视频分享平台（Facebook、YouTube）上建立千岛湖旅游专栏；在峰会开幕前夕，将千岛湖旅游广告投放在美国纽约时代广场汤姆森路透社显示屏上；招募 20 位来自外国旅行达人，与 20 位中国资深旅行家随机搭配，"一对一"深度体验千岛湖，同时通过游记和视频的方式进行传播，制造话题，吸引眼球，提升千岛湖旅游的国际影响力和品牌传播力度。

还有其他部门、区、县的涉旅营销活动。所有这些，都为杭州入选《纽约时报》"全球最值得去的 52 个目的地"，获得《漫旅》杂志国内唯一的"2016 年中国首选目的地"奖项，成为国际著名旅游杂志《孤独星球》评出的全球第六个最佳新年旅游目的地等荣誉，作出了贡献。

（九）环境更加宜游

去年,我们进一步强化语言、人才、金融、法治等方面的环境建设,旅游目的地环境国际化建设进一步推进。

应峰会保障的需要,组建了多语种翻译志愿者队伍,搭建"96020"多语服务平台,对接"110"报警平台、"96123"旅游投诉咨询热线和"96345"便民服务热线,建立三方通话机制,解决峰会期间外国友人寻求各类帮助时的语言障碍。

2016年新增中南百草园集团有限公司、杭州旅邦旅游有限公司、杭州野生动物世界、杭州奥体博览中心萧山场馆管理有限公司等一批旅游类大学生实习实训基地。继续推进杭州科技职业技术学院与澳大利亚墨尔本理工学院酒店管理专业的中外合作办学项目建设。支持浙江育英职业技术学院办好旅行社经营管理老挝留学生班,推进了教育国际化进程。引进、扶持杭州师范大学潘伊玫金牌导游工作室和杭州科技职业技术学院余云建金牌导游工作室。

团市委牵头招募、培训志愿者4021名,95%英语托业测试良好以上,还有部分德、法、西班牙、阿拉伯、印尼语等小语种,奔赴服务点位299个,塑造了"小青荷"志愿者形象,为深化后峰会时代旅游休闲国际化志愿服务打下了基础。

每年,抽调市旅委、市园文局、市市场监管局、市城管委、市公安局、市交通运输局、市公安局交警局、市民宗局、市质监局、市物价局、市文广新局11个单位执法人员组成旅游目的地管理联合执法队伍,进行常态化联合执法,特别是2016年,自3月起进驻西湖景区一线集中办公,在上城、下城、西湖三区有关部门的支持下,开展为期8个月的集中整治,其他区、县(市)也同步实施,效果明显。

杭州城市国际化发展报告(2017)编写组整理
材料来源:杭州市旅委

一、杭州创新产业发展路径分析与打造天堂硅谷的报告

进入新世纪以来,杭州大力推进创新产业发展,在板块经济与集群式发展的基础上,全面推进文创等十大产业①,进而以"一号工程"的高度加快发展信息经济,努力打造特色小镇产业创新平台和构建"1+6"现代产业体系②。G20峰会后的杭州,已进入智慧经济与文创产业并驾齐驱、eWTP(世界电子贸易平台)与普惠金融双轮引擎的崭新阶段,正以连接创新方式打造"天堂硅谷"。

(一) 国际产业发展规律与杭州创新产业路径

产业结构演变与经济发展具有内在必然联系。国民经济各产业部门保持一定的比例关系,是马克思社会资本再生产理论揭示了社会化大生产的客观必然性,是国际产业结构变动的普遍规律之一,包括产业结构合理化,即在现有技术基础上所实现的产业之间的协调;产业结构高度化,

---

① 杭州重点发展十大产业:"十二五"期间,杭州市、区县(市)两级财政要集中200亿元资金用于扶持文创、旅游休闲、金融服务、电子商务、信息软件、先进装备制造、物联网、生物医药、节能环保、新能源十大产业发展。

② 《杭州市国民经济和社会发展第十三个五年规划纲要》(杭政函〔2016〕63号):发展"1+6"产业集群,即建设万亿信息产业集群,建设文化创意、旅游休闲、金融服务、健康、时尚和高端装备制造产业集群等六大千亿产业集群。

即产业结构根据经济发展的历史和逻辑序列从低级水平向高级水平的发展;产业结构合理化和高度化的统一,即产业结构优化升级,形成引领性产业形态。现代西方经济学一直致力于产业结构优化升级研究,促进产业结构合理化和高度化的有机统一。英国古典经济学创始人威廉·配第(Willian Petty)最先研究了产业结构理论,第一次发现了世界各国国民收入水平的差异和经济发展的不同阶段的关键原因是产业结构的不同。英国经济学家 C.克拉克(Colin Clark)揭示了以第一次产业为主向以第二次产业为主、继而向以第三次产业为主转变,人均收入变化引起劳动力流动,进而导致产业结构演进的国际产业发展规律,即所谓克拉克法则。配第和克拉克的突出贡献,被誉为"配第—克拉克定律"。美国经济学家西蒙·库兹涅茨(Simon Kuznets)对产业结构的演进规律作了进一步探讨,阐明了劳动力和国民收入在产业间分布变化的一般规律,即第一产业的增加值和就业人数在国民生产总值和全部劳动力中的比重,在大多数国家呈不断下降的趋势;第二产业的增加值和就业人数占的国民生产总值和全部劳动力的比重,在 20 世纪 60 年代以前大多数国家都是上升的,20世纪 60 年代以后美、英等发达国家工业部门增加值和就业人数在国民生产总值和全部劳动力中的比重开始下降,其中传统工业的下降趋势更为明显;第三产业的增加值和就业人数占国民生产总值和全部劳动力的比重各国都呈上升趋势,20 世纪 60 年代以后发达国家的第三产业发展更为迅速,所占比重都超过了 60%。在此基础上,西蒙·库兹涅茨揭示了收入分配状况随经济发展过程而变化的关系,提出了著名的库兹涅茨曲线[①]。美国经济学家霍利斯·钱纳里(Hollis B.Chenery)的"发展型式"理论则揭示,产业结构变化的 75%—80% 发生在人均国民生产总值 100—1000 美元的发展区间,其中最重要的积累过程和资源配置都将发生显著的、深刻的变化。

产业结构的演变与工业化发展阶段密切相关。国际产业结构的演

---

① 库兹涅茨曲线(Kuznets Curve),又称倒 U 曲线(Inverted U Curve)、库兹涅茨倒 U 字形曲线假说。美国经济学家西蒙·史密斯·库兹涅茨于 1955 年所提出的收入分配状况随经济发展过程而变化的曲线,是发展经济学中重要的概念。

进有以农业为主导、轻纺工业为主导、原料工业和燃料动力工业等基础工业为重心的重化工业为主导、低度加工型的工业为主导、高度加工组装型工业为主导、第三产业为主导、信息产业为主导等几个阶段。在工业化阶段，工业一直是国民经济发展的主导部门；在完成工业化之后逐步向"后工业化"阶段过渡，高技术产业和服务业日益成为国民经济发展的主导部门，尤其是信息经济和软件服务产业，能促进产业转型升级，走出一条新型发展之路。得益于互联网经济的发展，世界城市发展正从传统的占有型路径转向连接型新兴之路。在《硅谷百年史——伟大的科技创新与创业历程（1900—2013）》一书中，作者分析了美国旧金山湾区世界硅谷整个 20 世纪的历史发展过程，即淘金热催生铁路业，而铁路带动运输业，运输业又带动港口业；港口需要无线电通信，从而催生了半导体产业，半导体产业又衍生出微处理器产业，从而产生了个人计算机；计算机又催生了软件业，软件业又得益于互联网，不断引向了"人类进步中心"，走出了一条小体量大输出的连接型城市发展道路。

适应国际生产性网络布局向创新性网络布局转变，国内主要城市正努力抢占新兴产业发展的新机遇，如上海打造"四新经济"（新技术、新产业、新业态、新模式），深圳大力发展战略性新兴产业和未来产业。进入新世纪以来，杭州大力推进创新产业发展创新，在板块经济与集群式发展的基础上，全面推进文创等十大产业发展，进而以"一号工程"的高度加快发展信息经济，全力打造特色小镇产业创新平台和构建"1+6"现代产业体系。杭州产业转型升级发展的路径，正是国际产业发展规律的地方体现和灵活运用，顺应国际引领产业体系趋势要求。

杭州创新产业发展的历程和脉络表明，每一次创新产业发展战略的有效实施，都会促进杭州形成划时代的大发展。2016 年上半年，杭州全市地区生产总值增长 10.8%，增幅居副省级以上城市首位，资产投资增长 9.1%，出口总额增长 8.9%，财政总收入增长 16.7%，三次产业结构为2.8：36.6：60.6，服务业增加值占比首次破 60%，信息经济增加值增长26.2%，服务业增加值增长 14%，跨境电商出口额实现 25.31 亿美元，增长 446.7%,已进入"后工业化"发展阶段。杭州未来科技城、阿里巴巴集团分别被国家授予首批双创示范基地,杭州高新区(滨江)则跻身国家级高新区第一方阵,形成独有创新驱动型的"滨江现象"。

(二)打造杭州"天堂硅谷"创新产业发展的建议

G20 峰会之后的杭州,新一轮创新产业的方向已初见端倪,已进入智慧经济与文化创意产业并驾齐驱、eWTP(世界电子贸易平台)与普惠金融双轮引擎的崭新阶段。杭州打造"天堂硅谷"加快新兴产业发展,要发挥 G20 峰会独特优势,从产业角度推进"供给侧结构性改革",抢占国际产业制高点,促进创新成果与实体经济加快融合,推动科技成果的转化与产业化,培育形成世界电子贸易平台、普惠金融新的产业形态、组织形式与商业模式,以连接创新方式实现超常规发展,实现让杭州经济从 G20 峰会再出发。

1. 积极争取国家层面支持,推进大改革以释放制度供给红利

相比上海、天津、福建和广东等地的自由贸易试验区试点,杭州的单项改革、单项红利尚显单薄。杭州要争取国家赋予杭州全面创新改革试点,根据发展实际研究提出科技创新、体制创新等一揽子改革方案,形成以改革促开放的态势,为杭州获取准自由贸易区甚至超自由贸易区的改革红利。对于国家出台了许多支持新兴产业发展的政策,含金量很高,杭州要积极争取。一是争取成为国家试点示范城市。要积极向工信部争取成为"中国制造 2025"试点示范城市,在工厂物联网、新能源汽车、5G 车联网等方面得到国家更多政策扶持,同时积极争取 3D 打印试点示范城市。二是争取国家对杭州的外债规模实行切块管理,探索在杭州开展企业资本账户可兑换路径,取消境外融资的前置审批;逐步实行外汇资本金意愿结汇,允许企业根据实际需要自主结汇,允许外商投资企业以结汇资金开展境内股权投资。

2. 加快推进新兴产业布局，集聚高要素以增强可持续支撑力

一是搭好产业发展平台，利用跨境电商试验区和自主创新试验区的政策与平台为企业提供更大的舞台和空间，集中力量打造城西科创大走廊、城东智造大走廊、钱塘江金融港湾，围绕"苗圃—孵化—加速—产业化"整个过程，为企业提供不同档次不同层次的园区和平台。二是明确产业的发展方向，以"中国制造2025"为导向，集中力量发展新一代信息技术产业、高端装备制造、汽车与新能源汽车、节能环保与新材料、生物医药和高性能医疗器械、时尚产业等六大新兴产业，围绕"建链、强链、补链"等产业发展需求，制定产业的"路线图"和"招商图"，加快形成产业集聚。三是创新海外引资、引智、引技政策和方式，加快集聚国际高品质要素，用好海外人才和资金，探索在杭州综试区组建一家以服务跨境电商为主业的银行机构，获得国内最优的外债和外汇管理试点政策，使之成为服务跨境电商、融通国际国内资本的重要桥梁；探索组建一支大规模的基础设施投资基金，利用海外专家团队的经验，优化投资资金的筹集、资产评估、收益分配和风险控制，推动杭州公路、地铁、桥梁隧道、赛事场馆等重大基础设施的建设；用好海外技术，鼓励杭州企业引入海外战略投资，以产业投资基金入股或以企业股东方式直接持股，获取海外先进技术和管理经验，同时鼓励在杭企业设立国家级、国际级创新实验室，开展重大核心前沿科技攻关，引导企业购买或租赁国际先进技术装备促进产业转型升级。

3. 充分利用先行试点政策，构筑新平台以提高服务贸易水平

杭州要利用好首个跨境电商综合改革实验区和服务贸易改革试点城市契机，快速提升杭州向全世界买卖商品、服务的能力和水平。一是设定跨境电商综试区新目标，杭州首家获批的试点效应已经衰减，下一步要在做大做强商品进口和B2B贸易上有新的突破，在商品进口领域要促进杭州成为引领消费潮流的国际化城市，在B2B领域要探索实现大单贸易线上线下有机联动的新模式。二是加快谋划发展大数据产业，充分利用杭州信息经济发达的优势，以参与全球竞争的视野和决心，抓紧谋划杭州大数据产业的重大基础设施和重大工程布局。三是提高出口商品的附加值,改变原来大量出口劳动密集型产品、低附加值商品的局面,提高杭州智力密集型产品的国际市场占有率。四是开创杭州服务贸易新局面,利用试点所赋予的先行先试权,将更多土地、资金和人力资源投放到服务贸易领域,着力开展服务贸易的针对性招商,建设高端服务贸易产业园区,引导以计算机和信息技术服务为主体的服务外包、以影视动漫为主的对外文化贸易成为杭州新兴的服务贸易产业,培育国际通信、国际金融、国际体育和国际保险等技术和资本密集型服务业。

4. 全力接长国际物流短板,谋划大格局以打通国际物流通道

一是多管齐下,全力以赴接长杭州的国际物流短板。立足自身建设好萧山国际航空枢纽平台,加快推进萧山国际机场扩容和提升改造,扩大和完善萧山机场货站设施,有序建设通用机场。开通面向多个国家的国际航空物流货运专线,引入新的国际航空公司和国际航班,出台政策措施鼓励现有航空公司和国家物流企业加密原有国际航班。二是借梯登高推动长三角国际物流一体化,借长江经济带海关区域通关一体化改革契机,将上海、宁波、南京、义乌等城市的国际飞机、轮船、火车通道打通到杭州,实现长三角区域跨境电商物流通道一体化。三是重点加强与上海和宁波空港、海港,以及东航、南航、国航等航空物流公司的战略合作,尽快实现将义乌的义新欧国际专列延伸到杭州。四是跨越发展推动智能物流产业在杭州落地,加快推动重大智能物流项目在杭州落地,提升杭州在国际物流领域的地位,推动杭州建成高能量级国际化智能物流产业集群。

5. 推进全球交易与支付,推动新金融以支撑互联网金融之都

杭州 G20 峰会最受关注的一个点是 eWTP(世界电子贸易平台)的提出。eWTP 将改变全球贸易和连接规则,把发端于杭州阿里巴巴的中小企业和消费者连接到价值链中的电子交易模式复制到全球,将连接 1000 万中小企业和 20 亿消费者,让人们通过手机就可以从事全球贸易,实现了"所有人对所有人"的交易,真正实现了分布式、去中心化的全球化。

eWTP 将极大地提升杭州的输出能力和连接能力量级,杭州要加快推进全球电子交易基础设施的建设,比如跨境电商中心、跨境电商实验区、智能物流、技术支持等;要搭建在线支付工具以提供快捷的支付方式,就如规定淘宝成败的关键一样,在线支付将对全球交易系统产生决定性影响。杭州 G20 峰会另一个值得关注的成果是《G20 数字普惠金融高级原则》。杭州作为互联网金融之都,正在改变传统金融体系中"强者愈强,弱者愈弱"的赋能规则,杭州要率先推动普惠金融发展,推进利用数字技术推动普惠金融发展。

6. 努力营造良好创新氛围,自我改革以打造国际营商环境

一方面要为产业创新发展努力营造良好的氛围,倡导创新、尊重创业,积极宣传新兴产业中的典型企业与先进人物,提升社会正能量;另一方面要不断自我改革、简政放权,为城市国际化打造优良营商环境。一是建立涉外管理负面清单制度,评估杭州外经贸领域涉及外企、外商、外资、外汇的所有行政审批和管制措施,努力打造"审批事项最少、办事效率最高、投资环境最优"涉外管理示范城市。二是要扩大产业基金规模,加强政府基金与社会资本的合作,建立更多面向新兴产业的产业基金;同时落实企业减负政策,出台减负惠企的政策意见。三是打造杭州特色的民主法治软环境,按照国际通行的标准和要求,全面加强知识产权保护,打击假冒伪劣商品和服务。四是加快"信用杭州"建设,尽早建立健全与国际信用接轨的社会信用体系。

撰稿:王勇,杭州师范大学杭州城市国际化研究院

二、杭州众创空间创业生态
系统评价与对策研究

众创空间是在知识社会创新 2.0 模式下,推动我国"大众创业、万众创新"的新型创业服务平台,主要通过集聚资源资金、利用政策红利、构建社会网络、完善创业培训等功能,构建出优良的创业生态系统,解决大众创业的痛点和难点,提高创业的成功率和可得性。杭州民间资本活跃,创新创业氛围浓厚,众创空间发展国内相对领先,被誉为中国众创空间的"三足鼎立"城市之一。本报告探讨杭州众创空间的创业生态系统,对众创空间创业生态系统进行评价并提出对策建议。

(一) 杭州市众创空间的发展现状及特点

杭州较早地出现了众创空间的类似形态。2009 年注册成立的杭州贝塔咖啡有点众创空间的特质,但仅服务于互联网 IT 圈,尚不能算作真正意义上的众创空间。2011 年 11 月,一群中国美术学院跨媒体艺术学院的学生发起成立的"洋葱胶囊"是杭州第一个创客空间,成为继上海"新车间"、北京"创客空间"、深圳"柴火创客空间"后国内第四个创客空间。截止到 2016 年 10 月,杭州全市纳入统计的众创空间(包括众创空间、创客空间、新型孵化器、创业咖啡等众创空间业态)有 125 家,其中纳入国家孵化器管理体系的有 35 家。浙江省于 2016 年 8 月开展省级众创空间认定工作,杭州市现获得省级认定的众创空间有 35 家,杭州市分别于 2015 年 5 月、2015 年 12 月和 2016 年 3 月认定 3 批市级众创空间,杭州获得市级众创空间称号的有 75 家。省级重点扶持的 22 家众创空间里面,杭州独占 12 家。杭州市众创空间总面积 12.03 万平方米,累计入驻创业团队(项目)1590 个,已注册企业 1251 家,注册资本累计 39.7 亿元,吸纳社会就业人数 13978 人,其中海归 829 人、应届毕业生 3165 人。① 众创空间工位是实现办公的最小单元,也是众创空间容纳创新创业者数量的一个指标,体现了众创空间的开放式办公能力。杭州众创空间工位数量适中,有 53% 的众创空间工位数在 100—300 之间,工位数 100 以下众创空间占比 28%,工位数 300 以上的众创空间占比 19%。

杭州众创空间数量众多,分布于全市的 9 个区,但各个区聚集的众创空间数量并不均衡。西湖区集聚的众创空间数量最多,占到总数的 31.2%;滨江区是杭州高新技术企业集聚区,集聚了杭州 20.8% 的众创空间;余杭区众创空间数量众多,占到杭州众创空间的 17.6%,而在江干区、上城区、萧山区、下城区、拱墅区等也集聚了一定数量的众创空间。杭州在发展众创空间的过程中,逐渐形成了自己的特色。

1. 创客人才集聚,创业大军成型

杭州集聚了"形态各异"的创客,创客"新四军"方阵初具规模。主要包括阿里巴巴 IPO 后走出"闯江湖"的"阿里系";以浙江大学为代表的"高校系";以中小企业连续创业者和父辈企业担当要职的创二代为代表的"浙商系";以"千人计划"人才为代表的"海归系"。创客"新四军"是杭州众创空间不可多得的人才资源,繁荣了杭州创业文化氛围,推动了杭州创业型经济的蓬勃发展。

2. 运营模式多样,注重投资引领

杭州在制定众创空间扶持政策时,确立了"创业投资+特色服务"的指导思想,主要表现在众创空间以投资驱动为核心,让创业活动和社会资

---

① 潘学冬、蔡宜旦:《"创业投资+特色服务",打造众创空间建设杭州模式——杭州市科委高新处副处长潘学冬博士访谈录》,《青少年研究与实践》2016 年第 4 期。

本形成战略联盟关系,再针对创业型公司的产品提供专业化的服务,逐渐形成了众创空间的"杭州模式"。如,杭州在认定市级众创空间时就规定"众创空间自身设立有一支面向众创空间内创客企业(项目)的创投基(资)金或签约长期合作的基金,额度不低于300万"。

3. 资本资金集聚,创投力量强大

杭州经济发展近几年成绩耀眼,2016年上半年杭州GDP同比增长10.8%,位居全国主要城市第一位,整个城市经济的回暖是资本资金集聚、众创空间社会化投资的基础。2008年杭州设立了创业投资引导基金,至2016年10月底累计批准设立基金36个,总规模为120.05亿元,而创投引导资金的实际放大倍数接近9倍。同时,杭州民营经济发达,民间投资异常活跃,有效满足了初创型公司对资本的多元需求。

4. 政策支持有力,政务透明实干

杭州是市民化程度较高的城市,政府行政单位形成实干清廉的作风。2014年以来,杭州全面推进"四张清单一张网"改革行动,面向人民群众公布了行政权力清单目录,透明的行事作风有效优化了杭州的政务环境。杭州市政府自2015年以来出台了多项推动众创空间发展的支持政策,并率先开展众创空间认定工作,鼓励众创空间朝专业化、平台化、国际化方向发展,推动众创空间又好又快的建设。

(二) 杭州众创空间的类型划分

杭州市政府研究室调研组根据运作主体、产业定位、组织形式等不同将杭州众创空间界定为六种模式,即俱乐部模式、社团模式、企业模式、物业模式、政府主导模式、虚拟空间模式。[①] 本报告根据研究的需

---

① 杭州市政府研究室调研组:《杭州"众创空间"发展现状研究》,《杭州科技》2015年第3期。

要,把杭州众创空间划分为四大类型,并给出具有代表性的众创空间(见表3)。

表3　杭州众创空间类型一览表

类型	特点	案例
培训辅导型	旨在利用高校院所、知名企业、校友、成功创客等相关资源,以理论结合实际的培训体系为依托,以缔造中国一流的青年创业者俱乐部为愿景	乐创会、云咖啡、浙大科技园 UU 咖啡、紫牛公社
投资驱动型	此类众创空间以"帮项目找资金,帮风投找项目"为宗旨,针对初创企业最急需解决的资金问题,以资本为核心和纽带,聚集投资金融机构,同时吸引汇集优秀的创业项目,分为线上和线下两类众创空间	六和桥、资本汇、搜钱网、金服会、投哪儿
媒体驱动型	由面向创业企业的媒体创办,聚焦于创业公司新闻、投融资信息披露以及行业发展动向,探讨与分享创业创新经验,利用媒体宣传的优势为企业提供线上线下相结合的服务	B 座 12 楼、Techdaily
专业服务型	通过围绕某一个产业建设高素质专业人才团队,打造专业化公共服务平台,连接专业投资机构,为该产业的创业者提供全方位服务的平台	贝壳社、阿里百川项目基地、互联网金融大厦、传媒梦工场

（三）杭州众创空间发展问题

杭州众创空间发展国内相对领先,但是作为新时代的产物,由于缺少有益的现实参照,也存在不少的问题。

1. 政策支持不够精准

杭州市主要遵循"创业投资+特色服务"众创空间施策思想,主要依靠资本投资、财政补助等资本形式推动众创空间发展,这对众创空间形成了强大的驱动力量。但是,在众创空间遍地开花的当下,众创空间面临着严峻的竞争形势,若想求得生存需要根据自身创业资源和禀赋走专业化、差异化、特色化甚至是国际化道路,而杭州在这方面的引导性政策还相对欠缺。

2. 区域产业化对接不足

众创空间作为地区创新创业中心,需要根据区域产业发展特色进行产业链式的融合对接,需要深度融合区域传统创业文化特色,进行创业文化中国式的挖掘和提升。但是,杭州目前众创空间建设政府主导意味过浓,主要是在高新技术园区内,或者在空置楼宇内建设众创空间,而且众创空间多数仅提供物理办公空间,并没有根据区域产业发展特色规划建设众创空间。

3. 专业化服务水平不高

众创空间是新型的创新创业服务平台,其诞生的使命就是想方设法促进初创企业发展壮大。杭州市众创空间在行政服务、商务资源对接、活动交流等方面服务能力较强,但在科技成果转化、商业模式辅导等较为专业的创业服务方面水平不高,整体服务能力无法有效满足创业创新者的需求。

4. 科技创新项目占比不高

在笔者调研的众创空间孵化项目中,大部分是移动互联网、电子商务和文化创意方面的创业,主要进行小型的 App 开发或者是 O2O 商业运营,偏重于通过移动互联网进行商业模式的创新,而真正的科技创新、注重于研发投入的创业项目寥寥无几,技术创新式的商业模式相对来说难度较大,但是对整个社会的科技进步意义重大。

杭州在发展众创空间过程中的种种问题主要原因是缺乏从全面、系统、综合的角度构建完善的创新创业环境。2016 年 2 月 26 日,浙江省省长李强在考察梦想小镇时指出,众创空间就是开放式的创业创新生态系统,是浙江打造整个创业创新生态系统的有机组成部分。[①] 所以,完善众创空间内部和外部创业环境,培养创客正确的创业价值观是众创空间长远健康有效发展的必由之路,为此,对构建众创空间创业生态系统评价体

---

① 叶慧、宦建新:《浙江"众创空间"为何活跃》,《今日浙江》2015 年第 5 期。

系并进行实证性的评价研究提出了迫切性的要求。

（四）杭州市众创空间创业生态系统实证研究

1. 创业生态系统动态模型

我国学者项国鹏等在分析、比较和整合国内外创业生态系统模型的基础上，构建出了创业生态系统动态模型（见图8）。该模型以创业者为核心，注重创业生态系统的构成要素及其在不同创业阶段的协同作用，以创业网络的形式汇聚于整个动态创业过程，优化创业生态系统的绩效。[1]该模型从创业要素动态协同的视角把创业生态系统分为三个层次，创业者组成的核心层；宏观环境组成的要素层；创业资源集聚形成的汇聚层。这三个创业层级系统由交易关系、情感关系等社会网络加以动态链接组成了链接层。

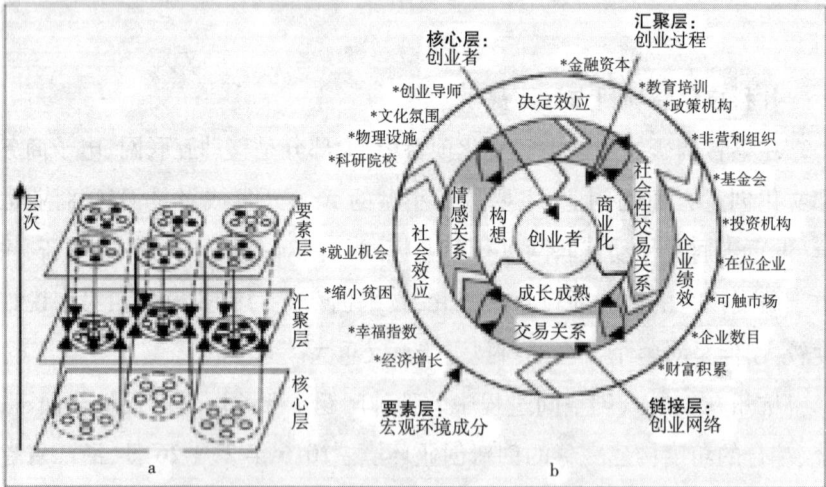

图8　创业生态系统动态模型

众创空间作为集聚创新创业服务资源的平台载体具有创业资源整合

---

[1]　项国鹏、宁鹏、罗兴武：《创业生态系统研究述评及动态模型构建》，《科学学与科学技术管理》2016年第2期。

汇聚机制,通过创业社会网络的组织方式,筛选符合条件的创业项目或者创业项目群,从而使宏观环境要素层和创业者核心层在众创空间汇聚层形成协同交互的复杂关系。所以,众创空间犹如创业生态系统动态模型中的资源汇聚层,以创业主体(创客)为核心层,在环境要素的支持作用下构建出网络化、市场化、专业化和集成化的众创空间创业生态系统模型(见图9)。

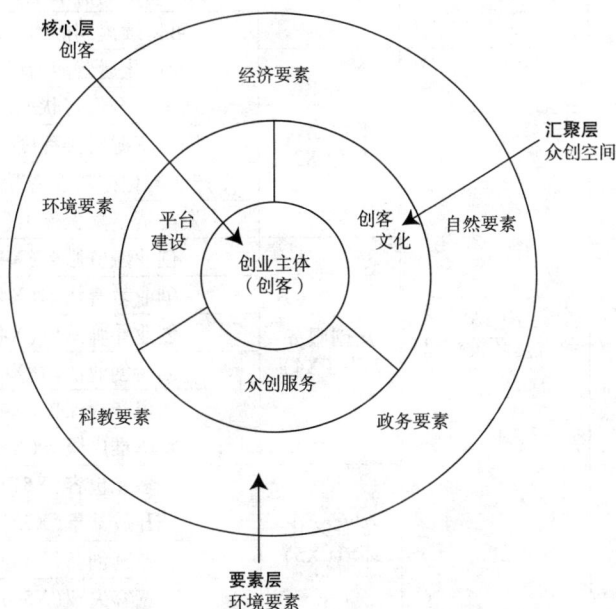

图9 众创空间创业生态系统模型

2.众创空间创业生态系统评价指标体系

本文以众创空间创业生态系统模型为理论框架,结合创业生态系统构成要素和区域创业生态系统评价指标体系,构建出众创空间创业生态系统评价指标体系(见表4)。

表4　众创空间创业生态系统评价指标体系

评价目标	因素	一级指标	二级指标
众创空间创业生态系统	众创空间核心种群（Y1）	创客环境（X1）	创客知识水平（X11）
			创客创业能力（X12）
			创业团队合作意识（X13）
			创业团队抗风险能力（X14）
		初创企业环境（X2）	产品技术先进性（X21）
			商业模式独创性（X22）
			产品市场需求度（X23）
			可持续盈利能力（X24）
	众创空间服务平台支持环境（Y2）	平台建设环境（X3）	专业化运营能力（X31）
			技术平台设置状况（X32）
			国际资源对接程度（X33）
			产业孵化链建设情况（X34）
			资源资金集聚能力（X35）
		众创服务环境（X4）	创业融资服务（X41）
			创业教育培训（X42）
			创业导师队伍（X43）
			创新创业活动（X44）
			知识产权保护（X45）
			媒体推广服务（X46）
		创客文化环境（X5）	多元包容（X51）
			开放共享（X52）
			鼓励创新（X53）
			宽容失败（X54）
	众创空间外部支持环境（Y3）	外部经济环境（X6）	经济发展水平（X61）
			社会资本活跃度（X62）
			风险投资成熟度（X63）
		外部政务环境（X7）	行政效率（X71）
			政策扶植（X72）
			监管体系（X73）
		外部科教环境（X8）	科研院所数量（X81）
			高校创新创业教育（X82）
			科技转化能力（X83）
		外部自然环境（X9）	地理区位（X91）
			产业配套（X92）
			人居环境（X93）

3. 众创空间创业生态系统评价模型

（1）熵权系数模型

在信息论中，信息和熵是两个互补的概念，熵的获得则意味着信息的丢失。一个系统有序程度越高，则熵就越小，所含的信息量就越大；反之，无序程度越高，则熵就越大，信息量就越小。当一个系统可能处于几种不同的状态，且每种状态出现的概率可以用 $p_i(i = 1,2,\cdots,m)$ 表示时，则该系统的熵就定义为：

$$e = -\sum_{i=1}^{m} p_i \cdot \ln p_i \qquad\qquad (4-1)$$

当 $p_i = \dfrac{1}{m}, (i = 1,2,\cdots,m)$ 时，即各种状态出现的概率相同时，系统的熵取得最大值，计算公式为：

$$e_{max} = \ln m \qquad\qquad (4-2)$$

假设系统存在 m 种状态，评价指标有 n 个，形成原始评价矩阵 $R = (r_{ij})_{m \times n}$，对于某个指标 R_j 有信息熵：

$$e_j = -\sum_{i=1}^{m} p_{ij} \cdot \ln p_{ij} \qquad\qquad (4-3)$$

公式中，p_{ij} 为第 i 个指标第 j 种状态出现的概率。

由此可见，如果某个指标的熵值越小，说明其指标值的变异程度越大，提供的信息量越多，在综合评价中该指标起的作用越大，其权重应该越大；如果某个指标的熵值越大，说明其指标值的变异程度越小，提供的信息量越少，在综合评价中起的作用越小，其权重也应越小。故在具体应用时，可根据各指标值的变异程度，利用熵来计算各指标的熵权，利用各指标的熵权对所有的指标进行加权，从而得出较为客观的评价结果。

（2）灰色系统评价模型

灰色系统理论是 1982 年由邓聚龙创立的一门边缘性学科，灰色关联分析是灰色系统理论中十分活跃的一个分支。[①] 灰色关联分析是以各因

---

① 刘思峰、蔡华、杨英杰、曹颖：《灰色关联分析模型研究进展》，《系统工程理论与实践》2013 年第 8 期。

素的样本数据为依据用灰色关联度来描述因素间关系的强弱、大小和次序的。如果样本数据列反映出两因素变化的态势（方向、大小、速度等）基本一致，则它们之间的关联度较大；反之，关联度较小①。灰色关联分析主要有以下几个步骤：

第一，确定分析序列。

以理想的指标值构成参考序列 X_0，被评价对象的各指标值构成比较序列 X_i：

$$x_0 = (x_0(1), x_0(2), \cdots, x_0(n))$$
$$x_i = (x_i(1), x_i(2), \cdots, x_i(n))(i = 1,2,3,\cdots,m)$$

第二，数据的归一化。本书采用初值法处理方法，归一化公式为：

$$x_i' = x_i'(k)/x_0(k)(i = 1,2,3\cdots,m; k = 1,2,\cdots,n) \tag{4-4}$$

公式中，$x_i(k)$ 表示被评价指标的调查数据值，$x_i'(k)$ 表示归一化后各指标值，$x_0(k)$ 表示各指标的理想值。

第三，计算绝对差值。

计算差序列、最小差和最大差，并计算比较序列 x_i' 与参考序列 x_0' 对应指标的绝对差值：

$$\Delta_{oi}(k) = |x_i'(k) - x_0'(k)|(i = 1,2\cdots,m; k = 1,2,\cdots,n) \tag{4-5}$$

绝对差值中，最大数和最小数即为最大差 $\Delta(max)$ 和最小差 $\Delta(min)$。

第四，计算关联系数。

$$\xi_{0i}(k) = \frac{\Delta(min) + \rho\Delta(max)}{\Delta_{oi}(k) + \rho\Delta(max)} \tag{4-6}$$

在公式 4-6 中，分辨系数 ρ 的取值在 $(0,1)$ 范围内，一般地多在 0.1 至 0.5 取值。分辨系数越小，越能增加关联系数之间的差异。关联系数 $\xi_{0i}(k)$ 是不大于 1 的正数。

第五，计算单层次关联度。

比较序列 X_i 与参考序列 X_0 的关联程度是通过 n 个关联系数来反映的。

① 胡永宏、贺思辉：《综合评价方法》，科学出版社 2000 年版，第 129—140 页。

$$\gamma_{oi} = \sum_{k=1}^{n} \varpi_k \xi_{oi}(k) \quad (i = 1, 2, \cdots, m) \tag{4-7}$$

上式中，ϖ_k 是指标 $x(k)k = (1, 2, \cdots, n)$ 的权重。

第六，计算多层评价系统的最终关联度。

设 W_X 为一级指标的权重所组成的向量，W_{Xi} 为二级指标的权重所组成的向量，计算多阶评价系统的最终权重步骤如下：

首先，计算二级指标的关联度：

$$R_{Xi} = W_{Xi} [\xi_{0i}(1), \xi_{0i}(2), \cdots, \xi_{0i}(k)]^T \text{ 其中，} (c = 1, 2, \cdots, p) \tag{4-8}$$

然后，计算一级指标的关联度：

$$R_Y = W_X [R_{X1}, R_{X2}, \cdots, R_{XP}]^T \tag{4-9}$$

4. 杭州众创空间创业生态系统评价过程

（1）问卷调查

为了评价杭州众创空间的创业生态系统，本文遵循样本选择全面性、代表性和典型性的原则，结合杭州众创空间划分的四大类型和地域分布特征，选取 10 家众创空间作为调研对象（见表 5），对每家众创空间里的初创公司创业者、初创公司普通职员、众创空间运营管理者发放调查问卷。本次调查共发放问卷 250 份，回收 196 份，回收率 78.4%，其中有效问卷 180 份。调查问卷共分为两个部分，第一个部分要求被调查者对杭州众创空间创业生态系统评价指标的重要性进行判断；第二个部分要求被调查者对杭州众创空间创业生态系统评价指标的满意度进行判断。主要是通过量表对每一指标加以评价，根据答题者对每一评价指标的打分来判断被调查者对杭州众创空间创业生态系统的看法和态度；打的分数越高说明答题者对这一表述越认同。

表5 样本众创空间基本情况

类型	样本空间	区域	地址
培训辅导型	云咖啡	西湖区	杭州市西湖区万塘路2号黄龙时代广场(支付宝大厦)A座
	紫牛公社	西湖区	浙江大学紫金港校区行政楼二楼(管理学院大楼)
	楼友会	西湖区	杭州市西湖区黄姑山路29号颐高创业大厦4楼
投资驱动型	资本汇	滨江区	杭州市滨江区江南大道3850号创新大厦706室
	六和桥	滨江区	杭州滨江区六和路368号海创基地北楼3层杭州六和桥投资管理有限公司
	投哪儿	余杭区	杭州余杭区州文一西路998号未来科技城(海创园)1号楼10楼
媒体驱动型	B座12楼	余杭区	杭州市文一西路998号海创园1—1205
	Techdaily	西湖区	杭州西湖区华星现代产业园
专业服务型	贝壳社	滨江区	杭州市滨江区六和路368号海创基地北楼一楼贝壳社
	传媒梦工场	下城区	环城北路139号

(2)评价结果

对杭州众创空间创业生态系统进行评价主要分为两个步骤:首先运用熵权系统模型确定各指标的权重;然后,运用灰色系统评价模型进行综合评价。限于篇幅,具体评价过程不再详述,最终评价结果如下(见表6)。

第一,一级指标关联度。

表6 杭州众创空间创业生态系统一级指标关联度

创客环境	初创企业环境	平台建设环境	众创服务环境	创客文化环境	外部经济环境	外部政务环境	外部科教环境	外部自然环境
0.456	0.523	0.431	0.524	0.390	0.667	0.714	0.353	0.525

第二,最终关联度。

$$R_Y = W_X \, [R_{X1}, R_{X2}, \cdots, R_{X9}]^{\,T} = 0.503$$

灰色关联分析模型关联系数越接近 1 表明评价指标值越接近理想值,此次灰色评价最终关联度为 0.503,可知杭州众创空间创业生态系统总体情况一般。在杭州众创空间创业生态系统中,外部政务环境、外部经济环境关联度分别为 0.714 和 0.667,与理想环境关联度比较大。外部自然环境、初创企业环境、平台建设环境和众创服务环境关联度分别为 0.525、0.523、0.431 和 0.524,与理想环境相比差强人意。而外部科教环境、创客文化环境和创客环境关联度分别为 0.353、0.390 和 0.456,与理想环境还存在比较大的差距。

(五) 众创空间创业生态系统建设对策

根据众创空间创业生态系统评价指标体系的分析,杭州众创空间创业生态系统还存在着一些明显的不足,仍可以加以改善和提升,从而提高整个众创空间创业生态系统的绩效和有序运行。

1. 营造良好的外部环境

首先,政府需要明确自身定位,处理好政府和市场的关系。在"大众创业、万众创新"时代,政府的主要职责是通过制度设计和标准制定营造出良好的创业环境,而不是直接地干预和过度参与。其次,要正确认识政府和众创空间的关系。众创空间不应是政府的"宠儿",应该通过市场竞争促使众创空间健康成长。最后,提高政府施策的针对性和有效性。政府在制定众创空间扶植政策时,要明确众创空间专业化、技术化、产业化的建设任务,出台有针对性的引导政策。

2. 注重对创客文化的培育

第一,传统创业文化的现代价值发掘。中国传统文化精髓体现在"和谐、进取和舍得"三个方面,与当代创客文化所主张的"开放共享、多元包容、兴趣导向、宽容失败"具有相似的价值内核。第二,完善创业教育体系和制度。学校在进行创客教育课堂授课的同时,需要与当地的科技园区、众创空间和初创公司等建立密切的联系和合作制度。有步骤、有计划地为学生提供创业实践的机会,使学生真正进入创业活动的现实环境中,提升自身的创业能力和创业素质。

3. 构建区域创业孵化链条

众创空间作为创业服务平台是区域创业孵化链条中的重要一环,若想有效提升众创空间创业生态系统建设需要从系统和产业角度完善创业孵化链条。从产业角度构建区域创业孵化链条,在产业园区或者科技园区里建设具有产业相似的众创空间,有利于众创空间提供专业孵化服务并有效融入区域产业系统;然后,加强众创空间集群建设,形成区域创新创业源。

4. 加强众创服务平台建设,培育高效的众创服务环境

众创空间创业服务平台是众创空间创业生态系统的资源汇聚层,起到连接外部环境子系统和内部创客核心种群的纽带作用。首先,深度挖掘盈利模式,提高专业孵化水平。众创空间自身生存下去是提供创业服务的前提条件。在对杭州众创空间的调研中发现,有78%的众创空间收入依靠政府补贴,67%的众创空间收入主要来源于工位租金。众创空间传统的"二房东"盈利模式已难以为继,需要深度挖掘全新的盈利模式。其次,严格筛选初创企业,提高企业入驻标准。众创空间应该把大部分精力花在提高入孵企业的质量上,确保入孵的每家公司都能有较高的创业成功率。再次,集聚优势创业资源,着力解决创业"痛点",完善众创空间资源获取机制,提高众创空间资源集聚能力,促进资源的价值实现。最后,构建多层次金融支持体系,规范发展股权众筹融资形式,提升市场化主体参与众创的积极性。

5. 深化创业导师合作机制,切实提高创业导师指导作用

创业导师的人脉资源和创业经验对降低创业成本和创业风险,提高

众创空间孵化效率和质量具有重要的作用。第一,提高创业导师筛选创业项目的话语权。第二,提高创业导师孵化全程参与度。第三,构建有效的创业导师网络。

撰稿:赵宣,杭州师范大学杭州城市国际化研究院

三、破解杭州城西科创区发展"三大瓶颈"的对策建议

2015 年浙江省政府提出了以浙大紫金港校区、未来科技城和青山湖科技城为核心，打造"创新大走廊"的构想，赋予杭州在全省创新创业中的独特地位和作用。作为杭州市发展智慧经济"一核两翼"的重要组成部分，城西科创区在未来杭州发展中承担的引领、辐射、带动作用进一步凸显。但城西科创区仍存在"体制机制""产城融合"和"交通组织"三大瓶颈，制约了功能发挥。2015 年杭州市决策咨询委员会委托省委党校课题组进行研究，并组织了 10 余位区域经济专家参与的咨询论证会。专家们认为，应学习借鉴兄弟城市城区撤并等方面的成功经验，下决心理顺城西科创区管理体制，推动"产城融合"发展，形成定位明晰、资源共享、功能完善的新区。

（一）城西科创区发展现状及主要问题

作为浙江省 15 个省级产业集聚区之一，城西科创区唯一以"科创"命名，是国家自主创新示范区建设的重镇。集聚区规划面积 302 平方公里，核心区块 49.9 平方公里，下辖杭州青山湖科技城和杭州未来科技城（海创园）（以下简称"双城"）。其发展目标是发挥"创新+人才+服务"优势，建设成为全省乃至全国产业转型示范区、新型城市化的样板区、科技人才的集聚区、国际合作的先行区和改革创新的试验区。经过五年左右时间的建设发展，城西科创区已形成信息技术、高端装备制造、生物医药

和节能环保等四大产业。创新要素进一步集聚,产城融合进一步加快,为全市经济发展和转型升级发挥了重要推动作用。2012年以来,在全省产业集聚区综合考评中,城西科创区均位列前茅。

作为省会城市产业主平台,占据天时地利之便的城西科创区理应起到领跑示范作用,然而令人遗憾的是在一些核心指标上,城西科创区却落后于省内其他同类产业集聚区。例如:(1)固定资产投资后劲不足。2015年上半年,城西科创区完成固定资产投资不到100亿元,宁波杭州湾产业集聚区2015年上半年完成固定资产投资150亿元左右,远超城西科创区。(2)招商引资落后于同类园区。2015年上半年,城西科创区引进项目协议投资额近60亿元,其中投资额5亿元以上的产业项目2个。湖州南太湖产业集聚区引进项目协议投资额150亿元以上,投资额在5亿元以上的产业项目10个以上,差距明显。(3)整体品牌相对较弱。国内同样采用"一区多园"方式运作的中关村、武汉东湖、深圳高新区等都已打响品牌,其整体形象和整体品牌识别度高。与之相比较,"杭州城西科创区"整体品牌存在明显差距,甚至不及其所辖的未来科技城、梦想小镇等具体品牌。在国家级高新区创建过程中,青山湖科技城走在了未来科技城的前面,双城隶属不同行政区,无法做到整合资源、优势互补,导致"双城"都没能创建成功。

固定资产投资、招商引资、整体品牌等方面的不足反映了城西科创区快速发展背后的困境和掣肘。如不采取有效措施,则有可能在下一步发展中丧失机遇,影响城市创新实力。需要领导高度重视,认真分析其深层原因。综合分析,城西科创区发展主要存在三大瓶颈:

1.管理体制机制不顺畅。城西科创区目前采取"众"字型管理体制,事实上陷入"双重管理"困境:一方面,由管委会负责整个产业集聚区开发建设管理重大问题和重大事项的统筹协调工作;另一方面,"双城"分别隶属临安市和余杭区,财政体制、人事管理、行政审批权限等隶属于两区(市)。在履行"统筹协调服务考核"职能过程中,城西科创区产业集聚区党工委及管委会存在难度。第一,无法独立编制总体规划。城西科创区不是一级行政区,所编制的概念规划、发展战略规划、专题规划等仅仅作为参考,不具有法定效力和强制执行力。第二,无法协调"双城"间竞争与合作关系。"双城"虽分别确定了主导产业和培育产业,但在具体实施过程中缺乏有效统筹,尚未形成优势互补的发展格局。规划融合、产业互补、竞合互动等整体发展态势仍未形成。海创园区位、人才等政策要素都优于"青山湖",很大程度上成为青山湖的"拦水坝"而非"蓄水池"。第三,无法统筹公园、学校、医院等基础设施共享。两区(市)各自投入的局面必将陷入小而散,导致重复建设,短期内难以解决城市基础设施不足的问题。第四,无法推动"同城待遇"。受现有政策体制和人才保障属地管理等因素制约,"同城异遇"问题依然存在。人才落户、子女就学、养老医疗等方面政策差异,影响了高层次人才入驻青山湖科技城的积极性。在余杭加速融入主城区的背景下,未来科技城"同城异遇"问题有所缓解,但仍未彻底解决。

2. 产城融合进展缓慢。在产业发展上,"双城"发展依靠少数企业支撑的现象还比较突出。阿里巴巴、杭氧、杭叉等重点骨干企业的贡献度较大,大量中小企业处于初创期,尚未形成中小企业"铺天盖地"的产业形态;尚未形成"百花齐放"的发展局面;智能制造等"四大产业"整体实力有待加强。为了追求"税源经济","双城"招商同质化竞争较为激烈,同一类产业乃至同一个大项目往往出现"双城"争抢的局面,导致"优、新、高、特"项目引进难、落地难。由于发展空间所限,未来科技城无法承载大批成功孵化的产业化项目。但现行体制下,这些项目也无法落户青山湖科技城。

相比较国内成熟的科技园区,城西科创区缺少服务产业发展的公共技术创新服务平台。青山湖科研院所基地现有的公共科研机构以各个行业科研院所为主,其基础研究力量相对薄弱,难以开展共性技术的基础性研究工作。青山湖科研院所基地与未来科技城的创业人才缺乏互动和对接。区内若干所本地院校自身不具备吸引高端人才、研究生的声望和实力,缺乏一支由研究生、博士后构成的创新创业生力军。"海创园"高层次人才创业项目大多还处于孵化期,没有形成大规模产业化的气候,对集聚区产业发展的辐射作用不明显,存在着孵化项目外溢的现象。"双城"

尽管已经积聚了大量科研院所和高层次人才,但短时间内还难以发挥比较明显的作用,科研和人才的支撑明显匮乏。

在生活配套上,城西科创区相对滞后,特别是满足海外高层次人才需求的高品质国际化学校和医院严重缺乏。大型商贸综合体未建成,部分科、文、教、体、卫、商等公共设施规模小、布局散、品质低。空间用地保障不足,存在着"重生产、轻生活,重发展、轻配套"现象,对人才引进工作带来困扰。

3.综合交通水平滞后。城西科创区交通问题日益突出。城西区域交通历史欠账多,与西部县(市)缺乏有效连接。近20年来,城西房地产开发无序,总体建设缺乏科学统一的规划指导,区块分割严重。交通拥堵、停车泊位等问题日益凸显,产业集聚区乃至大城西区域交通设施不堪重负。一是交通形式单一、路网不完善。城西科创区乃至大城西区域都存在过多依赖"路面交通""平面交通"的现状,交通形式单一,交通网络尚不完善;随着梦想小镇和阿里巴巴西溪园区等重大平台投入运行,文一西路承载能力已趋饱和;区域主要道路文二西路延伸工程还未完工。二是公共交通运营能力有待提高。根据课题组对区域内科技人才问卷调查,47%的受访者表示对公共交通服务不满意,公共交通并未成为机动化出行的主要载体,公共交通整体服务水平较低。三是交通规划、建设、管理水平有待提高。从调研情况看,该区域交通管理沿袭了主城区"穷于应付"的落后管理模式,一些错误管理方式依然没有改变。

(二) 促进城西科创区"整体发展 提升发展"的对策建议

城市是产业聚集之所,更是人们社会生活得以全面展开的处所。作为"科技创新"功能区,城西科创区与国内许多城市功能区一样,也存在着"功能区城市化水平不足"问题。而城西科创区"运行体制机制不顺畅"则加剧了这一问题的集中爆发。专家认为,功能区应当成为新型城区,而非单纯的生产和为生产而配套的住宿场所。功能区需要城市化,需要实现"产城一体化""产城融合发展"。其解决路径是，以行政管理体制改革，推动"产城融合"发展，进而带动交通等基础设施改善。通过综合施策，克服原本为实现单一功能而铺设基础的制约，全面提升片区功能。

1. 下决心理顺行政管理体制机制

城市发展过程中，生产要素的流动必然带来行政管理体制的变革。对区域行政体制进行撤并，并设立新区是必然选择。北京、广州、南京、成都等其他兄弟城市在上一轮城市区域调整中已逐步到位，值得借鉴。

（1）权衡利弊，创新城西科创区管理体制。建议参照福州新区、大江东产业集聚区（临江国家高新区）的发展历史和现状，对城西科创区的管理体制作出调整。根据实施的难度和实际情况，提出以下三种方案和路径选择：

"小改方案"：推动人大立法，实现相应规划刚性化。为避免重复建设，应借鉴北京中关村、苏州工业园建设经验，尽快制定《城西科创产业集聚区条例》和《城西科创产业集聚区总体规划（2015—2030）》等重要文件，提请省、市人大审议通过。同时废止余杭、临安两地在城西科创区所涉区域的规划权属关系。在现有体制不变的情况下，赋予城西科创区相应规划权，避免两区（市）在集聚区建设上"各自为政"。建议尽快组织实施，以杜绝随时可能出现的重复建设。

"中改方案"：推动机构合署，实行财政收入分成。据了解，武汉东湖高新区、深圳高新区等都涉及多个行政区，实行"一区多园"运作。武汉和深圳人大常委会都出台了《管理条例》，以地方法规的形式，确定了高新区法律地位，从而保障了管理权限、责任、义务。2015年8月成立的福州新区同样沿用这一做法。作为国家级新区，福州新区范围包括马尾区、仓山区、长乐市、福清市部分区域，规划面积800平方公里。在管理体制上实现"大部制、扁平化"，采取"多规合一"创新方式，同时启动了20多个专项规划。既要发挥新区管委会的作用，又要调动地方积极性。在新区党工委、管委会具体负责新区的"统一协调、统一政策、统一规划"等工作基础上，由新区党工委、管委会会同所在县（市）区对开发任务平行推进。杭州可借鉴这一做法,在城西科创区推行机构、人员合署办公,实行"三块牌子一套班子"。理顺集聚区开发建设管理体制和运行机制,增强集聚区管委会推进统筹分片开发、管控产业导向等方面的能力,推进杭州城西科创产业集聚区管委会实体化运作。集聚区内财政收入由余杭、临安按约定比例分成,对重要项目引进实行一事一议。这一方案可有效提升集聚区效能,其难度在于建立省、市间协调机制,协调"省管县"机制下浙江省、杭州市及临安市三方关系,建议 2018 年上半年推动实施此项工作。

"大改方案":实施区划调整,理顺管理体制。城市生产要素和资源的变化必然带来行政区域管理体制的变革,这是一个经济发展的必然规律。最近五年来,国内各大城市不约而同实施了行政区撤并,为城市发展释放新的能量和空间。在行政区撤并中实行"合二为一"的城市有:北京市面积小、人口少、发展难的崇文区和宣武区分别被并入东城区和西城区(2010 年 7 月);重庆市万盛区和綦江县合并为綦江区,双桥区和大足县合并为大足区(2011 年 10 月);青岛市市北、四方区合并为市北区,黄岛区、胶南市合并为黄岛区(2012 年 12 月);南京市秦淮区、白下区合并为秦淮区,鼓楼区、下关区合并为鼓楼区(2013 年 2 月)。上海静安区、闸北区也正在谋划实施"撤二建一"(2015 年 9 月)。在行政区撤并中实行"合三为一"的城市有:天津市塘沽区、汉沽区、大港区合并为滨海新区(2009 年 10 月);苏州市沧浪区、平江区、金阊区合并为姑苏区(2012 年 9 月)。而杭州在顺应城市要素功能变化、撤并老城区方面改革力度不大,步伐迟缓,产业新区功能不完善,管理体制多元多层分割,由此导致的城市功能紊乱问题日益凸显。

实施行政区撤并,赋予城西科创区与使命相匹配的行政能力是"十三五"期间杭州提高城市竞争力,发挥省会城市领跑示范带动作用的一项急迫工作。除了机构精简、行政成本降低,新政府整合调动辖区资源的力量变大,规划建设、财政政策、招商引资、公共资源均等化等方面更具行动力。这一方案可有效加快要素集聚、彻底解决统筹难问题;其难度在于改革步伐大、涉及面广,需要同时考虑民意向背、民生保障、文化差异等多重因素,须国家级及省级层面统筹推进。

综合分析以上三种方案,专家认为应结合"十三五"长远发展,从根本上解决"双城"各属一地的矛盾,立即启动"小改方案",尽快实施"中改方案",创造条件实施"大改方案"。在第一、第二方案的基础上,适时谋划合并上城区、下城区,新设西溪区(即"城西科创区"行政区),由集聚区管委会履行区级政府行政管理职能,实现"双城"全面统筹管理,在破解行政区域管理体制的改革方面迈出实质性的步伐。

(2)提高认识,强化城西科创区"国字号"发展定位。未来科技城是中组部、国资委牵头打造的全国4个高层次人才创业创新基地之一;临安青山湖立足点是打造浙江省科创基地。科创区的目标是成为浙江省乃至全国最具创新能力和创业活力的高新区之一,为全省提供创新资源、创新模式,真正能够承担起省委提出的打造杭州城西"创新走廊"的重任,其意义远大于产值、利税的排名。建议:城西科创区与省内其他集聚区的发展定位应有明显区别。应以规划面积同300平方公里左右、历史文化相近的苏州工业园区为标杆,进一步强化定位,避免城西科创区与其他14个产业集聚区同质化。

(3)注重服务,探索管理模式多样化。"一区双城"大平台的核心功能在于为人才、为企业服务。加快集聚区与行政区套合,完善条块结合、精干高效、动态管理的工作机制。就当前的运行体制来说,应注重管理模式多样化探索。一是建立省、市、县、街道多级协商会议制度,沟通、解决具体问题;从建设和生产两个环节,建立项目(企业)退出机制。二是以"虚拟空间"整合突破现实发展困难,由城西科创区管委会牵头,统一规划智慧城市建设,建立人口信息、企事业信息、地理信息等基础数据库,推进信息资源利用和跨部门共享。三是建立城西科创区(基础设施)投资股份公司、协同创新基金公司,以市场化的手段调节在城市建设、产业发展(招商、技术研发、产品化)过程中各方利益;优先安排资金加快推进交通、供排水、燃气、电力等基础设施建设。四是抓紧建立城西产业技术研究院,统一规划、管理城西的公共科技资源。

2. 加快推进产城融合

职住分离现象和城市公共服务设施配套不足是许多城市功能区都存在的共性问题,一些应对之策值得借鉴。从 2013 年开始,滨海新区两年内投入 300 多亿元,在天津经济技术开发区、保税区等重点区域建设 259 个民生项目,涵盖教育、医疗卫生、文化、交通体系等十个方面,覆盖居民生活的全部内容。此外,生态城内每 500 米半径均建起一个社区服务中心,为创新创业环境提供了有效保障。目前,滨海新区的高层次、高技能人才接近 100 万人,占新区常住人口的近 40%。应借鉴天津滨海新区做法,着眼于产城融合,瞄准社会事业相对滞后的短板,集中市区两级政府财力,下大力气建设民生工程,在 3 年内完善城市公共服务基础设施配套,改善人居生活环境,解决人才扎根发展的后顾之忧,为大众创业、万众创新提供保障。城西科创区应努力打造"职住平衡"的功能新区,成为以高新技术和创新创业为主题的"城市副中心"。

(1)细分主导产业,与长三角其他高新区实行差异化发展。城西科创区重点发展的"信息技术、高端装备制造、生物医药、节能环保"等四大产业,也是长三角多个城市重点发展的新兴产业,面临激烈的竞争局面。建议:城西科创区明确细分领域并进一步聚焦,寻找新的突破点。重点发展电子商务、互联网医疗、机器人和智能装备制造、生物医药等。按照我市信息发展总体布局,在依托阿里巴巴做大做强"互联网+产业+协同制造"的基础上,对产业进行统一规划、整体布局,科学设定主导产业,重点集聚发展科技型企业,做好制造业的投资,发展网络智能制造。

(2)吸引人才,提供政策服务同城待遇。完善住房保障体系,为高端人才、创业青年、新就业大学生、务工人员分别提供人才公寓、公共租赁住房,使城西科创区成为宜居、易居的高新区。逐步实现集聚区人才同城待遇,使各类科技人才都能享受与主城区相同的社会保障、户籍、子女教育等待遇。通过举办或支持高校举办创业大赛的方式,吸引和支持省内(乃至国内外)高校师生前来创新创业,资助部分生活费。

(3)注重产学研结合,加大与在杭高校的合作力度。城西科创区应积极推动校企间的研发平台共建共享,大力促进浙江大学等高校的科技成果在城西落地、转化。大学新建实验室、技术平台及现有的分析测试中心等各类科研平台向科创区企业及研发团队开放。科创区应安排专项资金支持浙江大学等高校的研发平台建设,将区内公共科技服务平台向大学师生开放(减免费用)。在高层次人才引进与培养方面,科创区对于浙江大学等高校新引进的高层次人才,符合产业发展需求的,给予相应的政策支持;要使浙江大学等高校成为科创区高层次人才的"蓄水池"。建议:在"十三五"规划期间,科创区与浙江大学等高校签订全面战略合作协议,成立由大学校长和管委会主任领导下的全面合作领导小组,围绕创新人才培养、科技成果转化、实验室建设及大学科技园建设等方面开展实质性合作。对于浙江大学等高校新引进的高层次人才,符合产业发展需求的给予政策支持,使高校成为高层次人才的"蓄水池"。重视职业技术人才队伍的建设,根据产业需求,创建和发展多所职业技术学院,形成职业教育、普通高等教育、研究生教育与产业协调发展的格局。

（4）整合人才资源,促进"双城"创业人才互动。人才是城西科创区的核心优势,应从组织上促进青山湖科研院所与未来科技城创业人才互动。建议:整合"双城"的公共技术服务平台、博士后工作站、院士工作站,组建杭州城西工业技术研究院(先虚体,后实体),由科创区管委会管理。以研究院为载体加强面向产业需求的基础研究、提升服务(中小企业)产业发展的技术能力,建设类似中科院苏州纳米所、宁波材料所等研发机构及其公共技术服务平台。在具体步骤上可先期建立公共技术服务平台的协助网络,创办网站,逐步建设实体化的工业技术研究院。远期可在"杭州城西工业技术研究院"的基础上,建立杭州科技大学,建设若干个研究所,先招收博士后、博士生,再逐步考虑发展本科生教育。

3. 努力突破交通瓶颈

产业升级的瓶颈在于产城融合,而交通问题则是产城融合、城市功能一体化的综合体现。突破这一瓶颈需要从总体规划的角度,确立区域性整体格局,从根本上加以解决。

（1）强化公交主导,确立大城市综合交通体系思维。应积极完善《大城西现代化综合交通体系规划研究》。第一,注重各种出行方式和资源与轨道交通的对接。目前市区城际铁路和地铁承担"主要交通流"城际铁路和地铁线网已经有规划,但是轨道交通的辐射作用未能得到足够重视。在城西交通规划中,要特别注意各种出行方式、交通资源与轨道交通的对接。尤其是"站点设计""线路规划""对接方式"等,确保"同步规划、同步建设、同步使用"。第二,积极规划建设有轨电车。完整的"公交主导的大城市综合交通体系"应由"地铁轻轨+有轨电车+快速公交+常规地面公交+自行车+小汽车"组成。其中,新型有轨电车是编组车辆构成的大运量车,介于地铁轻轨和快速公交之间,承担区域性的大运量交通流。建设新型有轨电车是国外城市发展趋势,城西科创区应该积极引入,以承担区域内大运量交通流。

(2)注重系统衔接,精确疏导不同类型"交通流"。公交主导的大城市综合交通体系一般以"轨道交通"为骨干网络,以"其他公交方式"为辅助支撑,尤其强调两者之间良好衔接。在城西科创区交通规划中应确保一次性规划设计到位。只有两者无缝衔接才能细分"通过性交通流"和"到达性交通流",满足不同需求。

(3)建设"交通走廊",优化改造路网结构。杭州市区路网系统的通病是没有确立"交通走廊"概念,道路层级混乱,快速路作用发挥不明显。城西科创区应充分吸取教训,重新审视现有杭州市域综合交通体系,在市级层面尽快深化规划研究。在下一步基础设施建设中,扩大交通网络规模,优化交通运输结构,强化各种运输方式的衔接,提升综合运输能力,率先建成网络化、标准化、智能化的区域性综合交通走廊。

撰稿:董金华,中共浙江省委党校

四、杭州打造国际会议目的地城市
实施途径与发展策略

杭州自 2008 年提出要大力发展会议与奖励旅游至今,一直致力于打造"亚洲会奖旅游目的地"。9 年间,杭州创新发展模式,会奖旅游日益凸显出强劲的发展势头和深厚的发展潜力,被视为杭州旅游业转型升级的突破口,并逐渐得到众多国内外机构和企业的青睐。2016 年,《中共杭州市委关于全面提升杭州城市国际化水平的若干意见》明确提出"着力打造国际会议目的地城市"的目标。杭州市域内的高端酒店数量、质量均位居全国前列,西湖、黄龙、钱江新城、萧山、千岛湖、西溪等会议酒店集群基本形成。峰会接待任务关联酒店、场馆、景区、道路进行了集中改造,国际博览中心、奥体中心等重大项目成功建设,设施环境得以大幅提升。杭州以 G20 峰会为契机,乘势塑造国际会议目的地品牌,加大会议目的地营销力度,发挥产业扶持政策优势,深拓项目引进渠道,多措并举将峰会效应及时转化为对杭州会奖产业实质性带动效应,不仅先后取得了"2015 年度最佳文化风景 MICE 目的地""2015 年度最佳国内会奖旅游城市""2016 中国最具创新力国际会奖目的地""中国十大魅力会议目的地""中国最受关注会奖城市"等荣誉称号,还首次跻身全球 100 强国际会议目的地,向打造国际会议目的地目标迈出坚实的一步。

(一) 杭州打造国际会议目的地城市的背景

杭州是浙江省省会和经济、文化、科教中心,长江三角洲中心城市之一,国家历史文化名城和重要的风景旅游城市。进入 21 世纪,杭州市决定发挥杭州作为中国会展业发祥地的优势,于 2000 年恢复举办西湖博览会,为新世纪拓展商务旅游、发展会展经济、传播先进文化奠定新的基础。2000 年以来,杭州城市化发展提速,城市功能和基础设施加快完善,社会治理能力和公共服务品质居于全国前列,市民素质和社会文明程度闻名全国。杭州通过城市化带动国际化,同时,又以国际化提升城市化品质。在国际化发展战略的指引下,国际开放合作交流日益加强,信息经济竞争力保持领先,城市创新驱动力持续发力,综合实力显著增强,城市国际影响力不断提升,成为入围国家中心城市,成为世界级城市群——长江三角洲的中心城市,在建设世界名城目标上快速前行。

会议旅游产品不局限于景区线路,而是涵盖场馆设施、酒店住宿、活动管理、文化体验等多元化旅游内容,发展空间更为广阔。2015 年我市商务会展和会议培训客人占国内游总人数的 18.4%,贡献了旅游总收入的 33.84%。从人均直接消费看,境外、国内商务客人分别约为 4000 元和 3000 元,远高于普通游客的 1322 元,产业拉动效应显著。

杭州市会议旅游产业发展起步较早,1999 年 8 月 5 日,杭州市政府成立了“2000 年‘中国西湖博览会’筹备办公室”,设置综合、展销、宣传三个工作组,同年 11 月 22 日,建立 2000 西湖博览会组织委员会“一办两委”(即组委会办公室、展览工作专业委员会和会议工作专业委员会),开展日常工作。在 2009 年,杭州市旅游委员会下属市旅游形象推广中心在全国率先设立会奖部,成立杭州会奖业协会,对我市商务会议旅游(包括奖励旅游)目的地形象进行推广营销,并提供系列配套服务。2011 年 6 月,成立了杭州市会议与奖励旅游业协会(Hangzhou MICE Association),由在杭符合会议奖励旅游市场需求的酒店、会议场所、旅行社、专业会奖企业、航空公司、车船公司、重点景区、餐饮企业及部分与会奖旅游相关的企事业机构、社会团体自愿组织的行业性社会组织,具有独立的法人资格。业务主管单位为杭州市旅游委员会,秘书处设在杭州市旅游形象推广中心会奖旅游部。此外,杭州市旅游委员会设立了专门的会议促进机构——杭州市商务会展旅游促进中心,是杭州推动旅游升级转型的一个重要抓手,通过设施、服务、产品、政策、宣传等多管齐下,把杭州从休闲旅游城市的定位中细分出来,针对商务客人,全新打造会议与奖励旅游目的地。

随着 2016 年 G20 峰会在杭州成功举办,杭州向世界展示了"独特韵味、别样精彩"的城市形象,杭州城市的知名度美誉度大幅提升,在会奖的城市竞争力方面也大幅前进,相继获得了"2015 年度最佳 MICE 目的地""年度最佳国内会奖旅游城市""2016 中国最具创新力国际会奖目的地"等荣誉称号,还首次跻身全球 100 强国际会议目的地。

在未来六年中,2017 年中国第十三届学生运动会、第三届世界休闲博览会、2018 年世界短池游泳锦标赛,2022 年亚运会等重大项目将在杭州举办,这些重大机遇为杭州提供持续的曝光机会,推动杭州会奖旅游进入国际化发展的重要"窗口期",顺势应时、紧抓机遇、扬长补短、重点突破,全面提升城市国际化水平,加快杭州现代化建设。

（二）杭州市国际会议产业总体发展特点

1. 市场需求持续扩张,会议接待稳步增长

杭州是国际风景旅游城市、历史文化名城、创新活力之城,综合优势明显。电子商务、生物医药、文化创意、先进制造业等产业的发展繁荣,为各领域国际会议落地提供了动力支撑。打造国际会议旅游目的地,符合杭州整体资源禀赋和城市气质,符合杭州产业结构转型升级的趋势和需求。2013 年、2014 年、2015 年,杭州连续三年实施了"会奖旅游特惠（季）年"活动,三期活动共兑现实现 258 万余元,引进 88 个各类会议项目,参会人数达到 32465 人,直接会议消费 6408 万元,补贴和会议消费拉动比达到了 1∶25,经济拉动作用非常显著,充分调动了相关酒店、旅行社和会议公司的参与会议举办的积极性。

2014 年首创的中国（杭州）会奖交易会买卖双方共达成意向 117 项,为杭州引进 80 个会议项目,引进商务会议客源逾 6 万人次,总交易额约1.8 亿元。2015 年,杭州市共引入 27 个国际会议,首次跻身全球 100 强

国际会议目的地城市。2015 中国(杭州)会议与奖励旅游产业交易会上,来自澳大利亚、新西兰、北京、上海、南京、宁波、西安、广州、珠海、三亚等19 个国家和城市的 83 家展商、113 家专业买家以及媒体记者共计 400 余人参加了交易会。据统计,此届交易会采购总项目数量高达 3498 个,其中意向在杭项目 628 个,会议客源 25 万余人,采购金额将达 8.2 亿元,采购规模较前一年首届交易会有大幅提升,对杭州城市营销、会奖旅游品牌提升、国内市场拓展发挥了积极作用。

截至 2016 年,杭州市旅游委员会通过对买家资源进行梳理,与专业媒体机构合作,联合本地企业共完成了五批次超过 300 人次的买家考察,这些买家中,包括来自欧洲、东南亚的专业会议组织者,以及北京、上海、广州等各地的大公司的负责人。考察活动涵盖会议场地和设施的考察,重点还围绕杭州的历史传统文化,推出新的体验性奖励旅游产品,如龙井茶文化、京杭大运河、印象西湖等多个特色奖励旅游产品的体验。买家考察活动促进了传统旅游产品向奖励旅游产品的转化升级,丰富了奖励旅游目的地的内涵。

到 2020 年实现全年共举办各类会议 2 万场、国际会议达到 40 场。从 2016 年到 2020 年,将有 132 个大小国际会议有望在杭州举办。按照市委十一届十一次全会设定的目标,2020 年,杭州要进入全球会议目的地城市前 80 强。

2. 会议目的地知名度美誉度显著提升

G20 峰会直接提升杭州的国际影响力。G20 峰会举办期间,央视在峰会举办期间对杭州进行了全方位的宣传,国际媒体多次报道杭州,峰会福利不断呈现,城市的知名度和美誉度,自然禀赋和人文优势,产业基础和发展方向,都以最佳的姿态呈现给世界。由此,杭州快速获得了全球、全国会议业界的高度关注,会议专业媒体、会议企业纷纷聚焦杭州,国际展览业协会、国际会议与大会协会等国际会展组织对来杭拓展业务表示出高度兴趣,商务部、国家贸促会、国际商会以及部分国家级的行业协会纷纷表示要来杭考察会展资源,或者邀请杭州去推介会议资源,进一步助推杭州向中国一线城市迈进,为杭州国际会议目的地的建设提供了极为有利的宏观环境。2016年5月17日,国际会议与大会协会(ICCA)最新发布了2015年度全球会议目的地城市排行榜,杭州凭借27个国际会议,位列城市排名全国第3,亚洲第24,全球第100。这是杭州首次跻身全球100强国际会议目的地城市。

3. 会展业硬件装备升级到位

G20峰会,使得杭州作为会奖目的地的环境、交通、专业会议设施及服务水平等软硬件将得到质的飞跃提升。为保障G20峰会顺利召开,杭州会展业完成了硬件装备升级,迅速提高了全市产业整体的接待能力。如G20峰会筹备工作短期内就推动我市完成580余个城市环境提升与交通保障项目,为城市国际化奠定了硬件基础。峰会后杭州国际博览中心将全面投入使用,一举解决杭州会展上规模的瓶颈制约,接待国家元首、新闻媒体的宾馆饭店的软硬件条件也得到大幅提升。这批新建的会展、会议场馆将在今后发挥主体作用。

4. 会议产业软实力迅速提升

钱江新城、萧山、滨江三大板块商务经济发达,基础设施完善,有条件成为后峰会时期我市会议旅游业和展览业发展的主阵地,随着卓美亚、柏悦、钓鱼台等国际高端酒店的开业运营,仅钱江新城高星级酒店就将达16家。

杭州的会议服务、会议产业正日趋完善,杭州国际博览中心的投入使用以及钱江新城万豪酒店、杭州泛海钓鱼台、杭州柏悦酒店等国际连锁酒店品牌的进驻,形成了"会议中心+酒店集群"模式,为落地杭州的大型国际会议提供了专业的基础设施和多元化创意空间。

在峰会筹办中,杭州会议相关企业抢抓机遇拓展业务,积极参与其中,设会展专业的院校如浙大城市学院、浙江旅游职业技术学院、杭州科技职业技术学院、育英职业技术学院都派出优秀学生直接参与峰会的服务工作,大批会展人才得到锻炼和培养,增长了实际知识和能力,开阔了视野,成为未来若干年的杭州会展业发展的生力军。

(三) 杭州发展国际会议目的地城市的制约因素

1. 产业地位确立较晚

杭州会奖产业属于国内第二梯队领头位置,但近年来发展动力不足,在 G20 峰会后杭州会议旅游业开始谋求突破式发展。当前,杭州作为会议目的地城市在国内处于前后夹击的竞争格局中,北京、上海两大标兵已成功跻身世界前列,南京、成都、厦门等城市追赶势头迅猛,杭州地位不断受到挑战。由于会奖旅游涵盖的会议旅游、奖励旅游、节事活动、展览四个部分,功能和促进机制都有差异,国际发达城市均根据各自特点采取针对性发展策略。而我市由于缺少准确的产业定位,长期忽视会议旅游的业态发展,缺乏产业推进机制。

2. 管理体制缺乏统筹

当前,杭州市涉及"国际会议目的地城市"建设的职能机构多个,职能机构设置不符合产业发展需求和趋势,缺乏统筹推进合力。如市形象推广中心(杭州商务会展旅游促进中心)负责会议旅游与奖励旅游的推广和项目引进,但受制于机构性质和级别,存在协调权限有限、协调力度不足等客观困难。市西博办、市节展办、市贸促会多家部门均涉及会议展览培育和组织工作,存在多头管理、资源分散情况。

3. 资金扶持力度不足

国内外城市均日益重视会议旅游产业发展,竞争异常激烈。新加坡5 年间共投入 1.45 亿美元,开展会议销售营销。厦门 2008 年率先把会议纳入扶持范围,2015 年会议旅游业共兑现奖励 1600 万元。目前,我市仅旅委每年安排 400 万—500 万元用以会议推广,缺乏对企业引会的激励政策。

4. 配套设施存在缺陷

国际博览中心酒店自身容量只有 272 间,缺乏周边配套,远低于重点会场设施 1 公里半径内配备 1000 间以上客房的国际要求。而北京、上海匹配量已超过 4000 间。主城区内缺乏接待规模 2000 人以上的大型会议及宴会场所,导致大部分落地会议项目规模偏小。目前,杭州市海内外航线达 200 多条,但国际航班线路仅开通 33 条,如旧金山、洛杉矶、温哥华、悉尼、马德里等,国际可进入性不高,同一梯队的成都 2015 年已开通国际航线 83 条,直达全球五大洲。尽管 2017 年海外直达杭州的航线将由 30 个上升至 35 个,但和成都相比,仍然较少。

5. 本地服务供应商缺少大品牌

在杭旅行社、会务公司、会展公司虽然数量众多,但缺乏国际视野和大型项目运作经验,难以形成集聚引领效应。现有大多数服务商没有按市场机制运作,低水平、小规模、多头办会现象普遍。

(四) 杭州建设国际会议目的地城市的实施途径

1. 产业导向明确的扶持政策

2015 年市旅委推出"会聚杭州"会奖旅游特惠季,这是一项为了更多地引进会奖旅游项目来杭的营销政策,联合杭州 61 家会议酒店和会议公司联合为落地杭州的会议项目进行让利,同时提升来杭办会品质,政企联动促进更多项目落地。该项政策自 2013 年 10 月首次启动以来,截至 2014 年 12 月,市旅委已经通过特惠活动形式引进国内外高端会奖项目 52 个,参会人数达 25470 人,直接会议消费 4694 万,让利补贴 192 万,补贴和会议消费比 1:24,不仅切切实实拉动了会议市场消费,而且在国内外市场上形成了对杭州会奖目的地关注的热点,起到了良好的宣传效应。

2016 年市旅委联合财政部门首次出台了《杭州市促进会议与奖励旅游项目引进支持办法》。同年推出了 2016 会奖旅游特惠年活动,通过发放"会奖特惠券"、满 10000 元减 800 元等措施,吸引国内会议市场来杭办会。活动自 5 月底推出,投入 100 万元资金,不到两个月额度即用完。面对后峰会期接踵而来的来杭办会热潮,市旅委及时调整策略拉动年会市场,截至目前共引进各类规模会议 28 个,参会人数达 16600 余人,直接拉动会议消费近 3465 万元,各项数据远超同期水平。

2. 积极引入市场化运作机制

杭州市商务会展旅游促进中心在培育、发展会奖产业时,不断尝试引入市场机制,调动企业积极性,降低财政负担,实现财政资金四两拨千斤的作用。2015 年首创中国(杭州)会奖交易会,率先尝试办会模式创新,创造了一个"以会养会、市场运作"的典型案例。2016 年交易会更是在去年"筑巢引凤"的基础上,继续引入市场运作机制,由市旅委主办、杭州市会议与奖励旅游业协会承办、企业积极配合并大力赞助,共担成本、共享成果,形成政府、协会、企业三力合一的联动效应,培育了会奖产业市场运作的新典范。

3. "峰会杭州"国际会议目的地新品牌构建

借助后峰会效应,杭州与国内知名公关公司合作策划大事件营销,推出"峰会杭州"国际会议目的地新品牌,成为国内首个正式发布会奖目的地品牌的城市。同时,借助国内会议产业界高层次平台——中国会议产业大会举办首场品牌说明会,开启全新形象推广。人民网、新浪网、中国网等多家国内外主流媒体予以报道,再度掀起杭州关注热潮,成功制造杭州会奖旅游年度营销爆点,关注度和好感度都将明显提升。

4. "走出去、请进来"并举推广后峰会时代国际会议目的地

借势峰会,杭州市旅委加大会奖目的地的营销力度,组织参加国内外重点会议奖励旅游专业展,参展企业的积极性、数量和业务交流规模均创新高,全年共组织 50 余家(次)企业参加上海国际会议与奖励旅游博览会(ITCM)、中国会议产业大会、巴塞罗那国际会议与奖励旅游展(IBTM)三大国内外专业展会,搭建平台,促成杭州企业与国内外会议买家近 800

人次的业务洽谈。

当前,杭州已经加入 ICCA（国际大会与会议协会）组织,正积极申请加入国际协会联合会（UIA）等国际专业组织,这不仅有力地扩大了杭州国际会议目的地影响力,还可以及时获得国际会议信息。

杭州市旅委积极发掘会议买家资源,峰会前后共组织了三个批次共百家重点企业来杭考察,精心安排"后峰会"杭州会奖资源考察活动,呈现后峰会时代杭州完善的会议设施,促进双向互动和业务合作。

2016 年,杭州聘请了 7 名来自医学、生物科技、心理学、教育学等领域的专家担任杭州会议大使。会议大使项目通过聘任各行业领域专家,为城市引进各类高端国际会议,是会奖旅游产业融合的创新做法,项目自 2011 年启动以来,截至今年共聘请 6 批 42 位会议大使。杭州市旅委通过提供竞标资料、协助制作竞标文件、联合阐标等方式,现已协助会议大使竞标获得顶级国际会议、大型国内会议等落户杭州,其中包括 2016 国际核青年大会、全球华人遗传学大会、第 13 届 IEEE 国际车辆动力与驱动会议、第十届全国环境催化与环境材料学术会议、2018 第四届国际文化遗产研究大会（ACHS Conference 2018）、2018 第十八届电磁领域计算会议（IEEE CEFC 2018）等。

5. 创新国际会议目的地宣传平台

利用媒体对峰会聚焦,精选媒体,从不同角度展示峰会对杭州国际会议目的地打造的影响力,根据不同市场需求策划主题进行宣传。2016 年在《财新周刊》《MICE CHINA》、新华网等专业媒体上投放 40 个版面宣传;在 G20 前通过国际大会与会议协会（ICCA）向全球 245 家主流英文媒体发送了宣传稿件,并得到大量转载报道,利用峰会效应大大提高了杭州城市在国际上的关注度。

同时,杭州会奖微信公众号作为新媒体宣传窗口,影响力日渐扩大。2016 年在运营功能上获突破性创新,启动"全景看会场（VR）"功能,与杭州酒店携手用新技术力量展现会场实景。全年共推送专业资讯 479 条,专业粉丝数量 13000 多名,多次登上浙江旅游影响力排行榜,单条最高阅读量突破 80 万,活动参与度超过 15 万人次,已成为杭州会奖信息发布最及时、最权威的宣传平台。

6. 国际直飞航班促进杭州商务会奖国际化

截至 2016 年年底,萧山机场已开通的国际航点超过 40 个,包括韩国、日本、泰国、菲律宾、新加坡、马来西亚、印度尼西亚、越南、荷兰、澳大利亚、丹麦、西班牙、美国等国家,2017 年杭州还将开通葡萄牙直飞航班,进一步拓宽杭州商务会奖业务。

(五) 推动杭州市国际会议目的地城市发展策略

杭州现有西博会、休博会、国际电子商务博览会等国际品牌会展项目。到 2020 年杭州市全年共举办统计口径内的各类会议将达到 2 万个,年增幅 6%。2020 年杭州市举办获 ICCA 认可的国际会议将达到 40 个,年增幅 8%,排名达到全球城市第 80 名。到 2020 年杭州市每年度举办展览将达到 400 个,展览总面积达到 600 万平方米,比"十二五"末翻一番,年增幅达到 15%,单个展览平均面积突破 15000 平方米,市场化程度达到 80%。

1. 理顺体制机制,建立统一权威的会奖产业协调与管理机构

加强市级层面的领导协调,成立"杭州市会议旅游产业发展领导小组",由市领导担任组长、副组长,相关职能部门作为成员单位,落实重大会议项目跨部门协调机制。在此基础上,在市旅委增挂"杭州市会议与展览局"牌子,突出以会议旅游服务与促进职能为主,将目前分散的会议、展览、奖励旅游与节庆活动等管理职能集中到一起。在旅委机构职责中增设以下职能:开展会议旅游目的地营销,负责国际会议竞标引进,统筹全市会议旅游与奖励旅游产业发展;为各主体举办重大会奖活动提供服务保障;负责重点会议、展览、赛事的培育引进等。同时,相应地增设若干职能处室和产业促进中心(事业单位)。

从国际经验看,国际大会与会议协会(ICCA)公布的国际会议目的地排名前100名城市中,有96%以上的城市(如新加坡、伦敦、柏林、布里斯班)都把会议旅游机构设在旅游局,以此来统筹城市旅游和商务资源,做强城市营销。国内城市厦门也于2014年进行了机构调整,把"会议展览事务局"从商务局划归旅游局管理,会议展览事务局局长兼任旅游局副局长。

2. 合理规划布局,推进会议产业转型升级

根据杭州城市总体规划和"十三五"规划,特别是城市国际化战略目标,抓紧制定《杭州市会议旅游产业发展规划》。明确近、中、远期战略目标和发展重点,进一步强化"高端国际会议目的地"品牌定位。参考国际先进做法,结合杭州实际,对我市举办高端会议的硬件设施、营销推广、国际项目引进等方面进行科学规划,形成具体方案。如出台国际会议引进与培育专项行动,在峰会与亚运会6年间,明确年度会议竞标目录,作为后峰会时期推动我市城市国际化的重要抓手。合理规划全市会议旅游功能布局,在现有基础上,完善"1+X"(1个重点场馆,X个酒店配套)设施建设,重点加快环西湖、西溪、钱江新城、萧山、千岛湖等板块集群发展。积极引进国内外知名旅游机构总部或分支机构落户杭州,引导形成会议旅游总部经济聚集区。引进和培育会议组织品牌机构和领军人才,提升我市会议服务的专业化、国际化水平。进一步提高国际可进入性,促进更多洲际国际航线的开通。

3. 加大财政投入,尽快出台专项扶持政策

制定出台《杭州市会议旅游专项扶持政策和管理办法》,对会议营销、引进、竞标、人才培训等进行规范,对资金奖励形式、奖励主体和补贴标准进行明确,引导我市会议旅游业健康快速发展。会议产业是城市综合实力的映照和比拼,对政府决策倾向和政策扶持更为敏感。参照新加坡、香港、北京等地区与城市出台的会议奖励政策(见附件2),尽快设立杭州会议产业扶持专项资金,对各市场主体提供奖励政策。借鉴首尔市政府推出会议旅游奖励套餐受到国际高端会议举办者欢迎的经验,要积极创新政府服务,根据会议活动性质、规模、重要性,制定政府非资金型扶持内容和标准,比如政府对会议竞标的支持、专人机场迎宾服务、现场考察安排和政府负责人出席欢迎仪式等。

4. 强化市场营销,打造"高端国际会议旅游目的地"形象

以市场细分为基础,推出北欧、东南亚等重点市场营销方案和线路。积极联动国字号协会、学会和机构,以及在杭高校、行业企业,全面挖掘我市会议旅游潜在的项目资源、市场资源和社会资源,建立国际会议项目资源库,深化"会议大使"项目。以市会奖业协会为行业平台,整合会议产业链资源,形成产业协作机制和统一的市场营销力量。借助 G20、亚运会等大事件大机遇,强化高端国际会议旅游目的地营销。围绕我市现代产业体系建设,重点引进培育信息科技、金融服务、健康产业、先进装备制造、文化创意、现代物流等领域国际会议项目。

5. 以奥体博览中心后续利用为中心,撬动钱江新城、萧山、滨江板块会议旅游快速发展

钱江新城、萧山、滨江三大板块商务经济发达,基础设施完善,有条件成为后峰会时期我市会议旅游业和展览业发展的主阵地,随着卓美亚、柏悦、钓鱼台等国际高端酒店的开业运营,仅钱江新城高星级酒店就将达16 家。建议组建全市层面的,由有关部门、场馆方、运营方、会展企业共同参与的"杭州会议服务联盟",探索市场化合作运营机制,制定专项管理运营方案,整合三大板块的资源优势,分别发挥奥体和博览中心的场馆优势、钱江新城的酒店配套优势,以充分调动其引擎辐射作用,其中奥体中心要尽快明确运营主体和机制。通过联盟协调机制,加强服务保障,为各类落地活动项目提供审批、协调、安保等一站式服务,调动多元化社会主体共同引进、培育重点会议、展览、节事项目。

2015、2016 两年,重量级的国际高端会议和国际赛事将落户杭州。随着奥体博览中心等一流会展场馆和设施的投入使用,今后三五年,杭州将正式迎来会议产业发展的黄金期。未雨绸缪,杭州在 2014 年就创立了华东地区首个会议与奖励旅游产业的交易会。2016 年交易会更是紧抓契机,在内容上精心策划与安排,围绕如何抓住机遇、高规格会议接待与服务以及操作细则等内容开展,并且联手未来高端商务集聚区——江干区政府共同打造会奖业盛会,一方面通过优质会奖资源设施的展示,加大目的地品牌的推广;另一方面通过专业培训,提升我市接待重大高端国际会议的软实力,内外兼修,开启未来国际高端会议接待新篇章。

撰稿:许振晓,杭州师范大学杭州城市国际化研究院;
俞群慧,杭州市商务会展旅游促进中心

五、杭州旅游休闲产业国际化的相关问题研究

引言：旅游休闲产业是杭州城市国际化的先导产业

杭州是我国最早提出并实施国际化战略的旅游城市。早在 20 世纪90 年代杭州就提出建设国际风景旅游城市的战略构思,自 2004 年杭州开始全面实施"旅游国际化"发展战略以来,已经走过了启动、发展、提升三个阶段,2016 年开始进入巩固深化的第四个阶段。杭州旅游的"国际梦"源于其独特的韵味和禀赋,不仅根植于深厚的城市历史文化积淀和精致的东方山水景观,而且依赖于旅游休闲产业在城市经济中最具差异性的比较优势。将杭州具有核心竞争力的支柱产业,确立为杭州城市国际化的先导产业,这是杭州市委市政府早在十多年前就已作出的顶层设计。新一轮旅游国际化行动计划的最新目标是到2020 年把杭州建成"国际重要的旅游休闲中心"。

如今,杭州人民越来越清晰地看到,旅游休闲产业的特性是秉承人与自然、经济与生态、生产与生活和谐共生理念的现代服务业,其产业结构特别契合中共十八大五中全会提出的关系我国发展全局的"创新、协调、绿色、开放、共享"五大发展理念。2016 年 7 月发布的《中共杭州市委关于全面提升杭州城市国际化水平的若干意见》中更是将"着力打造国际重要的旅游休闲中心"作为加快推进杭州城市国际化进程的重要路径和指标任务。因此,借助旅游休闲产业的深化发展,着力打造国际重要的旅游休闲中心,全面带动现代服务业的转型升级,进而成为推进城市国际化

的关键驱动力和突破口,已经成为杭州社会各界的共识,也是助推杭州城市国际化进程的现实路径。

如何梳理十几年来杭州旅游国际化的轨迹,总结杭州旅游休闲产业的政策导向、市场环境、品牌营销与创新机制方面的成效与不足,进而结合当前城市与行业国际化的主流趋势,提出前瞻性和可行性的对策建议,这无疑是一项兼具现实意义和学术价值的研究工作。需要指出的是,目前国内先后有 20 多个城市明确提出要建设国际旅游城市。但在实际工作中,往往把"国际旅游城市"和"城市旅游国际化"混为一谈。有学者指出,城市旅游国际化强调的是一种过程,国际旅游城市强调的是一种状态或一个目标,是指某个旅游城市具有国际级的旅游吸引力,客源市场广泛且面向世界各地,是世界旅游网络的重要节点,具有较强的旅游经济实力。但两者又有密切的联系,城市旅游国际化是建设国际旅游城市这一目标的必要过程,实施旅游国际化战略工程便是必要的手段与途径。①本文探讨的主题是杭州如何打造国际旅游休闲中心,显然是属于"城市旅游国际化"的研究个案。

（一）杭州旅游休闲产业国际化发展的政策导向

跨越十几年的杭州旅游国际化进程,始终是在市委市政府的强力主导和精心规划下承前启后、有序推进、层层提升。为了解决杭州旅游休闲产业结构中入境旅游的"短板"问题,2004 年 8 月杭州市委、市政府发布《推进杭州旅游国际化启动方案》(市委发〔2004〕40 号)正式实施"旅游国际化"战略,并且制定了总体目标任务、分步实施、系统推进的行动计划:第一轮 2004—2006 年旅游国际化启动阶段;第二轮 2007—2011 年旅游国际化发展阶段;第三轮 2012—2015 年旅游国际化提升阶段;第四轮 2016—2020 年旅游国际化巩固阶段。

---

① 王春雷:《国际旅游城市与城市旅游国际化的内涵辨析》,《中国旅游报》2012 年 3 月 9 日。

　　杭州推动旅游国际化建设的政策导向,可以清晰地解读为:第一和第二轮旅游国际化行动计划重点关注的是旅游硬件基础设施和配套设施的建设,以及整体国际形象的宣传,以增加国际游客数量为主要抓手。第三轮旅游国际化行动计划重点强调的是旅游品质的提升,旅游公共服务设施的打造和完善,以提高旅游品质和国际声誉为核心。而从2016年开始实施的第四轮旅游国际化行动计划则突出强调底蕴深厚的"本源文化挖掘与融合"以及国际游客的"舒适度提升"。

　　综观杭州十多年来的旅游国际化进程,杭州市委市政府始终贯穿着两大政策意图:一是将连续实施的旅游国际化行动计划作为杭州加快国际重要的旅游休闲中心建设的主要载体与有效手段;二是大力推进旅游和城市的融合,发挥旅游业在城市国际化中的龙头和先导作用。可以说杭州旅游国际化的政策导向从一开始就被纳入城市国际化的总体战略框架之内。2004年发布的第一轮旅游国际化行动计划中提出建设"国际风景旅游城市"的目标,本身就内含了以旅游为突破口的城市国际化目标。2007年启动的第二轮行动方案中明确提出旅游国际化战略是"加快城市国际化进程的必由之路"。2012年开启的第三轮行动方案中再次强调"发挥旅游国际化在城市国际化中的战略主导作用"。2016年7月中共杭州市委会议审议通过的《关于全面提升杭州城市国际化水平的若干意见》更将"打造国际重要的旅游休闲中心"定位为未来杭州这座国际化都市应该要具备的"四大个性特色"之一,通过打造国际重要的旅游休闲中心,充分发挥杭州旅游的品牌优势,努力承担起城市国际化的"排头兵"作用,推动杭州成为"独特韵味、别样精彩"的世界名城。

　　2016年8月杭州市十二届人大常委会审议通过新修订的《杭州市旅游条例》,同年12月1日浙江省十二届人大常委会批准,自2017年1月1日起施行。此次条例修订的重要意义在于通过立法的形式体现市委市政府对杭州旅游的新定位和新要求,充分发挥立法的引领作用,支持杭州将旅游业确定为国民经济和社会发展的战略性支柱产业,继续推进旅游国际化和旅游全域化发展战略,尤其在深入推进杭州旅游国际化,加快推进观光游览、休闲度假、文化体验、商务会展"四位一体"的旅游国际化转型,当好城市国际化的"急先锋"等方面做足了功夫,比如条例从制定旅游国际化行动计划、统筹推广旅游形象、形成适应国内外不同层次游客需求的旅游产品体系、推动旅游与特色潜力产业深度融合等方面作了规定。可以说新修订的《杭州市旅游条例》为杭州依法治旅、创业强旅、创新兴旅,尤其是旅游国际化提供了强有力的法制保障。

2016 年 10 月《杭州市旅游休闲业发展"十三五"规划》获得市政府批复。"十三五"期间,杭州市将继续深入实施"旅游国际化"与"旅游全域化"两大战略,努力将杭州市打造成名副其实的"国际重要的旅游休闲中心""中国旅游国际化示范城市"。

2016 年 12 月《杭州市旅游国际化行动计划（2016—2020 年）》（市委发〔2016〕52 号）发布,第四轮旅游国际化行动计划的重点落实在旅游产品、营销、功能、服务、管理、环境国际化六大方面的突破,以实现从"国内旅游目的地"向"国际旅游目的地"转变,并通过全面提升旅游国际化水平,加快推进城市国际化进程,为杭州建成"独特韵味、别样精彩"的世界名城夯实基础。

至此,杭州新一轮旅游国际化的顶层设计基本完成,杭州市委市政府构建的深入推进杭州旅游国际化的目标定位、指标任务、行动计划、保障措施等政策体系,具有清晰的政策导向、扎实的实施计划,俨然成为杭州城市国际化的"制高点"和"突破口"。

（二）杭州旅游休闲产业国际化的特色和成效

杭州旅游休闲产业国际化自 2004 年启动至今已十多年,取得了显著成效。2016 年作为"十三五"规划的开局之年,杭州旅游国际化进程取得了多方面突破性进展,具体的成果已有年度报告呈现。笔者在此从杭州旅游国际化十多年的轨迹和城市国际化的视角来回顾和总结,其显著特色和突出成效主要有以下几点:

1. 政府强力主导下的旅游城市国际化模式初显成效

杭州是国内著名的旅游城市,它不同于我国北京、上海、广州、深圳等以政治、金融、工业和科技为主要特色的中心城市,其城市国际化之路需要依靠旅游国际化作为突破和支撑。因此,杭州的旅游国际化既是城市国际化的引领,也是城市品质提高的重要内容。

在杭州市委市政府主导下制定的旅游国际化发展战略和构建的配套政策法规体系,以及从 2004 年至 2016 年连续推出实施的四轮旅游国际化行动计划,其目的就是要让这座旅游城市在国际上富有鲜明的城市个性和魅力,始终把"国际风景旅游城市"或"国际重要的旅游休闲中心"的建设目标纳入城市国际化的战略框架之内,并且明确提出旅游国际化是加快城市国际化进程的必由之路,反复强调发挥旅游国际化在城市国际化中的战略主导作用。

回顾十多年来的杭州旅游国际化历程,无论是政府部门的全方位顶层设计,还是旅游产业发展的硬件设施和软件设施,其显现的特色和取得的成效有目共睹。杭州确实走出了一条以城市国际化为载体的旅游国际化发展之路,或许可以概称为旅游城市国际化的"杭州模式"也并不为过。

2. 国际旅游市场拓展取得突破,客源结构持续优化

从 2004 年杭州推行旅游国际化战略开始,杭州出入境旅游市场规模获得持续增长。据统计①,杭州市的旅游总收入从 2004 年的 410.73 亿元人民币,到 2016 年的 2571.84 亿元,增长 625%。杭州出境旅游市场规模,从 2004 年的出境游客 29.7 万人次,到 2016 年的 159.90 万人次,增长 537%,其中出国游持续火爆,同比增长 13.16%;但港澳台游跌至近几

① 本文采用的杭州旅游业统计数据资料主要来源:一是杭州统计信息网(http://www.hzstats.gov.cn/web/index.shtml)公布的《2005 年杭州统计年鉴》"第八篇对外经济、旅游"、《2016 年杭州统计年鉴》"第九篇对外经济、旅游"、《2015 年杭州旅游经济运行情况》。二是杭州旅游电子政务网(http://www.gotohz.gov.cn/)发布的《结构性调整稳步推进,旅游知名度显著提升——2016 年杭州市旅游经济运行情况分析》一文。

年最低点,同比下降 28.15%。杭州入境游客从 2004 年的 123.41 万人次,至 2016 年达到 363.23 万人次,增长 293%,其中接待外国人 263.35 万人次,同比增长 6.47%,入境外国人所占比例达到了 72.5%,高于全国的 20.31%同类数据。旅游外汇收入从 2004 年的 5.97 亿美元,增加到 2016 年的 31.49 亿美元,增长 527%。2016 年杭州入境旅游者人数和外汇收入在全国 15 个副省级城市中均列第 3 位,前两位分别是深圳和广州。

统计数据表明,杭州入境旅游市场不仅规模在不断拓展,而且入境旅游的客源结构正在发生重大变化。过去,杭州的国际旅游市场,基本上由东南亚、韩国、日本为主的亚洲市场垄断,虽然目前的亚洲市场仍然占据半壁江山,但从 2015 年至 2016 年洲际分区市场的增长率来看,亚洲市场同比增长由 5.8%下降为 3.7%,欧洲市场同比增长由 3.3%猛增至 10.2%,美洲市场同比增长由 8.0%增至 11.0%,大洋洲市场同比增长由 12.3%降为 9.8%,非洲市场同比增长由 5.2%增至 11.0%。从数据对比可以看出,杭州的旅游国际化战略加大了外国人客源市场的占有率,欧美非入境客源市场增长迅速,入境市场客源结构的持续优化,表明杭州作为国际旅游目的地影响力正在逐步提升。

3. 国际旅游营销模式不断更新,借势"G20 峰会"的国际营销能力取得跨越式进步

多年来,杭州旅游奉行"走出去,请进来"方针,一直致力于以创新的思维和手段推进旅游品牌的海外营销。2015 年之前的国际旅游营销活动主要集中在四个方面:

一是利用国际"大媒体",加大杭州旅游品牌和"世界文化遗产——西湖"的国际公众传播力度,提升杭州的国际知名度和美誉度。

二是利用国际"大旅行商"（如美国运通国际公司（AMEX）、德国途易旅游公司（TUI）、日本交通公社（JTB）全球前三大旅游企业）、著名媒体、公关公司等企业,以及各种国际旅游组织、专业协会、旅游专家等,实施欧美整合营销,重点以欧美远程客源市场为突破口,构建全球化市场营销格局。

三是利用大项目、新产品,鼓励并支持旅游企业打造一批具有杭州特色的文化旅游体验产品,积极参与国际市场开发,着重推出"城市旅游""三江两岸""风情小镇",半自由行、自助游、美食游、购物游、修学游等专项产品和深度游产品。

四是利用大事件和大型活动,开展国际主题营销。如充分利用中日邦交40周年、伦敦奥运会等重大事件,加大对日韩、欧美市场的推广,并主动争取举办一些大型活动,加大杭州的国际曝光度,以此带动杭州旅游的繁荣。

与此同时,杭州国际旅游营销模式伴随着一轮又一轮的旅游国际化行动计划的不断深化,也发生了变化:一是海外客源目标市场营销,从过度依赖亚洲市场,转向重点开拓欧美、大洋洲乃至非洲的远程客源市场;二是海外旅游市场营销模式,从传统的广告营销转变为点对点的精准营销,再到新媒体整合营销,继而逐步迈向全新的融媒体整合营销时代。例如2011年,杭州首次实施在海外投放车体广告宣传,主要在欧美、日韩、东南亚、台湾和香港等国家和地区的公交干线上有选择性地投放车体广告宣传,不过在形式上仍然是传统广告模式。2013—2014年,杭州旅游首次尝试海外新媒体营销活动,市旅委在海外四大新媒体平台(即国际上流行的Twitter、Facebook、Pinterest、Instagram四大社交媒体平台)上策划实施"寻找当代马可波罗——杭州博士"活动项目,以展示杭州东西方文化交汇点为突破口,巧妙地将东方美感贯穿于西方文化,开展国际旅游目的地全球推广。2015—2016年,又在"一带一路"沿线国家和城市推出"杭州大使环球行"活动。可见,在利用海外媒介,尤其是新型社交媒体平台从事国际旅游营销方面,杭州领先于全国同类城市。

2016年的杭州国际旅游营销更是可圈可点。2016年杭州旅游市场营销更加突出国际性、创新性、互动性和绩效性。杭州基于"东方休闲之都,品质生活之城"的旅游品牌定位,推出了专门面向国际市场的旅游宣传口号"Hangzhou,Living Poetry(诗意生活)"。同时,在杭州市旅游咨询中心、旅游集散中心、旅游巴士和主要景点旅游咨询处等处设立了

"Living Poetry"杭州国际旅游口号可视化构筑物,进一步从视觉上丰富拓展现有旅游品牌内涵,以期强化注入国际游客的杭州记忆。

2016年9月,G20杭州峰会的召开,让杭州的国际旅游和会展业站在了风口上,给杭州旅游国际化营销带来了前所未有的机遇。作为聚焦全球经济治理的重量级国际盛会,G20以及举办城市必然成为全球媒体追逐的焦点;各国首脑、国际组织和政产学界精英对城市的印象、体验与评价,无疑具有引领世界舆论的影响力。毋庸置疑,高级别、大场面的国际会议历来就是举办城市展开国际形象公关与旅游营销的绝佳平台。杭州围绕G20峰会开展了一系列国际主题营销活动,成效显著(详见年度报告)。

通过举办G20峰会,杭州的国际地位、国际形象与城市竞争力获得大幅提升,从而大大抬高了杭州作为国际旅游目的地的知名度。最为重要的是,杭州借势"G20峰会"重大事件而锻炼了国际公关营销能力,取得跨越式进步,推动国际旅游和会展产业大发展,杭州旅游的国际竞争力大为增强。

后峰会时代,杭州针对欧美旅游市场,启动了海外新媒体整合营销项目"F计划"①。该计划的核心是一系列活动元素的英文词汇"F"首字母,载体是活跃互动的线上线下活动,目标是积极推进杭州旅游品牌(Hangzhou,Living Poetry)国际化(Fabulous Hangzhou)和城市国际化工作。"F计划"策划启动于2016年,推广实施于2017年。可以相信,作为杭州旅游国际化的核心要素——国际旅游营销能力,在G20峰会之后走上了一个新的台阶。

4. 旅游休闲产业融合日趋成熟,旅游产业结构日趋国际化

一是制定并出台了旅游产业融合规划,推动旅游业与特色潜力行业

① "F计划"以"后峰会(Fenghui)、前亚运"为总体推广主线,依托市旅委已有的"脸书(Facebook)"等境外新媒体社交平台,致力于加强粉丝互动(Fans interaction),整合时尚(Fashion)、旅游外交(Friendship)、女性(Female)、人文艺术(Fine arts)、传统民俗(Folk custom)等元素,借助"直播(Face to Face:Hangzhou@your service)"等新传播技术手段,面向欧美市场深度推广诸如国际航线(Flights)、节庆会展(Fairs)等杭州旅游市场信息。

融合发展,特别是加强旅游与文化产业的融合。大力培育推出美食体验、茶文化体验、中医养生保健、夜间演艺娱乐、婚恋旅游、亲子休闲、美丽时尚、运动休闲等各类新型旅游产品。2016 年杭州大力培育夜间旅游休闲产品,涌现一批优质产品:西湖音乐喷泉、钱江新城灯光秀、武林广场 3D裸眼灯光喷泉秀、南山路彩灯、运河文化长廊、湘湖水景秀……特别是在G20 杭州峰会文艺晚会基础上重新编排的西湖实景山水演艺节目"最忆是杭州",最受游客追捧。2016 年杭州市推进旅游业供给侧结构性改革,扶持特色潜力行业项目,推动旅游产品转化,市政府拨付扶持资金 1054万元,42 个潜力行业产品转化为旅游休闲产品,新创建特色休闲示范点43 个,总数达 100 个;具有接待国际游客能力的 5A 级景区(点)3 个,4A级景区(点)34 个;全市各类旅行社达 717 家;星级宾馆 173 家,其中五星级 24 家,四星级 46 家;陆续引进国际知名的饭店品牌,国际前十知名酒店品牌基本落户杭州,从而为杭州建设国际重要的旅游休闲中心提供了有力支撑。二是会奖旅游品牌在国际上日渐显现。近年,成功策划举办中国(杭州)会议与奖励旅游产业交易会,积极参加四大国内外专业展会,有效启用会奖旅游特惠季活动,成功聘任五批"杭州会议大使"。根据国际大会与会议协会(ICCA)的统计,从 2004 年到 2015 年十一年间,杭州举办的国际会议从 6 个增加到 27 个,从 2013 年起又稳居全国会议城市排名第三,位居北京、上海之后。2016 年杭州依托国际会奖旅游优势资源,抓住 G20 国际峰会举办的契机,集聚现代多元休闲产业,进一步创新研发国际会奖旅游产品,努力打造杭州"世界首选会奖旅游目的地",先后使杭州获得了"年度最佳国内会奖旅游城市""2016 中国最具创新力国际会奖目的地"等荣誉称号,并首次进入了全球国际会议目的地 100 强。

5. 旅游国际化的基础设施和环境建设取得进展

设施力提升方面,峰会成为加快基础设施改善的倒逼机制。截至2016 年底,已有 52 家中外航空公司在杭州萧山机场运营,开通国际及地区通航点 41 个,覆盖全球 20 个国家和地区。2016 年又新增了美国旧金山、洛杉矶,加拿大温哥华,澳大利亚悉尼等洲际直航旅游目的地。此外,杭州机场还实施51国144小时过境免签政策,欧洲十国签证中心也已入驻杭州。同时,充分发挥杭州作为国家"智慧旅游"试点城市的有利条件,积极引导智慧旅游目的地建设,加强旅游资源和产品的开发与整合,以智慧化带动旅游业向现代服务业转变,逐步形成杭州"智慧旅游3+4"发展模式(即三大政府平台:"智慧服务""智慧管理"和"智慧营销",加四个企业主体:"智慧景区""智慧酒店""智慧旅行社""智慧乡村")。通过产业引导、技术指导、政策支持等形式,推动"智慧旅游"示范企业建设,推进了一批智慧旅游创新项目的落地,如"悠然南山路"智慧旅游应用产品、"杭州旅游专页"首次登录全球最大在线旅游平台Expedia、建设完善景区公共信息发布平台、旅游电子商务线下支撑设施,推进互联网+旅游的市场环境建设。此外,在多语种国际旅游服务、现代化旅游便捷支付体系、涉外医院和国际医疗急救体系、多语种旅游执法和服务体系等方面,杭州都已取得了一定进展,进一步推进了旅游目的地环境的国际化建设。

6. 国际旅游目的地管理升级,旅游市场监管强化

经过多年的努力,杭州市已逐步建立起旅游与工商、公安、物价、卫生、城管、质监等联合监管和联合执法机制,旅游目的地管理和旅游市场监管走向常态化。2016年杭州国际旅游目的地管理升级:一是专门成立"打造国际重要的旅游休闲中心推进专委会";二是按照杭州市开展全域旅游试点方案,扎实推动旅游警察、旅游法庭、旅游工商等综合监管机构的建设;三是为服务和保障G20峰会,专门组织了"接待酒店管理与服务技能培训""参会国家宗教饮食文化与酒店安全保卫培训""景区接待服务提升培训""国际旅游接待服务技能培训"以及全市历届金牌导游员及中高级外语导游员、旅行社中层以上相关管理人员、旅游企业质监人员等系列培训,大大提升了杭州旅游企业和从业人员的国际化服务能力。

（三）杭州旅游休闲产业国际化发展面临的主要问题

经过十多年的努力,杭州旅游国际化无论从政策导向、规划设计、行动计划到扎实推进,确实取得了世界瞩目的成效,并且开始获得国际主流媒体的关注和好评。但是我们必须清醒地认识到杭州旅游国际化作为城市国际化的关键支撑和首要突破领域,这是一项长期的战略任务,更因为旅游休闲产业本身具有跨界性、融合性特征,其内涵更是涉及城市国际化的方方面面,因而杭州旅游国际化可谓任重道远,绝非一蹴而就。既要看到优势,又要把握不足;既要立足当前,又要着眼长远。

近年来国内不少提出并实践创建国际旅游城市的学者和官员,开始重视借鉴国内外理论与实践经验,不断构建和完善国际旅游城市的指标体系,虽然评价指标及测算模型存在不少争议,但是依靠科学的方法审视和指导国际旅游城市建设已然形成共识。尽管"国际旅游城市"和"城市旅游国际化"是两个既有联系又有区别的概念,但是借用国际旅游城市的标准评价体系的核心指标来检测判断城市旅游国际化的进展程度,发现旅游国际化的弱项和问题,无疑是指导我们推进旅游国际化工作的科学方法。[1] 毕竟城市国际化需要有一个他者认定、国际公认的过程,但是必须承认国际化的标准仍然具有时代性和一定的主观性,因此城市旅游国际化是一种手段,也是一种动态变化的过程。

目前旅游学界对旅游国际化指标体系的研究普遍采用定性和定量两种方法。但对国际旅游城市的定量评价是我国国际旅游城市研究的薄弱环节,且大多是从单个角度进行评价,对比现有文献中提到的国际旅游城市指标体系中的常用指标变量,主要由国际旅游业指标和城市指标两方面构成。但笔者更倾向于认为城市旅游国际化的评价指标体系至少应该

---

[1]　周玲强:《国际风景旅游城市指标体系研究》,《城市规划》1999年第10期;朱梅、魏向东:《国际旅游城市评价指标体系的构建及应用研究》,《经济地理》2011年第1期;王春雷:《国际旅游城市与城市旅游国际化的内涵辨析》,《中国旅游报》2012年3月9日;丁于思、黄莉:《国际旅游城市评价标准研究》,《标准科学》2015年第3期。

包括三大方面：城市环境、旅游产业和客源市场，其中又有 7 个关键因素：

（1）客源市场的国际化，即国际旅游者（含港澳台）占全部旅游人数的比例较高，而且国际游客的规模始终是个变量，与目的地的旅游国际化程度密切相关。

（2）旅游产品的国际化，指产品的规划设计、开发建设、管理营销等方面应符合国际标准、国际眼光和国际规范。

（3）旅游服务的国际化，即旅游服务适应国际游客的需求，服务水平和服务标准与国际接轨。

（4）旅游法律环境的国际化，即具有一套适应世界贸易组织规则，与国际接轨的旅游法律体系。

（5）交通和信息的现代化，包括便捷的海陆空交通通道、完备的旅游交通系统和发达的包含互联网在内的现代通信网络。

（6）旅游目的地城市的现代化，衡量指标包括现代化的基础设施、涉外星级宾馆的数量、城市多语标识系统、社会文明程度、政治稳定程度、社会治安状况等。

（7）旅游目的地具有国际知名度。

早在 1999 年，浙江大学周玲强教授即以城市现代化指标体系和城市国际化指标体系为基础，在国内学术界率先提出了国际风景旅游城市的指标体系，主要包括 10 项指标，开始以学术的方法审视杭州旅游国际化进程，通过各项指标的排名，分析杭州旅游国际化存在的优势和劣势，进而提出有针对性的对策方案，为杭州旅游管理部门提供参考。

至 2015 年杭州已经完成了三轮旅游国际化行动。在前三轮的国际化行动中，杭州旅游国际化的各项指标都在不断提升，尤其是目的地产品国际化和目的地营销国际化工作初显成效，杭州的国际知名度和名誉度获得大幅提升，然而对标城市旅游国际化评价指标体系，国内外旅游专家学者和行业经营管理者仍然看到了杭州旅游国际化存在的许多问题，并且作为制定杭州市第四轮旅游国际化行动计划（2016—2018 年）的主要依据和着力改进的目标任务。

杭州市旅游委员会党委书记、主任李虹在 2016 年 10 月召开的杭州市城市国际化推进工作委员会第二次会议上发言,指出杭州旅游业发展存在四个短板:旅游产品开发不够;旅游经营主体总量多,但经营方式仍很粗放,旅游产品国际化推介不够;旅游业国际化服务环境有待优化;旅游区域发展不够均衡。我们对照学术界提出的城市旅游国际化的评价指标,参考专家学者的意见和行业管理部门的反思,总结了杭州城市旅游国际化目前存在的问题:

1. 旅游产品供需与消费结构失衡,现有休闲旅游产品的国际化程度不够

随着中国融入全球化发展的程度日渐深入,杭州旅游业必然迎来国内和国际旅游市场竞争的双重压力。国内旅游与国际旅游市场的关联性和依存度日趋提高。近年来,出境旅游市场的火爆,虽然反映了包括杭州在内的发达地区居民旅游消费能力增强、消费意愿由国内走向国际的基本市场规律,但是大批国内游客热衷于境外旅游消费的事实,其背后潜藏着国内旅游产品供给不能满足游客需求的客观事实。

目前,杭州市单一性基础性的观光游览旅游产品相对过剩,约占我市旅游产品的七八成以上,但受市场欢迎的休闲旅游、度假旅游、文化体验类旅游产品却严重不足。根据来杭旅游者目的调研的统计结果,来杭旅游者中观光游客的占比偏大,休闲度假游客比重较小,杭州旅游资源多样,但精品级休闲度假旅游产品相对供给不足,旅游产品供给与游客的旅游需求不相一致。

从国际旅游市场来看,杭州旅游也主要以观光为主,商务和文化体验比重低。我市三大5A级景区(西湖、西溪、千岛湖)主要接待观光游客,而且对入境游客特别是国际游客而言,不仅休闲旅游产品的国际化开发程度不够,而且国际旅游产品的观光震撼力和特色性、吸引力相对更无出色之处。

同时,旅游消费结构不合理,景区门票、交通费用、住宿等为代表的基本性消费占比过高,而以旅游商品、娱乐消费为代表的非基本消费占比很低。我市旅游购物消费占消费总额仅为20%—30%左右,而在发达国家的旅游购物消费要占到 60% 左右。杭州游客中交通和食宿等基本消费比重偏大,在购物、娱乐等非基本消费上比重较低。

杭州旅游国际化必然要面对全球化旅游需求与全球化旅游供给的冲击和挑战,如何改变旅游产品供需和消费结构失衡,增强休闲度假产品的开发能力是杭州旅游国际化面临的现实难题。

2. 国际旅游产品的品牌创建不足、竞争力不强

近几年的市场调研表明,杭州旅游经营主体总量过多,但经营方式仍显粗放,旅游企业品牌、旅游产品品牌仍处于低层次集聚,产品同质化严重,技术投入滞后。杭州国际客源市场薄弱,如何对现有休闲旅游产品进行国际化升级,如何创建有国际竞争力的特色休闲旅游品牌和国际旅游企业品牌,任务更是艰巨。

比如,杭州虽然是历史文化名城,但是目前我们基本上没有特别有分量、在国际上有一定知名度的文化旅游产品。我市的文化旅游以博物馆为主,极少遗址游,没有历史沧桑感。杭州的传统文化遗产丰厚,基于区域社会资源的丝绸、茶叶、中药等特产文化鲜明,但尚未深度开发,没有形成特别有影响力的旅游产品。如何依托杭州的独特优势,参照国内外旅游品牌创建的成功经验,实现差异化竞争,提升杭州休闲旅游品牌的国际化竞争力,挑战巨大。

3. 国际旅游营销的创意策划能力和市场冲击力度仍然不足

杭州的国际旅游营销能力,虽然借助旅游国际化行动计划和 G20 峰会等国际活动有了实质性的提升,但相比国内一流城市和国际旅游强国,杭州的弱点主要在于国际客源市场仍然薄弱,国际旅游营销的创意策划能力和市场冲击力度明显不足。结果导致杭州的国际客源市场开发不足,韩日、东南亚客源与欧美客源的结构性比例失调虽有改善,但仍然没有根本改变,而且新一轮旅游国际化营销活动主要集中于欧美市场,又呈现重欧美、轻拉非的现象,多元化国际市场营销力度不足,这与国家推动的"一带一路"倡议存在潜在的脱节风险。

需要特别指出的是,欧美发达国家的城市旅游营销模式,已经出现"跳出旅游做旅游"的趋势,走上了城市集合营销或者区域合作营销的轨道,将城市旅游融入整个城市营销体系。如何从国际化名城的定位与世界名城的格局出发,集合杭州乃至周边区域城市国际化的全部优势资源,深度融合旅游国际化与城市国际化的互动关系,带动杭州国际旅游营销的创意力和冲击力,成为杭州国推委和旅游行业面临的现实而紧迫的问题。

4. 旅游公共服务品质有待提升

杭州旅游公共服务水平、配套设施虽然在近几年获得了较大改善,但总体上仍然还未达到国际化水准。尤其是近年来旅游+互联网线上消费迅速崛起,国内游和入境游中的散客化、个性化趋势逐年增长,游客越来越倾向于通过旅游电商购买门票、预订酒店。而散客和个性化旅游对目的地旅游公共服务的需求标准更高,信息需求量更大。但杭州针对散客和入境游客的公交服务、汽车租赁、房车露营、旅游集散换乘、信息查询等公共服务设施配套还不完善,其中针对入境散客的自行车租赁、手机客户端 APP 服务系统和 96123 旅游服务热线系统的语言、导览和支付等配套服务还亟待完善。杭州的旅游标识系统、自助导游系统、旅游安全标识等与杭州国际化旅游发展阶段和方向不相匹配。

5. 国际旅游从业人员的专业技能偏低

面向国际市场的旅游休闲产业人才应该是一种复合型人才,外语要好,信息要通,还要具有国际休闲市场的开拓和应变能力。目前全市旅游从业人员达到 100 多万,但适合国际化旅游发展的高素质人员极少,尤其是就直接服务于旅游的导游而言,外语导游、国际导游占比很低,相当一部分导游缺乏国际交流知识和专业服务能力。其他旅游景区、酒店服务人员大多没有经过长期的专门培训,达不到国际标准的星级服务,不适应旅游国际化的人才需求。

（四）杭州旅游休闲产业国际化发展的对策建议

G20 峰会以后的杭州,国内外有识之士的最大共识就是杭州应该乘势加速城市国际化的步伐。杭州市委市政府汇聚共识,接连出台了一系列提升城市国际化的政策文件、行动计划。杭州新一轮旅游国际化的目标、路径等顶层设计基本完成,将杭州建设成为国际重要的旅游休闲中心,已经成为杭州城市国际化选择的四大特色之一。当务之急就是要在认真总结历经十多年旅游国际化发展行动计划积累的丰富经验的基础上,深刻理解杭州旅游国际化尚存的弱项和不足,理清巩固深化杭州旅游国际化的对策思路。

其一,要升级旅游国际化的发展理念。

杭州旅游国际化的发展理念需要与时俱进的改变和提升。杭州第三轮旅游国际化专题研究负责人、上海师范大学中欧城市比较研究中心主任冯翔曾在接受杭州记者的采访时表示,"接下来杭州旅游国际化的第四轮建设将跳出旅游看旅游,加大对国际游客行为、喜好的研究,从软件建设转变为头脑建设,从服务建设转变为情节建设。"跳出旅游看旅游的理念,还可以延伸到旅游国际化的发展理念要从政府、产业部门扩展到广大杭州市民,如何拓展市民的国际化视野,引导市民的观念国际化,这是杭州深化旅游国际化行动计划的应有之义。

同时,我们在贯彻杭州旅游国际化实施策略时,仍然需要强化几个发展理念:一是将杭州建设成为国际重要的旅游休闲中心,必须把旅游休闲国际化置于城市国际化的突出位置和列为重要内容,赋予这座历史上形成的文化旅游名城更多的国际化元素和鲜明的时代魅力。二是城市国际化与特色化不是矛盾冲突的,而是相辅相成的。杭州着力打造国际重要的旅游休闲中心这个城市个性特色,必须走"国际化与特色化"相互促进、相得益彰的城市发展道路。三是国际旅游品牌建设需要坚持植根杭州城市特质文化,只有民族的,才是世界的,掌握杭州文化的灵魂和核心要素,才能真正提升杭州国际旅游目的地的吸引力和竞争力。四是树立共建共享的发展理念,以国际化和全域旅游的视野,创新开发国内外游客共享的高品质旅游产品。

其二,强化政府主导下的协调机制和统筹推进的策略举措。

杭州旅游国际化的新阶段面临着更高、更新、更难的发展瓶颈,而旅游业本身又是一个需要多部门协作、全行业联动的产业,更加需要行业之间、社会各界、体制内外、国际国内以及政产学界的多方协调,汇聚共识,联合施策,统筹推进。因此,杭州市要继续发挥政府主导下的体制机制协调创新的优势和执行力,仍然需要不断优化实践证明行之有效的"9+1"杭州城市国际化推进委员会的运作模式和行政效能,尤其是作为城市国际化龙头的旅游国际化专委会需要与其他专委会建立良好有效的沟通机制,确保杭州旅游国际化行动计划的政策法律支持高效有力。同时,要按照以旅游休闲国际化推动城市国际化的既定发展策略,以旅游产品、营销、功能、服务、管理、环境六个方面的国际化为切入点,重点补齐短板,统筹推进,努力完善旅游休闲的国际化功能,加快建设以旅游观光、休闲保健、文化体验、商务会展等为特色的国际重要的旅游休闲中心。

其三,构建具有国际化水平的旅游产品体系。

杭州缺少具有国际水准的旅游产品供给早已有目共睹,近年来无数有识之士也纷纷建言献策,推进杭州国际化旅游产品开发和国际品牌营销,确实起到了智力支持的作用。如今我们面对旅游国际化与城市国际化必须联动发展、国内外市场竞争更趋激烈的新局面,杭州国际化旅游产品的开发必须改变过去依赖单一产品、单一部门、单枪匹马式突破的思路和行为,而要重点研究、探索国际化旅游产品体系建设的根本问题。

旅游产品体系的构建包括系统性、主题性、多样化、可控性四大原则,其中最为突出的特点是将旅游产品体系看作一个整体,通过旅游形象定位对整体的有效控制,实现各旅游产品之间的协调发展,因此需要运用系统论和控制论的相关理论。旅游产品又可以分为传统旅游产品(主要包括观光旅游产品及其升级产品、文化旅游、商务旅游、度假旅游和社会旅游产品)和新型旅游产品,其中城市旅游产品归属传统旅游产品名下。根据城市旅游产品的要素理论,城市旅游产品开发的第一要素是城市旅游吸引物，即由城市自然、人文和社会风貌所营造的休闲环境和设施。这是决定国际旅游者进行旅游目的地选择的首要因素。同时旅游产品体系开发理论还要求以产品的多样化来满足旅游者的个性化、自主化需求；以产品的可控性，即以适时调整旅游产品的开发重点和主题，来适应市场需求的变化和旅游产品不同的生命周期。

据此，杭州国际化旅游产品的开发首先要树立产品体系开发的理念，然后研究确定杭州城市旅游产品的开发主题。主题与特色是旅游产品的灵魂，是旅游吸引力的主要源泉和市场竞争的核心。杭州推进国际化产品的供给，必须转变开发思路，要依据杭州特有的资源禀赋，以挖掘历史文化、东方山水景观的资源特质，展现城市休闲生活为重点，将特色文化的提炼、传播，城市故事的渲染，生活氛围的营造作为杭州国际旅游产品体系开发的主要途径和手段。在此，需要特别强调要注重休闲与文化的结合，给休闲产品注入文化品位和人文含量，这是形成杭州休闲产业品牌竞争力的必由之路，也是让杭州旅游休闲产品走向国际的最好办法。

其四，以全域旅游发展理念，优化城区国际化旅游休闲空间功能布局。

2016年初杭州市已被国家旅游局列为全域旅游创建单位。全域旅游即是以旅游业为优势产业，有机整合和优化提升区域内的各种社会资源，发挥旅游+行业的融合功能，构建全民共建共享机制的一种新的区域协调发展理念和模式，这无疑为推进杭州旅游国际化进程提供了新的理念、新的抓手和新的动力。

2016年5月，国家旅游局在我市桐庐县召开首次全国全域旅游创建工作现场会，杭州市为配合全域旅游发展而推进的"1+3+N"旅游综合管理和综合执法模式，即综合性旅游管理机构（旅游委员会）+旅游警察、旅游巡回法庭、工商旅游分局，再+多部门联合组成的综合执法机制，得到充分肯定，至2017年5月杭州及各县区已成立旅游警察大队和支队，杭州市的全域旅游发展已经走在全国的前列。

根据全域旅游发展理念以及最新市域行政区划变化，杭州市需要调整城区旅游休闲的空间功能布局，并以国际化旅游城市的功能建设为标准,以提升城市可进入性、内部通达性和交通舒适性为核心,以全域化旅游的理念,加强道路建设,提升大杭州的内部通达性。

只有着力优化市域和区域旅游休闲空间功能布局,才能积聚国际高端要素资源,推进旅游休闲全域化。目前,可行的推进思路和实施路径是要做优城区、做强县(市)、做活特色旅游休闲带。首先要进一步优化城区资源,整合以西湖、西溪湿地、运河(杭州段)、南宋皇城历史文化旅游区、湘湖、南湖等城市景区景点为核心的都市旅游休闲带,把整个城区打造成为独具特色的巨型旅游休闲综合体。其次,进一步整合县(市)的旅游休闲资源,做强以千岛湖、青山湖、天目山等为重点的山水湖泊型度假旅游,打造成为具有吸引力的国际旅游休闲功能区。再次,深度挖掘"三江两岸"水陆观光旅游休闲带的历史文化和自然景观内涵,建设具有杭州特色、国际气质的生态旅游休闲发展轴。

同时,要发挥杭州在都市圈中的龙头带动作用,主动融入长三角城市群的旅游休闲空间功能布局。依托高铁和高速公路,形成沪杭、杭宁、杭甬、杭徽、杭金街五大旅游合作翼,特别是要主动全方位地对接上海,按照国际重要的旅游休闲中心的功能定位来构建杭州的空间功能布局。

其五,挖掘杭州本源特色文化资源,创建杭州国际旅游品牌。

新一轮的旅游国际化行动计划,需要我们树立"跳出旅游看旅游"的观念,即要用全域旅游的发展理念,调动全市社会力量,挖掘本源特色文化资源,诸如西湖、运河、西溪、南宋、良渚、钱塘江、饮食、宗教、传统工艺等非遗文化等主题文化资源,一方面要积极探索文化遗产保护的工作新思路,在科学保护文化遗产的前提下,创新文化遗产的保护、展示和传承体系,构建具有文化震撼力和国际影响力的大型文化遗产类旅游产品;另一方面要加快提升杭州非物质文化遗产的保护、展示和创新利用的工作水平,积极拓展非遗文化传承载体,创建蕴含本地文化气息的特色旅游休闲系列产品。

其中一个重要的抓手是充分发挥杭州的美食、茶楼、演艺、疗休养、婚庆、工艺美术等十大特色潜力行业跨行业、跨地区的资源整合的优势,积极推进"旅游+十大行业"的产业融合发展战略,以"国际化、品质化、全域化、智慧化"为导向，促进特色潜力行业的旅游休闲类产品转型升级，优化提升旅游服务品质，切实增强杭州的旅游国际化竞争力，其中的关键就是要挖掘和彰显这些行业产品中蕴含的本源特色文化。

其六，提升旅游管理和服务的国际化水准，加强旅游人才队伍建设。

借鉴巴黎、柏林等国际化城市管理的先进经验，完善旅游公共管理，通过大数据分析，加大对国际社会和媒体反馈数据的采集和分析力度，为杭州旅游国际化提供技术支撑。同时要吸引更多旅游类国际组织入户杭州，鼓励中外合作创新企业经营模式，提升杭州主要旅游企业的国际化水平。

特别需要指出的是，新一轮旅游国际化行动计划，需要落实到语言、人才、金融、法治、应急等方面的国际化建设，构建主客共享、更具便利度的游客服务体系，才能切实提升杭州城市旅游的国际可进入性。然而，国际化旅游服务体系的构建，必然需要强有力的人才支持。针对杭州国际旅游人才缺乏的短板，我们一方面要继续实施大旅游与休闲产业人才培训计划，推出针对旅游、会展等专业人才的引进政策，加强人才储备；利用在杭旅游教育培训机构和师资力量，提高大旅游产业所需的各类人才素质。另一方面需要改变国际旅游人才队伍建设的思路，特别注重依靠政府引领、企事业单位参与的国际性专业化人才队伍打造，这样才能满足拓展国际旅游市场所需的、长期稳定的专业人才供给，尤其是满足对旅游与节庆策划人才、旅游企业经营管理人才、目的地信息化人才、小语种导游人才等的需要。

撰稿：徐海松，杭州师范大学杭州城市国际化研究院

第三编　文化交流篇

一、打造东方文化国际
交流城市发展报告

2016 年杭州打造东方文化国际交流城市的主旨词是"讲好杭州故事",打造"书香杭州""创意杭州""文明杭州"和"韵味杭州"四个品牌,主要体现在以下五个方面:一是着力开展全球学习型城市建设;二是文创产业提升发展;三是国际文化交流深化发展;四是东方文化品牌对外宣传;五是市民文明素质提升。

(一) 创新推进学习型城市建设,成功
加入全球学习型城市网络

杭州历来是一座上善若水、虚心学习的城市。多年来,杭州一直秉承着构建具有"3L"(学习时间全覆盖,学习地点全覆盖,学习内容全覆盖)特征的终身教育体系和"6W"(任何人,在任何时间、任何地点,带着主动的学习意愿,能够通过任何方式获取任何必要信息)特征的学习体系的目标,积极倡导终身学习理念,努力建设学习型城市,着力提升城市文化软实力、推动城市可持续发展和促进人的全面发展。

1. 成功加入联合国教科文组织全球学习型城市网络。2016 年 1 月,联合国教科文组织终身学习研究所发函中国联合国教科文组织全国委员会和杭州时任市长张鸿铭先生,正式批准杭州加入联合国教科文组织全球学

习型城市网络。杭州成为全球首批、全国首个成功加入该网络的城市。

2. 举办联合国教科文组织全球学习型城市网络第一届成员大会。2016 年 11 月,由中国联合国教科文组织全国委员会、联合国教科文组织终身学习研究所和杭州市人民政府联合主办的联合国教科文组织全球学习型城市网络第一届成员大会在杭举行,来自德国、英国、韩国、巴西等 29 个全球学习型城市网络会员城市和联合国教科文组织终身学习研究所、联合国人类住区规划署等国际组织以及中国联合国教科文组织全国委员会等机构共 150 人参加了本次大会。会议期间发布了《学习型城市建设杭州宣言》。

(二)加快推进全国文化创意中心建设,
稳步提升产业国际化水平

以东方文化元素为特质的文创产业最近数年在杭州蓬勃发展。据统计,2016 年,杭州市文化创意产业增加值达 2541.68 亿元,增长 21.2%,高于全市 GDP 增幅 11.7 个百分点,占全市 GDP 比重达 23.0%,五分天下有其一。杭州文化创意产业在 2016 年主要完成了以下 4 项工作:

1. 着力打造国际化产业园区。杭州创意设计中心作为全国唯一由国台办授予"两岸文化创意产业合作实验区"的核心区块,自 2015 年 10 月正式开园运营以来,广泛集聚国内外优秀设计企业、文创企业。园区先后举办了"不朽的梵高"艺术感映大展、2016 杭州国际时尚周、2017 内地与港澳青年文化创意产业交流营、首届杭州国际工艺周暨杭州国际传统工艺创新大会等国际性展会活动。中国(浙江)影视产业国际合作实验区是国家新闻出版广电总局批复成立的唯一一个以出口为导向的国家级影视产业园区,目前建设有序推进,主体工程全部完工,累计投资 7 亿元,预计 2018 年下半年或 2019 年上半年投入使用。

2. 不断提升国际化平台建设。持续办好中国国际动漫节、杭州文博会、第十六届海峡两岸文化创意产业高校研究联盟论坛等具国际影响力的活动。2016 年 5 月,第十三届中国国际动漫节成功举办,共吸引了 82

个国家和地区参与,2587家中外企业机构、5600多名客商展商和专业人士参展参会,活动"专业化、国际化、产业化、品牌化、市场化"水平进一步提升。2016年10月,第十届杭州文化创意产业博览会成功举办,活动吸引了20余个国家及地区和国内20余个省市的2000余家文创企业、1300余名业界名人参加,34万人次参加活动,专业观众比例达70%以上。成功举办夏纳电视节中国杭州国际影视内容高峰论坛,"一对一业务洽谈"为来自美国、英国、法国、德国等18个国家和地区的80家中外影视企业定制了400场预约洽谈。

3.鼓励文创企业国际品牌"走出去"。积极参加2017中希文化交流和文化产业合作年活动,在希腊成功举办"中国故事——中国杭州传统工艺创新展",得到中宣部、文化部、中国驻希腊使馆及希腊政府的一致肯定,中共中央政治局委员、中央书记处书记、中央宣传部部长刘奇葆给予高度评价。6月,该展在法国成功巡展。组团参展2017香港影视展,杭州馆现场及意向成交额达906万美元。推进"融——Hand Made In Hangzhou""新杭线"品牌建设,2016年组团参展法国夏纳电视节、香港国际影视展、台湾文博会、深圳文博会等重要文化会展,成功引进"夏纳电视节"项目,在香港影视展达成成交额2726万美元,荣获台湾文博会最佳展示奖、深圳文博会最佳展示奖。开展"寻常·杭州"世界巡回文化展、"西泠印社·中国金石篆刻艺术海外推广"等对外文化交流活动。

4.推进国际化文创人才引进、发现与培养。继续实施"杭州青年设计师发现计划""杭州影视业国际化青年人才培养计划",自2016年以来,共选拔并支持77位优秀文创人才出国培训学习。杭州爱乐乐团的音乐季作为国际化合作的平台,邀请数十名国外音乐家来杭合作交流演出,并面向全球进行优秀人才招聘引进。

（三）积极探索国际化交流合作,
持续开展主题外宣活动

充分发挥杭州历史人文优势,讲好"杭州故事"、传播"杭州好声音",

以主题性外宣活动形式彰显城市特色是杭州深入拓展对外文化交流的有效途径和重要抓手。近年来，通过各类文化"走出去""引进来"项目，杭州的城市品牌和文化软实力日益提升。

1."中国故事·杭州魅力"主场外宣彰显特色。深入开展"中国故事""杭州故事"挖掘提炼，搜集整理建立书籍、音乐、书画等 5 大类共计 191 部作品素材库。峰会期间，制作发放《杭州简史》《杭州人手册》《杭州印象》《杭州画册》等外宣品 6.5 万份。《韵味杭州》和《杭州》城市形象宣传片在英国 BBC 电视台、央视综合频道和 5 个外语频道高频率播出，"杭州故事"视频短片在腾讯、乐视等新媒体密集推送，点击率达 6700 万次。精心创作 G20 杭州峰会动漫宣传片、《杭州欢迎你》和《杭州之恋》主题歌曲、报告文学《最美是杭州》等，主场外宣形成浩大声势。

2.城市品牌外宣声势强劲。积极推进各类外宣阵地和渠道建设，抓好杭州英文门户网站改版，提升"96345 外语服务热线"水平。2016 年 2 月至 4 月，通过中央电视台中文国际频道（CCTV4）向全球播出"韵味杭州"城市形象宣传片，亚洲、欧洲和美洲地区同步播出 22 天、播出 131 次，全球收看量达 5.42 亿人次。开展"杭州，向世界问好"等系列外宣活动，成功举办 2017 第十届市民摄影节，展出 3000 余幅摄影作品。加强与香港《大公报》《香港文汇报》和凤凰卫视等境外媒体交流合作，在《上海日报》上推出杭州专版 234 个。策划设计"韵味杭州·创新活力之城"主题外宣活动，与市侨办联合组织了 2017 年重点海外华文媒体杭州行活动，通过中央电视台中文国际频道向全球播出了"韵味杭州"城市形象宣传片，宣传推介杭州城市国际新形象。推动"Hangzhou feel"（中文为"韵味杭州"）在图享（Instagram）、推特（Twitter）、优兔（YouTube）和脸书（Facebook）全球四大主流社交网络上线试运营，推送"杭州好故事"。

3.实施文化"走出去""引进来"工程。全力推进将于 2017 年 9 月 21 日至 25 日在杭举办的第三届中国—中东欧国家文化合作部长论坛及文化季活动筹备工作。目前，文化部已批复同意设立论坛组委会和执委会，基本确定论坛议程，形成"一办九组"的承办组织架构，落实中国—中东欧国家摄影图片展、杭州爱乐乐团专场演奏会、中国—中东欧图书馆联盟倡议书发布等相关配套文化活动。中东欧国家文化部长、国际组织、外交使节的邀请工作有序开展。西泠印社中国金石篆刻艺术连续获得2015、2016年度国家艺术基金立项资助,并先后于东京、大阪展览。举办第四届(2016)中国杭州国际棋文化峰会,来自德国、英国、美国、新加坡、日本、马来西亚等国家和港澳台地区嘉宾,以及国内的参会嘉宾共137人与会。6月26日,成功举办为期21天的2017杭州(国际)音乐节,共组织六大系列23场活动。9个著名乐队的400余位中外艺术家参加演出,一万多名观众进入大剧院观看表演,上座率高达90%,票房创收120多万元,300多万全国观众通过央视、乐视等新媒体观看音乐节实况录像。2016—2017年西溪国际艺术节吸引了来自英国、澳大利亚、巴西、西班牙、加拿大等21个国家及地区的35个团体来杭演出。编制《2017年杭州佛教文化重点活动项目目录》,鼓励灵隐寺、净慈寺等名寺与日本、斯里兰卡等多个国家与地区进行佛教文化交流。举办"东南佛国杯"全国佛教文化摄影大展,入选作品随后参加在加拿大多伦多举办的"文明互鉴:一带一路佛教文化摄影展"。

4.深入拓展对外文化交流。积极融入国家"文化走出去"战略,2016年11月11日至23日期间,杭州爱乐乐团赴捷克布拉格,意大利摩德纳、法恩莎,奥地利特拉根福特和德国慕尼黑等四个国家五座城市进行巡演。随后,爱乐乐团对老挝的20位演奏员展开为期90天的系统业务培训。杭州歌舞团随中国文化部赴泰国参加中泰联合举办的第12届"欢乐春节"活动;《遇见大运河》参加新加坡第二十三届"春城洋溢华夏情"文化艺术、旅游展活动;根据莎士比亚《李尔王》改编的越剧《忠言》赴希腊参加"2016年度埃莱夫西纳Aisxylia文化节"演出;新改编越剧《花海红楼》在香港新光剧院首演。2017年春节杭州歌剧舞剧院圆满完成文化部"欢乐春节"赴美演出任务,在美11天期间,演出11场,带去浓郁的中国文化和杭州特色。

(四)努力打响东方文化品牌,深入做好传承保护篇章

人文遗址的保护与开发、城市档案的梳理与展示、文化融入相关行业

领域的行动与提升是杭州市努力打响东方文化品牌、做好传统文化传承保护的三大重点篇章。

1. 持续推进文化遗址保护与开发项目。西湖、运河"双世遗"保护稳步推进，西湖世界文化遗产预警监测平台初步建成，顺利完成《西湖风景名胜区总体规划（2002—2020)实施评估》。《杭州市大运河世界文化遗产保护条例》正式施行，保护管理规划已进入报批程序。制定实施良渚遗址申报世界文化遗产、良渚文化国家公园建设项目的行动计划，良渚申遗正式进入了冲刺阶段。圆满完成第一次全国可移动文物普查，摸清我市366862件/套的国有可移动文物收藏量，以展览、图录等形式将普查成果惠及广大市民群众。巩固非物质文化遗产保护成果，打响东方文化特色品牌。拱墅区"半山立夏习俗"成功入选人类非物质文化遗产代表作名录"二十四节气"项目，杭州市累计有4个项目入选人类非物质文化遗产代表作名录。2016年5月，首次举办杭州市非物质文化遗产代表性项目绿茶制作技艺大赛，提升茶叶等传统资源的国际影响力。

2. 不断深化"杭州记忆"工程。深入实施城市记忆、乡村记忆、企业记忆、家庭记忆工程。组织各区、县（市）开展工作培训，全面铺开全市千村档案和农村文化礼堂建设。加大海外档案征集力度，目前已征集到美国国会图书馆16—18世纪有关杭州、浙江及浙江沿海舆图31件，耶鲁大学馆藏浙江档案，亚洲联合董事会关于之江大学的档案，哥伦比亚大学有关中国抗战和浙江教会医院等多个珍贵档案。启动《杭州知青名录》档案征集工作，征集到一批有关1965—1978年杭州知青名录及相关档案和文物。以"聚焦天堂盛会　拥抱五湖宾客"为主题，举办第十届"杭州印象"纪实摄影大赛，收到参赛作品9000余件，为历年之最。

3. 持续开展"文化+"行动。开展省、市文艺精品申报工作，作品涵盖文学、影视、视觉艺术、文艺理论评论、音乐、舞台艺术等门类。加大精品宣传推介力度，成功举办报告文学《快递中国》《四十年家园》研讨会，第六届"西湖·中国新锐文学奖"颁奖大会暨"西湖·中国新锐文学论坛"。加强文艺理论、文艺评论骨干队伍和阵地建设，实施杭州文艺创作系列研究工程。做好中国作协网络文学研究院落户后续工作，争取尽快聚人才、出成果,助推杭州打造"中国网络文艺之都"。

(五) 弘扬城市人文精神,有效提升市民文明素质

多年来,通过"我们的价值观"主题实践活动,"最美现象"的发掘、宣传和市民文明素质提升行动等项目,在城市文明程度有效提升的同时,也有助于营造开放包容、多元共融的社会环境。

1. "最美现象"精神文化品牌持续打响。深化"我们的价值观"每月主题实践活动,组织"我们的价值观·大型报网互动思辨论坛"24期,发布"一理一论"微传播24期。组织开展"发现'最美杭州人'、争做'最美杭州人'"主题宣传活动,今年以来宣传"最美治水人"等23个个人和集体,宣传"最美杭州人"75人。

2. 市民文明素质提升五大行动引领风尚。深入实施市民文明素质提升工程,组织开展《杭州市文明行为促进条例》进机关、进乡村等六进活动。围绕"迎接 G20 人人讲文明"主题,广泛开展"礼让斑马线、文明过马路、排队守秩序、礼仪待宾客、垃圾不乱扔"五大文明行动。大力推进公民思想道德建设,深入开展道德模范学习宣传活动,启动第十三届杭州市道德模范、第十三届美德少年评选,推荐韩凯等3人为第五届浙江省道德模范候选人。办好杭州市民大学,制作市民大学堂电视讲座24讲。推进全市社区文化家园建设,出台《关于开展城市社区文化家园建设的实施意见》,在主城区推出18家社区文化家园试点单位。

杭州城市国际化发展报告(2017)编写组整理
材料来源:杭州市委宣传部

二、杭州教育国际化发展报告

作为品质生活的有效组成部分,教育国际化是城市国际化的基础推手。杭州在最近几年连续出台推进教育国际化"1+4 新政",完善以杭州市建设现代城市治理体系推进专业委员会为平台的联席会议机制,积极推进师生海外交流、海外人才引进、中外合作办学、涉外教育服务、汉语国际推广和国际学术交流。

(一) 涉外教育政策不断完善

1. 2015 年制定出台《关于深入推进中小学外籍教师和港澳台教师聘请工作的通知》(杭教办〔2015〕3 号)《关于实施新一轮"百校结对"行动计划的通知》(杭教办〔2015〕4 号)《关于在全市中小学校加快推进国际理解教育的通知》(杭教办〔2015〕9 号)《关于开展杭州市教育国际化示范校创建工作的通知》(杭教办〔2015〕10 号)等系列配套政策,统筹协调推进全市教育国际化。

2. 创新外教资源统筹管理使用机制。2016 年上半年启动"外教资源统筹管理使用机制建设"重点改革任务,成立由分管副市长任组长,市教育局、市外专局、市公安局出入境管理局、市财政局等相关部门为成员单位的课题组及工作小组,统筹研究制定加强外籍教师管理政策。2017 年1 月 4 日,杭州市人民政府办公厅转发市教育局等 4 部门《关于进一步加强杭州市外教资源统筹管理的实施意见(试行)》,在扩大外教来源、实施外教聘用片区化管理、外教统筹管理服务等方面制定了系列改革措施。

3. 出台教学科研人员出国管理新政。根据中央精神,我局联合市外办等单位出台杭州市《关于加强和改进教学科研人员因公临时出国管理工作实施细则》(杭政外出〔2017〕1号),制定市属高校教学科研人员出国开展学术交流活动的新政策。5月,参加省外侨办召开的推动教学人员因公出国(境)便利化调研座谈会,全力推动教学科研人员出国管理。

(二) 教育国际化工作扎实推进

1. 推进"百校结对"项目。经过各区、县(市)教育局(社发局)和中小学校的努力,"百校结对"项目取得新进展,截至2016年底,全市中小学与国外及港澳台地区学校结对总数超过700对,有海外结对学校的中小学校占比达39.9%。在姐妹学校结对的基础上,不断深化双方学校互访,2016年全市共有803名教师、5272名学生赴海外友校进行交流访问。2017年组织师生访问团访问国际姐妹城市芬兰奥卢和国际友好城市日本岐阜,进一步加深与国际友城的教育交流和合作。在浙江省千校结好特色学校评比中,杭州入选学校总数达15所,占全省的30%。杭州绿城育华学校、杭州学军中学还入选教育部组织评选的中美"千校携手"项目示范学校。

2. 推进国际理解教育。2015年,教育局下发《关于在全市中小学校加快推进国际理解教育的通知》(杭教办〔2015〕9号)、《关于开展杭州市教育国际化示范校创建工作的通知》(杭教办〔2015〕10号),启动首批杭州市教育国际化示范校和国际理解教育特色品牌项目创建活动。2016年上半年,经各学校申报、区县教育局推荐、专家评审,我局确定30所首批杭州市教育国际化示范校建设学校和40个首批杭州市国际理解教育特色品牌立项项目。2016年年末,我局启动第二批杭州市教育国际化示范校创建学校和国际理解教育特色品牌项目申报工作。2017年6月,发文确定30所第二批杭州市教育国际化示范校创建学校和40个第二批杭州市国际理解教育特色品牌立项项目。

3. 推进教师海外研修。2015年8月,杭州市教育局与加拿大BC省高贵林教育局签订杭州教师海外研修基地协议;2016 年 12 月,与德国柏林职教集团签订杭州教师海外研修基地协议,成为继在美国肯恩大学、美国得克萨斯州农机大学、澳大利亚昆士兰大学、英国纽卡斯尔学院建成 4 个海外师训基地之后,杭州的第五、第六个教师海外研修基地。2016 年,我市选派 471 名中小学教师赴海外研修,拓宽了参训教师的国际视野。实施市属高校优秀中青年教师海外研修资助计划,近 3 年共遴选 30 名优秀中青年教师赴海外研修,取得了积极成效。积极争取和承担教育部和省教育厅的教师出国(境)进修、教学指导任务,2017 年共推荐 67 名优秀校长、骨干教师参加省厅培训团组和担任课程指导教师。

4. 拓展"校校有外教"工程。根据《关于深入推进中小学外籍教师和港澳台教师聘请工作的通知》(杭教办〔2015〕3 号),将学校聘用外教的财政补助标准从 10 万元提高到 12 万元,2016 年向直属学校发放聘请外籍教师补助 630 万元。外教聘用新政极大促进了我市中小学校外教聘请工作,截至 2016 年底,全市中小学聘请外籍教师共计 411 名,聘有外教高中段学校比例达 55.2%。2017 年 6 月,下发《杭州市教育局关于成立杭州市中小学外籍教师服务中心的通知》(杭教高教〔2017〕6 号),成立杭州市中小学外籍教师服务中心,建设并启用杭州市外教资源服务网,为学校聘外工作提供全面服务;研究起草星级外教评定办法,加强对外教的过程性管理。来自英国的杭州汉基外籍人员子女学校校长潘和平(Richard Gideon Pratt)获得 2015 年度杭州市外国专家"钱江友谊奖",来自美国的杭州第十四中学 AP 中心外方校长史乔恩(Svadlenka Joseph Michael)荣获 2017 年度杭州市外国专家"钱江友谊奖"。

5. 参与全球教育交流。2016 年 10 月,我局作为成员单位赴伦敦以"发展学生核心素养的杭州实践"为题参加亚洲协会全球城市教育网络(GCEN)年会,分享杭州教育实践经验。2016 年 4 月,G20 全球精英中学组织校长峰会首次移师杭州,由杭州汉基外籍人员子女学校成功承办。2016 年 8 月,哈佛大学中美学生领袖峰会(HSYLC)正式入驻杭州,由杭州第二中学成功承办该夏令营。2016 年 8 月,杭州师范大学作为主办单位之一,成功在桐庐举办 2016 年第八届世界两栖爬行动物学大会

（WCH8），大会共汇集了来自全球 60 个国家和地区的 683 位注册参会代表，其中国外注册代表 451 人。

（三）涉外教育服务体系逐步完善

1. 推进外籍人员子女学校建设。杭州汉基、杭州世外、杭州娃哈哈三所外籍人员子女学校先后于 2015 年 2 月 4 日、2 月 12 日、7 月 24 日获得省教育厅行政许可正式开办，加上原有的杭州国际学校和杭州日本人学校，全市的外籍人员子女学校总数达 5 所。截至 2016 年底，共有来自近 50 个国家的 850 余名外籍学生在在杭外籍人员子女学校学习国际课程。江干区、萧山区、余杭区纷纷引进国外优质教育资源来杭举办外籍人员子女学校，钱江贝赛思外籍人员子女学校（暂名）、惠灵顿外籍人员子女学校（暂名）、杭州未来科技城国际教育园外籍人员子女学校（暂名）的校舍都已开工建设，预计 2018 年 9 月招生开学。杭州大江东产业集聚区社发局也准备通过洽谈引进国外办学机构在大江东区域举办东湖外籍人员子女学校（暂名），以满足本区域未来发展对涉外教育机构的需求。

2. 支持中外合作办学。截至 2017 年 3 月，全市有各级各类中外合作办学项目 75 个（在杭高校 57 个，市属高校 10 个，高中段学校 8 个）、机构 3 个（浙江大学城市学院怀卡托大学联合学院、浙江科技学院中德工程师学院、桐庐县小荧星幼儿园）。高中段学校 7 个，中外合作项目课程 2016 年招生 531 人，在校生总数 1446 人。2016 年 9 月，教育部正式批准浙江大学城市学院设立"浙江大学城市学院怀卡托大学联合学院"，实现了杭州市属高校中外合作办学机构零的突破。2017 年 5 月 18 日，浙江大学城市学院怀卡托大学联合学院正式揭牌成立，7 月 28 日招生 240 人，圆满完成首年招生任务。

3. 实施"留学杭州"计划。我市专门设立"杭州市政府来华留学生奖学金"，2016 年向 112 名市属高校留学生发放奖学金 80.1 万元。浙江育英职业技术学院和老挝国家教育部合作，开设旅行社经营管理专业老挝留学生班，首批 17 名老挝留学生于 2016 年 10 月入学，成为我省第一所招收成建制的学历留学生的高职院校。据统计,2016年在杭高校留学生达1.76万人。

4.鼓励外籍学生随班就读。杭州的所有中小学、幼儿园面向境外学生开放,2016年共有935名外籍学生、2078名港澳台学生在普通中小学、幼儿园随班就读,接受中华文化熏陶,其中外籍学生就读本市普通中小学513名、幼儿园422名。

杭州城市国际化发展报告(2017)编写组整理
材料来源:杭州市教育局

专题研究

一、引进优质高等教育资源,规划
建设杭州国际大学城研究

　　党的十九大提出建设教育强国是中华民族伟大复兴的基础工程,必须把教育事业放在优先位置,加快教育现代化,办好人民满意的教育。加快一流大学和一流学科建设,实现高等教育内涵式发展。2017年召开的中共杭州市委城市工作会议明确提出,采取针对性举措,深化与名院名校战略合作,积极引进国内外著名高等学校来杭州办学。杭州已进入城市国际化提速和建设世界名城的历史新阶段,实现目标的决定性因素不再是简单的招商引资、对外贸易或文化交流,而是内源性核心竞争力的增强。改革开放40年来深圳通过引进优质人才资源和先进产业资源实现产业升级,单位国土面积综合经济效益长期稳居全国第一,后位城市与之差距甚大,且越来越大。而从“十二五”开始深圳更是清醒地意识到凝练内源性创新竞争力更为关键,率先建设深圳国际大学城,作为引领未来发展的纲领。苏州、青岛、长沙、合肥等城市在这方面也颇有作为。多年来杭州的城市国际化路径一直不明朗,其实引进世界一流高等教育资源建设国际大学城正是决定战略全局最重要最现实的选择。建议杭州以集中各种力量规划建设比深圳规模更大、水平更高的杭州国际大学城为城市国际化的总纲和经济社会发展的重要平台,以世界教育名城和世界创意名城跻身于世界名城,一揽子通盘解决人才严重短缺、产业层次偏低、生态危机加重、文化国际化程度不高等决定未来发展的系列瓶颈问题。

(一) 建设杭州国际大学城的时代际遇与制约瓶颈

1. 时代际遇

(1)城市国际化层次跃升。国际化已经成为中国城市的普遍追求,而随着中国经济地位的提升和对全球资源集聚能力的增强,在区域性城市体系中居于首位的城市("首位城市")如上海、北京、广州等更是向"全球城市"(Global City)方向发展,试图在某些方面占据世界优势地位。杭州的国际化水平虽然不及上述首位城市,但在特色城市如创意名城、网络之都创建等方面有了向"全球城市"发展的趋势,城市国际化已经进入质的提升新阶段。在共建"一带一路"和发展长江经济带、长江三角洲城市群等国家战略实施的背景下,杭州面临着起点更高、机遇更好、期待更多、责任更重的新形势和新要求。建设杭州国际大学城成为打造"全球城市"的内在要求。

(2)城市文化自觉增强。改革开放前 30 多年极为重视经济建设,近几年随着对发展方式、生态危机等的反思,城市文化自觉意识不断增强,包括发展优质高等教育在内的文化建设已经成为杭州各级政府和社会的共识。浙江每年约 30 万人参加高考,但"985 工程"大学、"211 工程"大学录取比例很低。2017 年"985 工程"大学录取率为 1.87%,"211 工程"大学录取率为 4.40%。其中浙江大学 2017 年在浙江仅招生 3100 名,前几年更少。社会对杭州或浙江的高等教育发展越来越不满足,除了送学子出国留学外更希望提升本地的高等教育水平,特别是引进国内外一流大学。

(3)城市经济支撑社会事业发展的能力更强。随着城市经济实力增强和社会环境改善,杭州具备了兴办优质高等教育或引进世界一流高等教育资源的内在和外在条件。居民收入增加则为之创造了广阔的市场,国内市场替代国外市场的空间巨大。2016 年中国出国留学人数 54.45 万人,比 2012 年增加 14.49 万人,增幅 36.26%。其中自费留学人数 49.82 万人,占 91.49%。浙江每年出国留学人数 1.2 万—1.5 万人。他们若在本国接受国际教育,不仅教育机构可以获得巨额收益,学生的学费也可节约一半以上,且有更多人身安全保障。建设杭州国际大学城的经济社会基础雄厚。

2. 制约瓶颈

(1)城市发展战略缺乏超越短期需求的高远立意和筹划。城市发展较注重中短期经济利益,就事论事的技术或工程性规划较多,统括性、系统性、高瞻性、长远性不强。城市国际化没有确立高等教育的基础性地位,忽视高等教育战略性资源的引进,或局限于省内合作立意不高。除高等学校自发性设立项目开展合作交流外,政府尚没有重大战略安排,没有引进国内外名校、建设国际校区或国际大学城的计划。由于对发展高层次高等教育的一般规律缺少认识和研究,仍偏重于传统的对自办或新办项目的投融资,起点不高且投资比较效益有限,如安排大量用地以巨资重建杭州师范大学不如与名校共建层次提升更快。2004 年出台《关于促进民办高等教育发展的若干意见》,鼓励多元投资兴办高等教育,有利于激活民间投资,但要创办一流大学难度也相当大。目前正在规划的民办西湖大学如不走合作办学的路子同样很难提高层次。

(2)政策缺位与相关工作滞后和边缘化。杭州现有省、市属普通高等学校 39 所,在校学生 48.1 万。其中市属公办高等学校 4 所,民办高等学校 2 所。绝大部分为改革开放近 40 年来由中等专业学校升格而来,不仅原有基础薄弱,而且因扩张速度快人才资源等一再稀释,教学和科研水平难以提高。1998 年原浙江大学、杭州大学、浙江农业大学、浙江医科大学 4 校合并为新的浙江大学,则使原本具有竞争优势的多个资源集中为一个。由于高等学校主办权主要集中在国家和省一级,加上财力有限,杭州做过一些努力,如兴办上述 4 所公办高等学校,但囿于市级层面的局限专注于基础教育,将发展高等教育归责于省级以上政府,没有制定专项规划和政策,在引进国内外优质高等教育资源、引进国外名校和兴办民办大学等方面作为不大,落后于同类城市和省内主要城市,与经济社会发展水平不相称,没有缓解人才严重缺乏问题,也没有很好解决杭州或浙江学子上优质高校难的问题。创办于 2004 年的宁波诺丁汉大学是中国第一家引进世界一流大学优质教学资源、具有独立法人资格和独立校区的中外合作大学,已成为英国诺丁汉大学两大国际校区之一。2017 年该校又与慈溪市政府共建航空学院。2006 年温州大学与美国肯恩大学合办温州肯恩大学,2011 年筹建招生,2014 年教育部正式批准设立。2008 年同济大学浙江学院于嘉兴成立。2017 年杭州市属浙江大学城市学院才与新西兰怀卡托大学共建非独立法人的浙江大学城市学院怀卡托大学联合学院。浙江大学与杭州市政府、余杭区政府协商未果,于 2013 年确定在海宁市设立浙江大学国际联合学院(海宁国际校区),2016 年开始招生。

(3)合作主体层次不高与可借用主体稀缺。近 10 多年来中国已经形成争夺优质高等教育资源的热战,引进一流项目难度很大。杭州现有高等学校浙江大学一枝独秀,其余知名度不高,市属高等学校更是层次不高,要与国外一流大学合作有不对称的问题。浙江大学国际联合学院已建于海宁,是否能在杭州再设项目有不确定性。包括引进北京、上海等地著名高等学校的对外合作项目需要作出巨大努力。

(4)教育外交等有效资源积累少。过去的对外交流侧重于经济,相关外交人员和外交活动很少,在国际友好城市交流等活动中也没有有意识地积累高等教育合作资源,打开国际合作门径难度较大。

(5)土地等支撑性资源要素紧张。随着城市化加剧,因用地量较大,高等学校发展受到挤压,不仅原有学校大多搬出市中心,在近郊新办项目也往往被排除。处于市区的土地征收后大多服务于土地财政,很难拿出来办学。

（二）杭州国际大学城的基本定位与设计导向

1. 基本定位

(1)构建中国层次最高、规模最大的国际高等教育基地。目前国内在引进高等教育资源上最有作为的深圳和青岛两市在策略上有所不同。青岛以国内名校为主,非园区化集中;深圳则主要着眼于国际名校,且园区化集中。杭州总体上可走深圳的路子,同时也可借鉴青岛的经验,但须与华东地区的上海、南京、青岛等城市差异化发展,并直接走向世界教育最前沿。杭州的基础教育水平大大超过深圳,与北京、上海的差距不大,应当按照习近平同志提出的浙江的杭州、中国的杭州、亚洲的杭州、世界的杭州"四个杭州"和世界一流的标准、世界一流的业绩、世界一流的胸襟和气魄、世界一流的现代化国际大都市"四个一流"的要求,设定甚至超过深圳的高远发展目标,高起点、高标准建设中国国际优质高等教育资源最多、国内优质高等教育资源较丰富、高等教育对城市发展支持度最高的城市之一,创建国家级国际高等教育创新发展试验区,建设世界教育名城,打造人才高地和创新高地。2016 年青岛市政府印发《关于加快引进优质高等教育资源的意见》(青政发〔2016〕5 号),计划到 2020 年引进 50 所大学,杭州应当超过这一数量。

(2)与浙江大学等共构浙江省高等教育中心。杭州国际大学城虽然建在杭州,但可与浙江大学共同构成浙江省高等教育中心,形成世界教育名城的主体,向全国乃至全球辐射。除这个龙头以外还要在全省多展翼发展。深圳龙岗区和南山区争相办大学城,另有 6 个区(新区)提出"大学计划",形成了众多展翼。青岛在西海岸新区、高新技术产业区、青岛蓝色硅谷建设高等教育园区或科教园区,要求每个园区至少新增 4 所高等学校,又要求崂山区、城阳区、即墨市、胶州市、平度市、莱西市至少各新增 2 所高等学校。目前已引进北京大学、清华大学、复旦大学和美国加州大学伯克利分校等 26 所知名高校。江苏省的县级市昆山与武汉大学合作投入巨资创办研究型大学昆山杜克大学,以带动地方创新发展。杭州的展翼即下沙副城、西湖区留下街道(小和山)、余杭区仓前街道和临平副城、萧山区江南副城(大江东新城)、富阳区高桥镇和临安区锦城街道、桐庐县凤川街道、建德市梅城镇、淳安县文昌镇原有高等学校的提升和新项目引进。除综合性项目外,萧山区可重点发展高等制造业职业技术教育项目,余杭区和山区县(市、区)可重点发展高等服务业(旅游业)或农业职业技术教育项目。

(3)与杭州城西科创产业集聚区等共构浙江省最大的产学研创意经

济区。浙江杭州未来科技城(浙江海外高层次人才创新园)、浙江杭州青山湖科技城等的发展需要产学研体系支撑,杭州国际大学城将为之提供可持续的智力支持,形成集"高等学校+科研机构+创新平台+龙头企业+创新创业资本+创业人才+创客空间"为一体的创新创业生态体系。办一流大学其实也是在办一流产业。美国麻省理工学院、斯坦福大学等周围集聚了众多师生创办的企业,中国的清华大学、浙江大学等校方还直接创办数百家企业。杭州国际大学城还将作为龙头引领整个杭州经济向创意方向发展,成为杭州打造创意名城、网络之都真正的基干。

(4)与周边地区共构高层次国际创意社区。引导杭州国际大学城周边地区向国际性社区发展。良渚文化村是全省乃至全国建设水平最高的大型社区之一,且集聚众多高层次人才,可以将良渚文化村或整个三墩—良渚板块提升为高层次国际创意社区,引进各类国际性项目。据最新批复的《杭州铁路枢纽规划》(2016—2030年),杭州将成为中国重要的高铁枢纽型城市。杭州还要开通国际列车,加快打造长江三角洲世界级机场群核心机场,使杭州国际大学城成为国际文化交流的重要窗口。

2. 设计导向

(1)国际化和世界名城建设导向。杭州国际大学城的规划设计不能简单就发展高等教育论事,而必须与城市国际化和世界名城建设有机结合,在城市国际化和世界名城建设中发挥综合功能。

(2)世界教育名城目标导向。杭州国际大学城不仅集聚众多中外名校资源,还将推动基础教育改革,促进杭州整个教育体系国际化发展,且反超国内大部分城市,并取得国际地位,成为波士顿式的世界教育名城。

(3)创意城市建设导向。国务院批复的《长江三角洲地区区域规划》确定杭州的建设目标之一是全国文化创意中心。文化创意产业已经成为杭州的支柱产业,2016年增加值2541.68亿元,占全市GDP的比重为23.0%。文化创意产业还促进了三次产业转型,使杭州成为浙江经济升级最快的城市。近10多年来,宁波与杭州的经济总量差距因此不断拉大,2005年为472亿元,2016年达到2500亿元。创意可以向所有产业环节渗透,使所有产业成为以创意为核心的最高级业态。创意经济除了包含文化创意产业外,还是新经济即新型工业化意义上的工业、现代或后现代服务业、生态农业或效益农业的母经济、核心经济,"创意经济=创意产业+新经济"。建议用"创意经济"来定义概括杭州经济,过滤、提炼和促进三次产业先进成分发展。杭州国际大学城应当成为创意经济的强大引擎。

(4)生态城市建设导向。杭州已面临生态危机,不仅空气、水、土壤污染严重,温室气体排放也是全国最高的,癌症等因环境污染造成的恶性病高发。据杭州市疾病预防控制中心公布的数据,癌症发病率 2008 年 303.83/10^5(约329人中1人),此后快速增长,2016年达到 376.75/10^5(约265人中1人),比 2008 年增长24%,发病率高于全省、全国、全球水平。杭州国际大学城不仅可以构建生态社区、发展生态经济,而且应当支持整个城市的生态文明建设。

(5)学城互生和产学互动导向。过去将大学搬离城区孤岛式发展不仅使大学边缘化而与社会疏离,使优质高等教育资源难以与城市社会和经济聚合发展,城市高层次服务业或文化创意产业难以兴起,而且使城市文化空心化。在中心城区创建杭州国际大学城可以实现世界级水平的学城合一、产学合一和学城互生、产学互动,真正使大学成为杭州城市的主要组成部分和灵魂所在。

(三)战略地位与政策设计要点

1. 战略地位

(1)城市国际化的龙头项目。杭州在城市国际化方面提出着力打造具有全球影响力的"互联网+"创新创业中心、国际会议目的地城市、国际重要的旅游休闲中心、东方文化国际交流重要城市等四大个性特色,加快形成一流生态宜居环境、亚太地区重要国际门户枢纽、现代城市治理体系、区域协同发展新格局等四大基础支撑,但缺乏纲领性的项目载体。杭州国际大学城既与上述因素深度相关,为其提供动能,又是它们的集合性载体。这一集合性载体一旦建成，杭州国际化的根本问题便得以全面解决，纲举而目张，国际化水平将跳跃性提升。杭州正在进行新一轮城市规划修编，应当将杭州国际大学城列为重中之重，作为国际化的龙头项目。

（2）提升城市能级的核心架构。城市能级体现城市的辐射力、集聚力和影响力，决定现代城市能级的核心因素是文化、人才和创意能力。这些能力的获得或提升依赖于优质教育资源。杭州国际大学城可以从根基上解决这种综合能力的提升问题，使杭州真正具有原始创新的内在竞争实力。

2. 政策设计要点

（1）高标准设定引进对象和引进原则。引进对象包括高等学校或其举办的科学研究、技术转化、学术交流、创新创业等机构，主要包括校区、分校、二级学院、研究生院、专业人才培训基地、研究院、技术研发和转移中心、创业实习基地等。引进项目坚持优中选优原则。除职业技术教育外原则上须为国外一流大学或一流学科、国内"211 工程""985 工程""双一流"大学。直接引进世界排名 100 位以内的国际校区、分校或世界排名前 20 位学科，间接引进国内名校的同类国际合作项目，部分引进国内排名前 10 位的名校分校或"双一流"学科。鼓励在国内新兴和急需的学科专业领域开展合作办学，重点发展与城市国际化、高新技术产业、创意经济、生态文明有关的项目，尤其是与杭州建设全国文化创意中心目标相结合。争取引进哈佛大学、麻省理工学院、斯坦福大学、加州大学伯克利分校、加州理工大学、牛津大学、剑桥大学等顶尖大学。

（2）支持多样性主体合作。党的十九大提出支持和规范社会力量兴办教育。中外合作高等教育项目中方合作主体可以是市属高等学校，也可以是市外著名高等学校。国内合作项目的主体除高等学校外也可以是政府和社会主体。马云在 2017 杭州云栖大会上提出创办全球研究院阿里巴巴达摩院。它由全球实验室、高等学校联合研究所、全球前沿创新研究计划三大部分组成，先行在中国北京和杭州、美国圣马特奥和贝尔维尤、俄罗斯莫斯科、以色列特拉维夫和新加坡建立实验室，研究领域涉及量子计算、机器学习、基础算法、网络安全、视觉计算、自然语言处理、人机自然交互、芯片技术、传感器技术、嵌入式系统等,涵盖机器智能、智联网、金融科技等领域,未来 3 年投入 1000 亿元。创办宗旨是 Research for Solving the Problem with Profit and Fun(解决问题并带来利益和快乐),为 20 亿客户服务,到 2036 年创造 1 亿个就业岗位。杭州国际大学城建设或也可与阿里巴巴集团合作,乃至以其为主体进行总体规划。合作模式可以采用独立法人机构与非独立法人机构、局部合作与整体合作、一对一合作与一对多合作、一方投资与多方投资、校校合作与校企合作等,办学模式可以是全日制与非全日制、单校园与双校园、单文凭与双文凭、学历教育与非学历教育、引进合作与非引进合作等。

(3)优先提供土地等支撑性资源要素。深圳市龙岗区深圳国际大学城、南山区深圳大学城两个大学城规划面积 10 多平方千米,建议杭州国际大学城规划面积 50 平方千米以上。西湖区三墩镇是杭州中心城区开发最迟、开发量最小的区域,有大量存量土地。可以三墩镇和余杭区良渚街道南部为核心规划预留用地。与阿里巴巴集团 15 年制云谷国际公学、浙江大学紫金港校区连成一体,形成全面而有机乃至全国最大的国际教育发展区。作为展翼的各县(市、区)也规划预留一定规模的用地。举办校区或分校的,划出专门区域并预留 500 亩至 3000 亩建设用地。设立研究生院、二级学院等二级办学机构的,根据需要足量预留相应用地。支持利用存量用地。政府承担建设的项目实行"交钥匙工程"。政府建设相关基础设施。项目申报推行"最多只跑一次"服务。

(4)强化要素资源配置与加大全要素投入。除按《中华人民共和国民办教育促进法实施条例》的规定给予扶持外,在国家财政政策范围内给予最大政策优惠。在政府投资为主的基础上探索建立多元化、多渠道、多层次的投资体系。创新合作办学的资助、捐助模式,设立总规模 1000 亿元以上的杭州市优质高等教育发展基金,对社会捐助者实行项目对应型荣誉表彰等激励政策。属市场主体的享受相关减免税政策。社会主体投资的项目除依照有关规定收取学费外,政府按照独立法人机构、非独立法人机构等类型分别给予必要补助。其中设立校区、分校的非独立法人机构第一年给予不低于 2000 万元的启动补助资金,以后根据绩效每年给予不低于 1000 万元的补助,连续 5 年;独立法人机构第一年给予不低于 4000 万元的补助资金,以后根据绩效每年给予不低于 2000 万元的补助,连续 5 年。杭州国际大学城投资由省、市两级财政共同负担,其他展翼项目由市、县(市、区)财政共同负担。后者市财政负担最低补助标准部分,超出最低补助标准的部分由县(市、区)财政负担。对各类项目实行贴息,每个项目每年 1000 万元以内,连续 5 年。各类高等学校列入国家一流学科和省级高水平学科建设项目,分别再给予最高 5000 万元和 3000 万元资助。特殊项目"一事一议",给予特别支持。

(5)综合利用城市特色和优势要素建设相关社会生态。将绿色生态、文化遗产、文化设施、商务服务、最佳居住区、创新创业型经济区、创意经济区等元素有效融入合作项目,促进"校区—园区—社区"三区融合。研究和宣传世界教育名城文化,达成引进优质高等教育资源的社会共识,大力推进学城互生和产学互动,将建设世界教育名城理念和优质高等教育资源有机融入经济社会建设各方面。除给予引进项目各类人员特别是国外人士各种市民待遇外,强化配套住房、交通、商务、文化设施、创业场所以及外语环境等建设。完善高层次人才、子女及配偶落户等配套服务,推行符合国际惯例的人才薪酬政策。

(6)加强制度创新与提供制度保障。创建国家国际高等教育创新发展试验区,按照国际惯例进行高等教育改革试验,推行现代大学制度,努力实现高等教育治理体系和治理能力现代化。通过改革优化合作办学机制,探索合作办学模式和管理模式。将引进国内外资源合作共办高等教育和建设世界教育名城纳入经济社会长远发展规划,编制《杭州市优质高等教育发展规划》,并制定《杭州市引进国内外优质资源合作共办高等教育条例》等,将提升高等教育质量作为一项基本市策和社会保障制度给予刚性支持。设立杭州市建设世界教育名城领导小组强化领导和协调工作。通过各种对外交流特别是友好城市交流等活动争取引进优质高等教育资源。对引进优质教育资源的非政府机构或个人给予重大奖励或工作经费补助。争取设立或引进联合国教科文组织高等教育创新中心等知名国际教育组织分支机构,开展高水平工作研究,进行跟踪指导和科学评估。

（四）相关链接:外市经验

【深圳:8区争办大学,深圳大学城和深圳国际大学城崛起】深圳的"大学计划"是到2025年大学达到20所左右,全日制在校生约20万人,推动3—5所大学排名进入全国前50,培育30—50个优势学科参与国家世界一流学科、广东省高水平学科竞争,成为南方重要的高等教育中心。

1.南山区深圳大学城和龙岗区国际大学城交相辉映。2000年掀起第一波合作办学热潮,南山区引进北京大学、清华大学、哈尔滨工业大学等名校研究生院,在西丽片区形成深圳大学城。2012年随着定位为创新型大学的南方科技大学的成立掀起第二波办学热潮,又引入中国科学院大学、天津大学-美国佐治亚理工大学、上海交通大学等合作办学。2011年第26届世界大学生运动会后建设深圳信息职业技术学院以来,龙岗区开始打造深圳国际大学城。已引进创办香港中文大学(深圳)、深圳北理莫斯科大学、深圳吉大昆士兰大学等,华南理工-罗格斯创新学院、深圳墨尔本生命健康工程学院、深圳国际太空科技学院等,并与世界排名100位以内的美国麻省理工学院和佐治亚理工学院、德国慕尼黑工业大学、英国伯明翰大学、加拿大英属哥伦比亚大学、澳大利亚悉尼大学、丹麦哥本哈根大学等国外20多所一流大学接洽。

2.宝安、光明、坪山、龙华、大鹏、罗湖6区竞相角逐。除空间受限的福田、盐田两区外的其他各区也都在争取大学资源。如光明新区的中山大学深圳校区、武汉大学深圳校区,坪山区的深圳技术大学、北京中医药大学深圳校区、深大-希伯来学院,宝安区的中国人民大学深圳校区、湖南大学罗切斯特设计学院,罗湖区的深圳城市大学,大鹏新区的南方科技大学海洋学院,龙华区的南开大学深圳校区等。

3.结合产业发展推动源头创新。深圳对标硅谷,最大的短板在源头创新,即便已占据全球七成出货量的智能手机产业也是如此,芯片、摄像头等主要还靠进口。8 区竞相办大学最大程度结合产业发展。龙岗区通过引入大学强化人才支撑，提升区域公共资源发展水平和城市环境品质，并与辖区的创新要素发生化学反应。2015 年香港中文大学（深圳）与星河集团签署战略合作协议，共建港中大（深圳）创新创业设计基地，在机器人领域产学研支撑、重点实验设备共享等方面进行深度合作。该校还与深圳华为技术有限公司共建高能物理研究所。大鹏新区引进广东海洋大学深圳研究院和南科大海洋学院，与其发展海洋经济以及深圳建设世界级海洋中心城市的战略有关。

4. 走引进之路是快速提升高等教育办学水平的捷径。兴办高等教育需要文化积淀，核心文化要素的积淀需要时间，引进名校办学能使深圳较快形成这一核心要素。（张东方、孙颖：《深圳 8 区大学争夺战，谁将成为深圳"斯坦福"》，《南方日报》2017 年 3 月 7 日）

【青岛：到 2020 年大学数量增至 50 所以上】目标是大学数量和在校生数量位居计划单列市首位，研究生数量在现有基础上翻番，在副省级城市中处于上游水平。同时引进研究院、研究生院、国际化人才基地、技术转移中心等机构 20 个以上。其中西海岸新区、高新技术区、蓝色硅谷结合产业定位规划布局高教园区或科教园区，每个园区至少新增 4 所大学；崂山区、城阳区、即墨市、胶州市、平度市、莱西市至少各新增 2 所大学。目前已引进北京大学、清华大学、复旦大学和美国加州大学伯克利分校等26 所知名高校。

1. 着力引进国内外知名大学。国内大学原则上应为国家"211 工程""985 工程"大学或国内专业排名前 5 位的大学，国外大学原则上应为世界一流大学或拥有一流学科。

2. 办学机制多样。积极探索公办、民办、国有民办、混合制和合作办学、垫资办学、租赁办学、独立办学等形式，有效发挥市场作用，鼓励社会力量参与，形成政府引导、社会投入的多元发展格局。创新体制机制和管理运行模式，建立健全现代大学制度。

3. 财政扶持。对引进的非独立法人国内外优质高等教育机构第一年给予不低于 500 万元的启动补助资金，以后根据绩效每年补助不低于

200万元,连续5年;对引进的独立法人国内外优质高等教育机构第一年给予不低于1000万元的补助资金,以后根据绩效每年补助不低于400万元,连续5年。所需资金由市、区(市)财政共同负担。其中市财政负担最低补助标准部分,超出部分由区(市)财政负担。经认定符合市高端研发机构引进条件的,由市政府给予市高端研发机构引进专项资金支持。

4.用地优先。对国内外高水平大学举办校区或分校的,划出专门区域并预留500亩至3000亩建设用地;对设立研究院、二级学院等二级办学机构的,根据需要预留相应面积的用地。

5.配套服务。落户地区(市)政府、功能区按规定对引进项目的教学科研活动、建设用地、人才公寓、房屋租赁、税收减免、机构设置等实行优惠政策,并提供高层次人才、子女及配偶落户等配套服务。鼓励各区(市)为引进项目无偿代建校园基础设施,实施"交钥匙工程"。《关于加快引进优质高等教育资源的意见》(青政发〔2016〕5号)

【苏州:打造国际化产学研合作体独墅湖高等教育区】总规划面积25平方千米,第一期11平方千米大学城、科教创新区,第二期9平方千米世界名校区,目前已有32所高等教育院校(研究院)和5所国家级研究所、46家研究培训机构入驻,在校生近8万人。2012年教育部与苏州工业园区管理委员会签约共建苏州独墅湖高等教育国际化示范区,成为全国首个高等教育国际化示范区。

1.与主导产业紧密结合。优先引进与信息技术、电子工程、精密机械、生物工程、医学制药等相关的高等教育、科研机构。入驻大学(研究院)有中国科学技术大学苏州研究院、南京大学苏州研究生院和高新技术研究院、西安交通大学苏州研究院、东南大学苏州研究院、中国人民大学国际学院和中法学院、西交利物浦大学、苏州大学独墅湖校区、香港大学苏州思培科技职业学院、复旦大学-新加坡国立大学联合研究生院、中国人民大学苏州研究院、四川大学苏州研究院、武汉大学研究生院、华北电力大学苏州研究院、美国代顿大学中国(苏州)研究院、新加坡国立大学苏州研究院、山东大学苏州研究院、东南大学-澳大利亚蒙纳士大学苏州联合研究生院、美国乔治·华盛顿大学中国研究院、苏州工业园区洛加

大先进技术研究院、德国卡尔斯鲁厄理工学院中国研究院、法国 SKEMA
商学院中国校区、苏州高博软件技术职业学院、苏州工业园区服务外包职
业学院、苏州工业园区职业技术学院、中国科学院苏州纳米技术与纳米仿
生研究所。

2.按照"低碳、智能、生态、人文"的标准打造绿色生态示范区。所有
新建建筑按照绿色建筑标准设计实施,规划建设地下综合管廊近10千
米,集中供热、供冷项目得到较好推广和应用,提倡绿色交通,形成园林
化、生态化、人文化形态。

3.遵循"政府搭台、高校办学、面向市场、后勤城市化、管理现代
化"的方针。借鉴国外高等教育市镇的成功经验,采用基础设施共享、
校区相互开放融合的方式开发建设。（李翔:《高等教育区的建设与发
展的分析研究:以苏州独墅湖高等教育区为例》,苏州大学硕士学位论
文,2015年）

【合肥:着眼前沿科技计划引进10余所国内知名大学支撑综合性国
家科学中心】合肥原有经济基础不算好,却一直重视高等教育和科学技
术发展,有中国科学技术大学、国防科技大学、安徽大学和合肥工业大学
4所大学上榜国家"双一流"大学,并继上海之后成为国家正式批准建设
的第二个综合性国家科学中心,正在凝聚强大的发展后劲。

1.提升引进大学的层次。在以往引进大院大所的基础上向全面引
进国内一流大学突破,如经济技术开发区的清华大学合肥校区、哈尔滨
工业大学合肥校区、北京外国语大学合肥校区、天津大学合肥校区、北
京化工大学合肥校区,新站高新技术产业开发区北京大学合肥校区、复
旦大学合肥校区、北京航空航天大学合肥校区、西安交通大学合肥校
区,高新技术产业开发区北京师范大学合肥校区,蜀山区国防科技大学
合肥校区。

2.瞄准国际前沿、国家战略构建科技创新产业链。形成涵盖"源头
创新—技术开发—成果转化—新兴产业"等环节的创新体系,建设包括
超导核聚变中心、中国量子中心、天地一体化信息网络中心、联合微电子
中心、离子医疗中心、智慧能源集成创新中心和大基因中心七大平台,未

来将成为国际创新网络的重要组成部分。(陈敏:《10余所国内名校将入驻合肥?》,《市场星报》2017年6月14日)

撰稿:吴晶,浙江省社会科学院研究员;
　　　　周膺,杭州市社会科学院副院长、研究员

二、新常态下增强杭州城市竞争力的文化软实力支撑研究

　　城市文化软实力是一个城市基于文化要素所具有的凝聚力、生命力、竞争力、传承力、协调力、融合力、扩张力和影响力、感召力、创造力的综合表达。城市综合实力既包括经济、科技等硬实力,也包括城市精神、城市形象、市民素质、文化设施、文化品牌、文化产业、文化传播、文化环境等文化软实力,文化软实力强弱是衡量城市品位、竞争力高低的重要因素;也是未来城市较量和城市实力消长的决定因素。在新常态下,杭州如何破除经济社会发展提质增效的文化软实力瓶颈和制约因素,不断提升文化的凝聚力、服务力、竞争力、创造力、引领力、聚集力和传播力,深入实施"软实力提升"战略,增强杭州转型发展的文化软实力支撑,增强杭州城市的竞争力? 市决咨委文化组全体专家从新常态下提质增效、转型发展的新要求出发,分析了文化软实力支撑在增强杭州城市竞争力中的重要作用,分析了杭州经济社会发展中面临的文化软实力瓶颈和制约因素。在此基础上,提出了新时代下增强杭州经济社会发展文化软实力支撑的对策建议。

(一) 新常态下文化软实力在增强杭州城市竞争力中的重要作用

1. 文化软实力在增强综合国力竞争中的作用越来越突出

　　在十八届中央政治局第十二次集体学习会上,习近平总书记全面深

刻地阐述了提升国家文化软实力的意义,指出,"提高国家文化软实力,关系'两个一百年'奋斗目标和中华民族伟大复兴中国梦的实现。"当今世界,各种思想交流交融交锋更加频繁,文化在综合国力竞争中的作用更加凸显,越来越多的国家把提高文化软实力作为重要发展战略。党的十八大以来党中央高度重视文化软实力在综合国力竞争中的重要作用和地位。习近平总书记站在党和国家全局的高度,围绕牢牢掌握意识形态领域领导权话语权和管理权,提高国家文化软实力,培育和践行社会主义核心价值观,继承和弘扬中华优秀传统文化和传统美德,深刻地阐述了事关中国特色社会主义文化发展的一系列重大理论问题和现实问题,进一步明确了新形势下建设社会主义文化强国的方向目标、重点任务和基本遵循,为我市加快建设文化名城强市,推动文化大发展大繁荣,增强杭州城市竞争力的文化软实力支撑带来了重大战略机遇并指明了方向。

2. 新常态下增强杭州提质增效、转型发展需要强化文化软实力支撑

2014年底杭州人均GDP从2010年的1万美元增至1.6万多美元,年均提高1700美元,接近富裕国家的临界水平。与此同时,杭州发展进入新常态,经济增长开始换挡减速,经济保持中高速增长、质效向中高端迈进,这既是宏观环境深刻影响、先发优势逐渐弱化使然,也是杭州主动调整适应、抢抓发展先机、在新形势下提升杭州发展战略地位和优势闯关的主动选择。新常态下,杭州经济社会发展既会突出地凸显"资源""环境"等瓶颈,也会更显著地突出"文化瓶颈",文化软实力在城市综合竞争力提升中的地位和作用将越来越明显,文化软实力对我市经济发展的引领、支撑作用将比以往任何时期更加突出。在新常态下,抢抓机遇增优势,主动对接多重国家战略,深入推进杭州都市圈建设,全力创建中国(杭州)跨境电子商务综合试验区、国家自主创新示范区,着力破除制约经济发展的结构性素质性矛盾,以创新驱动加快经济转型升级,推动从量的扩张转向质的提高,不断激发市场活力、增强内生动力、释放全社会创新创业潜力,增强城市可持续发展能力,增强杭州城市的竞争力,需要强化文化软实力的支撑作用。

3. 加快建设"东方品质之城、幸福和谐杭州"要求凸显文化软实力的先导作用

以"八八战略"为总纲，以"干在实处永无止境、走在前列要谋新篇"为要求，协调推进"四个全面"战略布局在杭州的实践，确保在全省更好发挥龙头领跑示范带动作用，确保继续走在全国重要城市前列，加快建设"东方品质之城、幸福和谐杭州"，要求发挥文化软实力的先导性和引领性的作用，既关注人民群众衣食住行等物质条件的提高，也关注人民群众心理的满足、价值实现等精神生活，从而实现经济、政治、文化、社会和环境生活品质的相互支撑、多样和谐、协调提升，"经济硬实力"和"文化软实力"的同步增强；要求培育和激发全体公民的主体意识、参与意识和责任意识，强化杭州市民的凝聚力、向心力，形成全体市民共建共享品质生活的新局面，提升市民思想品德水平、知识水平和能力水平，形成与"在全省更好发挥龙头领跑示范带动作用""继续走在全国重要城市前列"、建设"东方品质之城、幸福和谐杭州"要求相适应的精神动力、思想基础和文化条件。

（二）新常态下影响杭州转型发展的 文化软实力瓶颈和制约因素

新世纪以来，尤其是党的十八大以来，在市委市政府的领导下，我市从文化发展新要求、文化发展新趋势、人民群众精神文化生活新期待出发，在文化惠民上办实事，在提升管理上闯新路，在加强建设上谋新招，社会主义核心价值观更加深入人心，公共文化服务体系日益完善，文化产业不断发展壮大，新媒体发展稳步前进，文化软实力不断增强，为我市在更高层次、更宽视野、更大力度上推动文化强市建设，为打造东方品质之城、建设幸福和谐杭州提供了坚强思想保证、强大精神动力、有力舆论支持、良好文化条件；为新常态下增强杭州城市竞争力的文化软实力支撑奠定了坚实的基础。另一方面，也应看到，从新常态下提质增效、转型发展的新特点新要求出发，增强杭州城市竞争力仍然面临着文化软实力瓶颈和制约因素。主要表现在以下几方面：

1. 市民素质需要进一步提升

随着杭州步入转型升级、提质增效，着力破除制约经济发展的结构性素质性矛盾，加快经济结构优化升级，推动从量的扩张转向质的提高的新常态，既需要强化市民的进取精神，即追求创业创新的动机、热情和意志，也需要强化市民的规范精神，即公德意识、诚实守信意识、恪守规章意识、节制意识、敬业精神、精打细算精神、守时惜时等精神。新世纪以来，伴随着共建共享东方品质之城实践的迅猛推进，杭州传统人文特色中一定程度上存在的"封闭、安逸、小气、虚浮"等消极无为的精神状况和心态逐步得以改变，杭州市民的进取心、自豪感、自信心显著地得到了强化。然而，适应杭州新常态、引领杭州新常态，需要更加积极有为的进取精神，无论是"杭改十条"，还是"三转一争"，都不是躺着就能实现的。面对新常态的新任务、新要求，杭州市民敢为人先、勇立潮头、抢占先机、下好"先手棋"的精神仍然不够，"等不起"的紧迫感、"慢不得"的危机感、"坐不住"的责任感，以功成不必在我的大气、舍我其谁的勇气、实干担当的志气，在攻坚克难中努力开创发展新局面的进取精神仍然需要进一步地强化。另一方面，杭州转型升级、提质增效的新常态，需要强化与此相适应的恪守规章意识、节制意识、严谨敬业精神、精打细算、守时惜时等规范性精神，现实生活中，有令不行、有禁不止、纪律松弛、自由散漫，不严格执行规定和程序，工作随意性强，得过且过，敷衍了事等现象仍然突出，这些都影响到了杭州转型升级、提质增效的效果。与此同时，杭州进入转型升级、提质增效的新常态，不仅仅意味着杭州产业从粗放型向集约型转变，也意味着杭州城市发展品质的全面提升，意味着杭州产业，杭州整个城市的技术含量、文化附加值以及审美含量等极大提高，而与此相应的杭州市民的技术素质、文化素质、审美素质等仍然存在着相当大的差距。

2. 城市凝聚力向心力需进一步强化

新世纪以来特别是"十二五"时期以来，杭州市委市政府不断寻求以理念突破和创新来推动新的发展,提出了"精致和谐、大气开放"的杭州城市人文精神、"生活品质之城""钱塘江时代""和谐创业""城市有机更新""破七难""国际风景旅游城市""国家历史文化名城""长三角南翼重要中心城市"等城市发展新理念,强化了市民的认同感、凝聚力和向心力。然而,另一方面也应看到,我市对新世纪以来杭州城市发展理念、发展战略的突破和创新并被实践证明有效灵验成果的继承性和延续性不够,杭州培育独具特色的创业文化和生活文化不够持之不懈。近年以来市委市政府提出了一系列新的城市发展理念和发展战略,如创建中国(杭州)跨境电子商务综合试验区和国家自主创新示范区,实施"杭改十条",以当前亟待解决的重大问题作为改革的突破口,以创新发展为目标,推进"一基地四中心"建设、民营经济强市、新型城镇化和美丽杭州、平安杭州、法治杭州建设,这些都为杭州转型发展注入了新的活力,积蓄了新的动能。然而,这些新发展战略与新世纪以来杭州市提出的"品质之城"的城市发展总理念、总战略以及其他子战略之间的有机联系不够清晰和紧密,市民对杭州基于城市发展理念的认同感、凝聚力和向心力有所弱化。

3. 城市形象需进一步提升

新世纪以来,市委市政府认识到,杭州处于长江三角洲这个世界级城市发展群协作和竞争发展的大格局中,客观上要求其在发展中形成独特的城市功能和城市形象,寻找维系城市这个有机体的根,让市民形成共同的精神认同和文化认同,通过实施西湖综合保护工程、运河综合保护工程、西溪湿地综合保护工程、钱江新城建设等重大项目,发展茶、丝绸女装、数字电视等特色行业,培育西博会、休博会、动漫节等会展品牌,组建了一大批形式多样、特色各异的社会复合主体,强化了杭州城市文化特色,把杭州潜在的人文优势变为现实优势,得到了市民的高度认同,使之成为杭州参与国际竞争的文化软实力和制胜"法宝"。然而,另一方面也应看到,在新常态下,杭州塑造城市人文精神、强化城市文化特色、提升城市形象、寻找自身准确的发展定位和最佳的发展途径、强化城市综合竞争力和优势的延续性不够,在强化杭州城市特色、形象方面着力不够。杭州在长江三角洲这个世界级城市发展群协作和竞争发展的大格局中,在既具有时代特征又具有本土化特点的城市特色、难以模仿的城市核心竞争力方面,有弱化的趋势。杭州城市的独特形象、独特优势,对内的凝聚作用、对外的向心作用,有所下降。

4. 城市文化软实力的基础需进一步夯实

"十二五"时期以来,我市大力推进文化名城强市建设,社会主义核心价值体系和核心价值观更加深入人心,共同思想基础不断巩固,以爱国主义为核心的民族精神和以改革创新为核心的时代精神进一步弘扬,人民群众创业创新的精神风貌更加昂扬,公民文明素质、社会文明程度显著提高,文明杭州、人文杭州、礼仪之城、学习之城、创新之城、生态之城的形象得到充分展示,为增强杭州城市综合竞争力提供了强有力的文化软实力支撑。另一方面也应看到,与经济社会发展要求、人民群众日益增长的精神文化需求和城市功能定位相比,我市文化发展还不完全适应,面临一系列新情况新问题:一些领域道德失范、诚信缺失,用社会主义核心价值体系引领社会思潮的任务更为紧迫;城乡区域间文化发展还不够平衡,公共文化服务体系有待完善;在国内外有影响力的文艺精品还不够多,文化产品和服务的总量、质量和结构都还不能完全满足人民群众的需求;文化创意产业规模和层次有待提高,文化产品的国际影响力和竞争力还不能适应国际文化市场竞争日趋激烈的新形势;制约文化科学发展的体制机制障碍尚未完全革除,文化发展方式有待进一步转变;高层次文化领军人才和复合型文化人才较为缺乏。杭州城市文化软实力的基础需要进一步夯实。

(三) 新常态下增强杭州城市竞争力的文化软实力支撑的对策建议

目前,杭州已经步入转型升级、提质增效,着力破除制约经济发展的结构性素质性矛盾，加快经济结构优化升级，推动从量的扩张转向质的提高的新常态。这是一个杭州主动调整适应、抢抓发展先机、率先过坡越坎打造经济升级版的攻坚阶段，是生活品质提升取得新突破、民生改善达到新高度、协调发展呈现新局面、体制机制上再创新活力的关键阶段，是继续发挥省会城市的示范、领跑和带动作用的发展阶段。立足于新常态下杭州城市发展的新趋势和新要求，杭州必须破除影响经济社会发展的精神文化瓶颈和制约因素，不断地增强杭州城市竞争力的文化软实力支撑。

1. 不断丰富新常态下创业文化的内涵，进一步激发和培育杭州市民创业精神

进入新世纪以来，在探索城市发展战略定位，打造城市发展核心竞争力过程中，杭州越来越认识到培育创业文化对于推进城市经济社会发展的价值，不断加快培育创业文化的步伐，不仅激发了人们的创业激情，提升了人们的创业理念，凝聚了创业主体，塑造、孵育出了一大批新型的事业和创业共同体，优化了整个城市的创业环境，形成"人人都是创业主体，人人都是创业环境"的社会大环境，使杭州成为创业者的天堂。另一方面必须看到，目前杭州人均 GDP 已经突破了 16000 美元。在新常态下，作为一个生活享受环境得天独厚，市民安乐休闲意识相当浓厚的城市，杭州究竟是在传统城市生活格调的牵引下演变成一个单纯的消费型城市或"销金窟"，还是在创业精神激励和支持下继续成为一个富有创造性活力的现代创业之都；杭州人究竟是满足于"小富即安"的生活方式，将奋发进取的创业精神消弭在慵懒、惬意的生活之中，还是不断强化创业精神，在永无止境的创业历程中不断超越自我，不断提升自己的生活品位，就成为新常态下杭州和杭州人面临的历史性的选择。从新常态下新特点新要求出发，杭州特别需要从以下几个方面进一步弘扬现代创业精神。

第一，进一步弘扬和强化自强不息、坚忍不拔的创业精神。杭州人均GDP 突破 16000 美元后，必须引导事业有成的创业者在成功面前志存高远，不安现状，始终怀抱强烈的忧患意识和时不我待的紧迫感、危机感，从根本上消除"小富即安、小进则满"的小生产意识和守财奴式的财富观念,富而思进,永不懈怠。为此,建议将进一步增强创业创新的紧迫感、危机感,进一步增强机遇意识、发展意识,弘扬自强不息、坚忍不拔的创业精神作为当前杭州创业精神和创业文化培育的重点内容。这就必须进一步在社会中大力表彰创业者队伍中的先进典型,倡导他们坚忍不拔的创业精神,推广他们的成功经验;就必须大力宣传"自强者胜"的现代意识,在全社会营造出一种以自主创业为荣,不思进取为耻的良好社会氛围,形成人人争当创业先锋的局面;就必须鼓励和引导处在事业发展起步阶段的创业者奋发图强,在困难和挫折面前不悲观、不丧气,励精图治,永不言败。进一步引导创业者将创业本身而不是财富视为生存的最高价值所在,将原先质朴的脱贫致富奔小康的创业意识,进一步升华为创业报国、实现中华民族伟大复兴的博大胸怀,树立生命不息创业不止的责任感、使命感。

第二,大力弘扬追求精致、卓越的创业精神。新常态下杭州的创业已经不同于以往的创业,转型升级、提质增效,意味着杭州生产更加具有竞争力的产品,建设更加精雕细琢、做工更加精湛、品质更高的城市建筑物、人行道、马路等。在一个买方市场中,提供一种有竞争力的新服务,也需要创业者能够做到细心、耐心和周到。这些都需要杭州创业具备相应的精神素质。因此,建议杭州市适应新常态的要求,把培育创业者质量第一的观念,追求"精致""卓越"的精神以及敬业精神、精益求精、诚实守信精神、恪守规章制度精神等规范性精神作为当前杭州创业精神和创业文化培育的重点内容。同时,要进一步提升杭州创业文化的品位,积极引导创业者不断提高自身的素质,将拓展事业当作自己的生命和精神追求,将创业历程本身当作生命价值的最高体现,不断以更高的目标激励自我。

2. 要进一步通过城市发展理念的突破和创新,增强杭州市民的凝聚力和向心力

新常态下,杭州市委市政府必须不断寻求以理念突破和创新来推动杭州城市的新发展,通过"在全省更好发挥龙头领跑示范带动作用""确保继续走在全国重要城市前列""加快建设'东方品质之城、幸福和谐杭州'"等城市发展理念的突破和创新,提升市民对杭州城市发展新理念、城市发展新愿景的荣誉感、归属感和认同感,形成共同推动杭州城市整体发展的新的文化凝聚力和新的向心力。为此,建议根据新常态的新特点新要求,广泛发动党政界、行业界、知识界、媒体界以及普通市民,按照继承和创新的原则,对新世纪以来提出的杭州城市发展总战略和子战略进行讨论和梳理,理顺与近年提出的城市发展理念和发展战略的关系,通过新常态下城市发展理念和发展战略的创新和突破,形成新的城市发展愿景,从而有机复合、集成、整合、凝聚市民的多样目标,导向推动城市整体发展的总目标,重构市民的凝聚力、向心力,形成一种推动城市整体发展的合力。另一方面,一个城市的发展愿景必须能够联系到市民的切身利益、愿望和诉求,引起市民的心理共鸣,使市民能够切身感受到与自身的相关点或接合点,才能形成有效的城市文化认同和文化凝聚力。为此,建议新常态下杭州城市发展理念和发展战略的突破和创新,必须继承和延续新世纪以来行之有效的做法,在形式和内容上直接与杭州特有生活文化和创业文化紧密相连,与市民自身的诉求、目标以及生活品质提升相关联,让市民能够切身感受到实践这些新理念、实施这些新战略,可以"让我们生活更美好",不是脱离公众日常生活的可望而不可即的"乌托邦",而是一种公众可以实践的创业文化和生活文化,从中可以寻觅到与自身日常生活、目标的"相关点",从而提升自身对城市发展新理念、城市发展新愿景的荣誉感、归属感和认同感。

3. 进一步强化杭州城市的文化特色,提升杭州城市形象,增强杭州的城市向心力和影响力

中国的经济发展和城市化进入"新常态",各地对优势资源的竞争将更加激烈,形成强者愈强、弱者愈弱的格局,未来杭州需要进一步强化杭州城市特色,提升城市形象、品位和综合竞争力,实现互补错位发展。富阳撤市设区意味着杭州生产、生活、生态空间布局更加合理,城市发展空间进一步拓展。城市越大,城市化发展越快,就越要寻找维系城市这个有机体的根,越要强化市民的"我们感""归属感"和"家园感"。为此,建议一是高度重视城市历史文脉传承和新世纪以来杭州发展的延续性,按照新常态的新特点和新要求,加大传承长期历史发展进程中形成的杭州城市特色文化力度,持之以恒地延续和强化新世纪以来形成的杭州城市发展定位、独特的城市功能和城市形象,在新常态下进一步凸显杭州既具有时代特征又具有本土化特点的城市文化特色和难以模仿的城市核心竞争力,进一步强化市民的精神认同和文化认同。二是进一步提升杭州城市形象的知名度、美誉度。目前,杭州在国内已经拥有很高的知名度和美誉度,得到了较为广泛的认可,但在国际上,杭州的知名度、美誉度仍然不够。因此,新常态下杭州应当将提升国际知名度、美誉度,充分展示杭州地域文化特色和古老、迷人的东方文明特质的文化"软实力",作为提升城市形象工作的重点。以举办 G20 峰会、亚运会等为契机,进一步突出"东方品质之城"杭州城市品牌的宣传,塑造杭州生活品质高地、政府服务高地、和谐创业高地等品牌形象。三是进一步延续、传承、突出"东方品质之城"城市总品牌之前"与世界名城相媲美的"这一修饰语,不仅将其作为杭州城市形象和品牌宣传的重要用语,更重要的是将其作为新常态下杭州城市发展的目标定位,不断地按照世界名城比如日内瓦、苏黎世等的标准,提升杭州城市的经济政治社会文化生态品质,强化杭州城市形象提升的物质硬实力和文化软实力支撑。四是进一步提升杭州城市形象的传播力。着眼于提高杭州城市文化和城市形象国内和国际传播的辐射力和影响力,加快构建技术先进、传输快捷、覆盖广泛的现代传播体系,提高文化对外开放水平。推进杭州国际访问交流中心、全英文中国杭州门户网站等外宣阵地建设,加强与海外主流媒体、海外华文媒体的合作,办好两岸四地文化交流中心,完善文化产品国际营销网络,积极扩大对外文化交流和文化产品出口,创新杭州文化"走出去"模式,加快杭州文化"走出去"步伐。

4.不断增强杭州城市文化软实力的基础

一是从新常态下我市经济社会发展新特点和新要求出发转变发展理

念。牢固树立未来的发展方式将是一种从以"硬实力"提升为核心转向以"软实力"提升为核心的发展方式的理念,从不断增强我市转型升级、提质增效精神支撑力的高度,谋划和布局我市文化发展。二是把培育和践行社会主义核心价值观作为提升杭州城市文化软实力的灵魂。把培育和践行社会主义核心价值观融入国民教育、精神文明建设和党的建设全过程,贯穿改革开放和社会主义现代化建设各领域,体现到精神文化产品创作生产传播各方面。建议开展培育和践行社会主义核心价值观主题活动,突出群众性、强调实践性、体现导向性,按照习近平总书记讲话精神,把杭州打造成培育和践行社会主义核心价值观"与人们日常生活紧密联系起来","在落细、落小、落实上下功夫"全国先行区和示范区,显著地提升杭州市民的文明素质和社会文明程度。三是把公共文化服务体系建设,作为进一步培育和提升我市文化软实力战略的重要基础工程,充分发挥公共文化服务体系建设在增强文化软实力的说服功能、渗透力、吸引力和凝聚力中的作用。建成全国同类城市领先、覆盖城乡、分布合理、发展均衡、网络健全、服务优质、管理有效的公共文化服务体系,加大大型特色公共文化品牌创建力度,凸显杭州城市特质和文化主题,扩大杭州特色公共文化活动品牌国内外知名度和美誉度。重点关注群众最关心、最直接、最现实、最薄弱的文化需要,实现基本公共文化服务均等化,全面保护与有效传承文化遗产,进一步提高文化遗产合理利用水平。四是进一步释放文化的产业属性和经济属性,加速提升文化创意产业整体实力和竞争力,使文化软实力转化为"产业硬实力",进一步发挥文化创意产业在促进我市经济结构调整和转型升级以及提升中华文化、浙江区域文化、杭州城市文化和城市形象传播力和影响力中的作用。以建设国际知名、国内一流的"文创内容中心、文创人才中心、文创科技中心、文创金融中心、文创交流中心、文创研究中心"为依托,加快把杭州打造成为以文化、环境、生活、创业高度融合为特色的全国文化创意中心。完善文化创意产业发展体系,构建更富活力的体制机制,显著增强文化创意企业创新能力,充分发挥杭州的文化优势、环境优势、人才优势、产业优势与市场优势,集聚创意要素资源,推进文创品牌创建工程,提升中国国际动漫节、中国杭州文化创意产业博览会等会展活动影响力,加快建设中国电子商务之都、中国动漫之都、中国女装之都、中国艺术品交易中心、中国重要的设计研发基地等,全面构建起引领浙江、服务长三角、辐射全国的内容原创基地、设计研发基地、产品(产权)交易基地和信息发布基地等,进一步打响"创意杭州"品牌。围绕做足、做好"名人、名园、名企、名品、名牌"文章,深入实施人才队伍开发工程、产业园区示范工程、大企业集团培育工程、文化精品创作工程、文创品牌建设工程等五大工程,为杭州打造全国文化创意中心提供战略支撑。五是加强历史文化遗产保护和利用,强化历史文化遗产保护在强化杭州城市文化特色、增强杭州城市文化竞争力中的作用。加快构建科学有效的文化遗产保护体系,巩固提升西湖、京杭大运河世界文化遗产保护水平,推进以良渚遗址为重点的世界文化遗产申报工作,实施南宋皇城大遗址综合保护工程,加大历史文化名城、名镇、名村、街区、历史建筑和非物质文化遗产保护力度,加强历史文化街区和省级历史文化保护区的保护修缮和环境整治,编制完成省级历史文化保护区的保护规划,切实加强历史文化遗产的保护与利用。推进"国学文化进社区",广泛开展优秀传统文化教育普及活动。繁荣发展少数民族文化事业。启动县市级文保单位档案建档工作,提升博物馆的软硬件水平,巩固博物馆免费开放成果,强化博物馆教育功能。完善非物质文化遗产保护体系,健全以国家级名录为重点的梯次结构名录建设体系,加强非物质文化遗产展示场馆建设,加强传承人队伍建设,建立科学高效的非物质文化遗产传承机制,推进杭州市非遗数据库和网络服务平台建设,加强非物质文化遗产保护基地建设。加快以传统表演艺术为重点的非物质文化遗产精品项目的培育,努力形成"一地一品"或"一地多品"的非物质文化遗产精品保护格局。科学规划、合理利用,加大文化遗产与文化产业、旅游业、大型商贸展览活动的结合度,更好地体现文化遗产的教育、科研与经济功能。通过生产性方式促进文化遗产的活态传承与保护。研究制定非物质文化遗产生产性保护在融资、税收、土地使用等方面的优惠政策。

撰稿:陈立旭,中共浙江省委党校

三、杭州发挥名人故居作用，讲好"杭州故事"报告

　　杭州为迎接 G20 峰会进行的"硬装修"已经基本完成，成效显著，形象靓丽，令人振奋；"软装修"也已提上日程。其中，名人故居是个非常重要的系列。习近平主席在去年的 G20 峰会上宣传杭州时，强调"杭州是历史文化名城"。这是我们通过 G20 峰会应该着重向世界展示的一个方面。而历史文化名城不仅体现在历史建筑上，而且更多地体现在杭州众多的历史文化名人上，因为历史是由人的活动构成的，并因人的活动的多样性、复杂性而丰富多彩。曾经在杭州生活的历史文化名人是历史活动中令人瞩目的亮点，是大量"杭州故事"的主角。名人故居是历史建筑和历史文化名人的结合点，是引导客人了解杭州古往今来的切入点，是讲好"杭州故事"的富有魅力的话题。

　　杭州的三度建都（包括良渚古城）史和经济文化重镇地位，使杭州诞生和吸引过大量的历史文化名人，特别是民国时期的许多名人故居尚在。名人故居与山水风光融为一体，是杭州最为引人入胜的特点和优势。改革开放以来，由于名人故居的保护日益受到重视，目前杭州已有上百个文化名人纪念馆、陈列馆，名列全国前茅。但是还有大量的保护和开发工作要做。这次抓住 G20 峰会在杭州召开的难得机遇，擦亮这张"金名片"，把杭州的名人故居展现在全世界聚焦杭州的镜头下，展示杭州的历史文化底蕴，不仅能为杭州的形象加分，吸引力加码，而且能促使杭州的历史文化遗产保护和开发利用再上一个大台阶。

　　笔者在开展《特色文化城市研究——以杭州市为例》课题研究的过

程中,曾专程赴名人故居与海滨风光融为一体的青岛市考察。那里的文化名人故居一条街给笔者留下了深刻的印象。青岛小鱼山文化名人故居一条街位于山东大学旧址,是文人学者集中居住的地方。现有康有为、闻一多、梁实秋、杨振声、沈从文、洪深、老舍、赵太侔、童第周等文化名人故居30余处,全国重点文物保护单位4处,省级文保单位2处,历史建筑占区内建筑总数的62%。其中老舍、闻一多、康有为等少部分名人故居作为纪念馆、陈列馆对外开放,其余的尽管作为私宅不开放,但其中一部分还是有显著标志的。特别是街上有"文化名人故居"分布示意图,标明了这些故居的地址,便于寻访。这些做法都可供我们借鉴。

在当前迎接 G20 的过程中,"擦亮金名片"至少可以先开展下列工作:

一、建议由杭州市分管副市长牵头,杭州市园文局负责组织协调,杭州市社会科学院、杭州研究院和相关学术团体参与,对"擦亮金名片"工程进行总体设计,落实分工,对部分项目组织招标,并对名人故居的保护、修缮、宣传和开辟新的纪念馆、陈列馆提出建议和规划。

二、当务之急是编印多语种的《杭州名人故居》导游图和《杭州名人故居概览》,集大成地介绍杭州现有的名人故居和故居遗址的地点、参观内容、交通方式、联系方式、开放时间和名人简介,推荐参观游览线路,在G20峰会的主要场馆发放,在各个名人故居纪念馆、陈列馆和各旅游景点、涉外宾馆出售,并在杭州市的各旅游网站上开设主页介绍上述内容。

三、于 G20 峰会前在名人故居集中的地点(如北山路、孤山、南山路)设置多语种的标志牌和指示牌,标明周边名人故居的地址、方位。

四、抓紧在没有辟为纪念馆、陈列馆的名人故居外设立多语种的铭牌,介绍该历史文化名人的概况和在此居住的时间。

五、充实现有历史文化名人纪念馆、陈列馆的展示内容,特别是增加各种外文版的介绍材料。

六、在 G20 峰会期间和会前会后,在省市电视台和中央电视台开设《杭州历史文化名人》专栏,围绕这些历史人物讲述杭州的历史故事,宣传中华优秀传统文化。

七、杭州研究院（杭州国际城市学研究中心）和杭州市社会科学院都有大量的研究杭州历史文化的成果，其他学术机构、学术团体和专家学者的成果也相当丰富，但缺少集中展示的平台。山东临淄的齐国古都遗址博物馆在服务部比较集中地展示和销售齐文化的研究成果，其中不少是作者委托代销的，笔者前去考察时收获颇丰。杭州可以展示的学术成果要多得多。建议各大书店设置"杭州历史文化研究"专柜，集中展销、代销这方面的成果，在各个历史文化名人纪念馆、陈列馆和主要旅游景点设立代销点（最好有代客邮寄服务）和主题漂流书屋，各大涉外宾馆也可以购置一些学术成果置于大堂供宾客浏览。介绍历史文化名人的网站也应该集中展示这方面的研究成果，有条件的还可提供网购服务。

八、建议省市社科联把杭州历史文化名人故事纳入科普招标课题，组织相关学术团体和专家学者撰写通俗性的历史文化名人丛书，成书后纳入上述销售渠道。

撰稿：蓝蔚青，浙江省社科院

四、杭州以传统工艺为战略推进
城市文化国际化报告

传统工艺是指世代相传,具有百年以上历史以及完整工艺流程,采用天然材料制作,具有鲜明民族风格和地方特色的工艺品种和技艺,是非物质文化遗产的重要组成部分。杭州传统工艺历史悠久,传统工艺种类众多。改革开放以来,杭州的传统工艺乘着我国一浪高过一浪的对外开放之潮,逐步走向世界各国。2016 年在杭州召开的 G20 峰会,更是成为杭州传统工艺国际化的历史新起点。

(一) 杭州传统工艺的历史回顾

在长达几千年的历史发展过程中,杭州先民们留下了极其丰富的传统工艺遗产,其数量之多,内容之丰富,形式之多样化和工艺之创造性,在我国乃至世界工艺史上也是独树一帜的。

1. 中华人民共和国成立前:源远流长

七八千年前的跨湖桥文化和四五千年前的良渚文化,杭州的先民们就以自己的聪明才智,制作出了精美的玉雕、黑陶、瓷豆等。南宋时,设在开封的官办作坊,携带先进的设备与技术迁至杭州,名噪一时的文人、艺术家与各行业高手汇集于此,创造了繁荣的南宋文化。明清时期,杭州传统工艺得到了持续发展,不但开拓了新的生产领域,而且也成功地转变了生产方式。除丝绸和茶叶外,以杭扇、杭线、杭粉、杭烟、杭剪"五杭"等为代表的杭州传统手工业产品最为著名。

经过千百年的流传，杭州传统工艺积淀深厚，以其技艺精湛、品种丰富、独具民族神韵和地域特色而享誉国内外。比如杭州素有"丝绸之府"的美誉，历来是中国丝绸的设计、生产和商贸中心。作为中国最著名的茶叶产区之一，西湖龙井茶位居中国十大名茶之首。作为"南宋官窑"瓷的生产、集散中心，官窑位居宋代"官、哥、汝、定、钧"五大名瓷之首。同时，杭州拥有一大批百年老字号品牌（企业），如都锦生织锦、西湖绸伞以及王星记扇子、张小泉剪刀等。此外，杭州还拥有中国历史上第一个印学社团"西泠印社"。

杭州的街巷中至今有许多老地名，表征着杭州手工作坊大量分布的事实，留下了杭州传统工艺的历史印迹。如鼓楼附近有"打铜巷"，当年就是一条杭城铜铺林立的小巷，尤以"响铜"出名。"盔头巷"原在官巷口东边，是戏剧盔头的生产经营集中地。此外，还有"团子巷""珠宝巷""锦绣弄""缸儿巷""染坊弄""扇子巷"等等，所有这些为我们勾画出一幅昔日杭城手工艺的繁荣图景。

2. 中华人民共和国成立后：曲折发展

新中国成立后，杭州市委、市政府对传统工艺行业热心扶持，招回了民间艺人，通过提供原料、加工订货、技术指导、低息贷款、税收优惠等多项措施，帮助行业恢复。即使在 1959 年到 1961 年这三年困难时期，市委、市政府也十分关心有特长的艺人，参照对待高级知识分子的生活待遇，对他们的生活予以特殊照顾。

改革开放以来，杭州传统工艺在继承传统技艺的基础上又有了新的发展，如铜雕；一些传统工艺焕发了青春，如万缕丝（萧山花边）等；部分曾经失传的传统技艺得到了恢复，如南宋官窑瓷、丝绸画缋等；还涌现了一批采用高新技术开发的新的传统工艺品种，如金铂装饰画等。

20 世纪 90 年代，伴随着经济体制的深刻变革和国企改革的普遍阵痛，杭州传统工艺行业也经历了低落期，面临着新的挑战。许多企业在激烈的市场竞争中，出现了经营困难、技术队伍老化、人才流失、市场萎缩的问题,一些企业甚至破产和关停并转。一些承载着杭州居民情感和记忆的手工艺悄然间从生活中消失了。

3.新世纪:生机勃勃

2002年以来,杭州市二轻系统所属国有工艺企业陆续进行改制。杭州王星记扇厂、浙江美术地毯厂、杭州工艺美术研究所企业通过改制,重新展现了活力。同时,以杭州金星铜工程有限公司、华宝斋富翰文化有限公司、杭州中纺技术开发有限公司、萧山抽纱花边有限公司、杭州敦煌工艺品厂等为代表的一批民营企业迅速崛起,在市场竞争中发挥其体制优势,充满活力。民营企业异军突起,已经成为杭州传统工艺行业的新兴力量。

(二) 杭州传统工艺的基本现状

1.杭州传统工艺在各级非遗项目中的占比情况

西湖绸伞、昌化鸡血石雕、杭绣、织锦、萧山花边、毛笔、铜雕等33个传统工艺被列入杭州市传统工艺美术的重点保护品种和技艺,也是国家和省市级非遗项目。此外,萧山萝卜干、东坞山豆腐皮制作、青溪龙砚、青柯鸟笼、临安竹盐、建德倒笃菜等众多影响力相对较小的传统工艺也被列入了非物质文化遗产名录。传统工艺约占非遗总数量的40%。(各级非遗名录中传统工艺的比例如表7所示)

表7 各级非遗名录传统工艺比例

级别	非遗数量	属于传统工艺范畴	比例
国家级	44	17	38.6%
省级	168	71	42.3%
市级	289	123	42.6%

2.产业发展情况

2015年,杭州工艺美术整个行业的产值近160亿元,相关从业人员数十万。虽然，工艺美术不完全等同于传统工艺，它既包括属于传统工艺范畴的工艺美术，也包括属于现代工艺的工艺美术，但总体看，这些数据仍然在相当程度上表明了杭州传统工艺产业的大体规模。杭州全市范围内已形成了花边、扇艺、刺绣、织锦、窑瓷、陶瓷、石雕、铜雕、木雕、剪纸等门类比较齐全的民间传统工艺精品体系，竹纸、竹笛、殿堂壁画、传统医药、传统餐饮、名优特产等链条较为完善的非遗产业集群。在大杭州范围内，现有3个历史街区、2条特色公益街、50多个非遗场馆，初步形成了以"鼓楼—大井巷—安荣巷—杭州市工艺美术特色园区"为主的工艺美术展示、销售、创作的主要集聚地。从地区看，仅余杭区目前就共有与传统工艺相关的民营生产性企业151家，民间非遗传承作坊56个，省级民营老字号企业3家。（中国黄页网对杭州工艺美术品制造业的694个企业公司进行了列表，分布区域如图10所示）

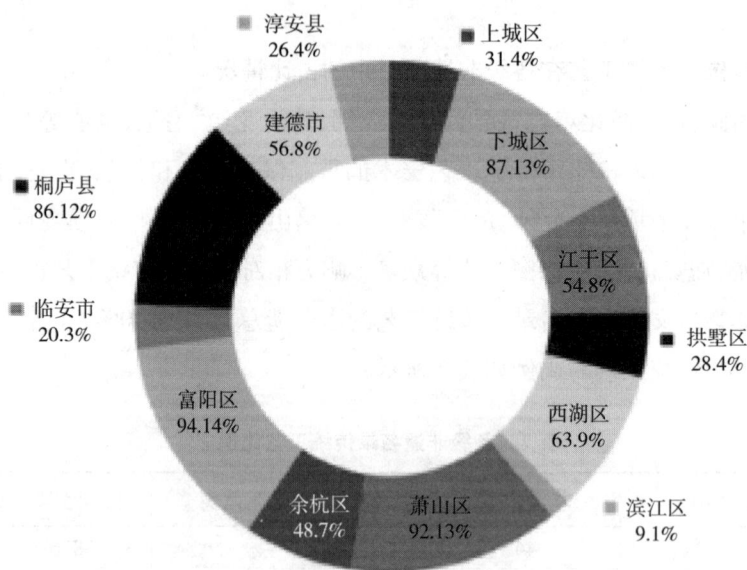

图10 杭州工艺美术品制造业企业公司分布

当然，在整个传统工艺行业内部，不同门类的传统工艺发展状况也差距较大，存在一定的不平衡性。有些门类如木雕、越窑青瓷、鸡血石雕等，由于收藏热等原因,其产品能获得很高的社会回报,从业人员收入很高,发展状况不错。相比之下,剪纸、泥人、面塑、蓝印花布、风筝等传统工艺门类,因为市场小、回报低,难以做大和快速发展。

3. 人才培养情况

杭州传统工艺行业拥有朱炳仁、嵇锡贵、陈水琴等一大批在国内外有影响的工艺美术的领军人物。截至目前,杭州共有各级工艺美术大师118位,其中,国家级工艺美术大师6位(含亚太手工艺大师3位),占7%;省级工艺美术大师44位,占33%;市级工艺美术大师68位,占60%(如图11所示)。为了推动杭州传统工艺人才的培养,杭州近年先后出台诸多有力度的政策举措。例如:2013年,杭州开展了"国级大师带徒的薪火计划",共有5位中国工艺美术大师向全社会公开招收徒弟达24名。此外,杭州市还出台了《杭州市工艺美术人才培养和引进三年行动计划》《杭州市工艺美术产业五年行动计划》《杭州市非物质文化遗产代表性传承人专(兼)职学徒考核办法》《关于"生活品质之城"城市品牌研究推广和管理工作的若干意见》和《杭州市工艺美术产业发展五年行动规划》等一系列政策性文件。

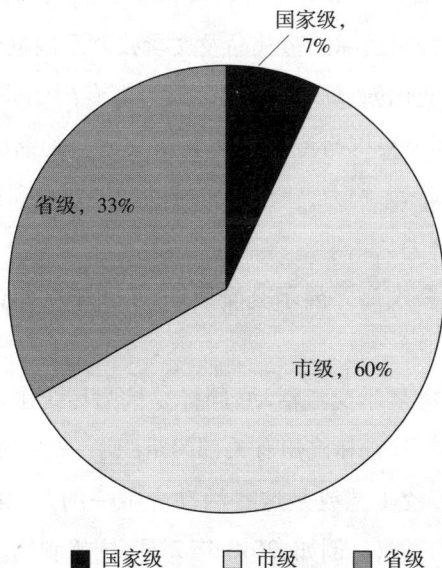

图11 杭州市各级工艺美术大师比例

（三）杭州传统工艺国际化发展过程中的重要成就

1. 杭州入选"工艺与民间艺术之都"，加入了"全球创意城市网络"

2012 年 4 月，杭州经联合国教科文组织批准，入选"工艺与民间艺术之都"，并加入"全球创意城市网络"的城市。这既是对杭州传统工艺悠久历史、繁荣生态、保护成绩和产业实力的充分肯定，又是对杭州传统工艺走向世界、实现国际化发展的极大推动，将会给杭州的传统工艺带来更多的交流机会、更多的贸易渠道、更多的商业机会、更大的品牌效应、更好的发展环境。

2. 杭州举办了一系列国际性展会，推介了杭州传统工艺

在杭州市委市政府的重视和支持下，杭州近年先后举办了一系列与传统工艺相关的国际性展览会，大力推介杭州传统工艺，有力地推动了杭州的文化优势变为产业优势、文化资源变为经济效益。其中比较重要的有 2013 年 10 月举办的首届亚太传统手工艺博览会、2014 年 12 月举办的第一届中国国际传统工艺技术研讨会暨博览会名人名品展、2016 年 10 月举办的第十二届杭州国际工艺礼品及文玩收藏品展览会等。特别是杭州连续多年举办的文化创意产业博览会因为有专门的非遗展区、有扎堆的传统工艺品，从而使得杭州传统工艺凭借文博会的品牌效应和超高人气，显著地提升了国际影响力，获得了良好的经济效益和社会效益。

3. 杭州组织了多次海外展示交流活动，扩大了杭州传统工艺的国际知名度

直接到国外举办展示交流活动，同样是杭州传统工艺国际化发展的有效举措。近年，国家、省和杭州有关部门组织了一系列传统工艺海外交流展示活动，杭州传统工艺或是这些活动中唯一的"主角"，或是其中的重头戏，或是其中的亮点。例如，2013 年 2 月，杭州刺绣、王星记扇、南宋官窑、萧山花边、西湖绸伞、都锦生织锦、木版水印、桐庐绣花鞋等杭州传统工艺参加了浙江省文化厅、西班牙马德里中国文化中心主办在西班牙首都马德里举办的"欢乐春节"——《天工遗风——浙江传统手工艺精品展》；又如，2014年2月，王星记扇、木版水印等杭州著名传统工艺参加了浙江省文化厅等部门在美国加州举办的"2014年欢乐春节·中国浙江文化节"暨"浙江传统手工艺走进美国过大年"活动；再如，2017年2月，杭州的传统工艺木版水印在英国伦敦王储传统艺术学院举办了"梓墨千年——十竹斋木版水印艺术传承文献作品展"；等等。这些高频次、力度大、有影响的海外文化交流展示活动有力地推进了杭州传统工艺在海外尤其是欧美发达国家的传播，有效地扩大了其国际知名度。

4. 杭州举办了 G20 峰会，提高了杭州传统工艺国际美誉度

2016年9月举办的G20杭州峰会，为杭州传统工艺吸引世界目光、成为世界焦点提供了千载难逢的极佳契机。王星记扇、龙井茶炒茶技艺、西泠印石、杭州丝绸、朱炳仁铜雕技艺等杭州传统工艺或凝结成了手中的精美礼品，或变成了嘉宾口中的美味，或催生了壮观精致的会议场所。杭州系列传统工艺在G20杭州峰会的集体精彩亮相，显著地提高了杭州传统工艺的国际美誉度。

（四）杭州传统工艺国际化发展的主要短板

杭州传统工艺国际化，必须以在国际上有名气、有市场为目标，必须以有实力有内功为前提。与此对照，杭州传统工艺的国际化发展还存在着一些短板。

1. 整体实力不够强

与省内外先进地区相比，杭州传统工艺整体实力存在着一定的差距。一是综合实力上的差距。目前，杭州传统工艺美术行业销售产值排在台州、宁波等之后。二是区域特色上的差距。2003年9月，中国工艺美术协会命名了我国首批14个"中国工艺美术行业特色区域"。浙江有6

个,分别是"中国毛笔之都"湖州市、"中国工艺品之都"台州黄岩区、"中国工艺礼品之都"仙居县、"中国工艺礼品城"仙居县工艺品生产加工园、"中国龙泉青瓷之都"和"中国龙泉宝剑之乡"龙泉市,而传统工艺源远流长、资源丰富的杭州市竟然榜上无名。三是产业集聚的差距。由于受到规划缺位、用地紧张等因素影响,杭州至今没有出现与东阳木雕城、东莞家具城、苏州刺绣基地等媲美的产业集聚区。杭州的传统工艺可谓布局分散,家庭作坊生产方式普遍,由此无法形成有效的规模和品牌效应。

2. 传统工艺的技术基础和生产工具不够先进

作为传统工艺基础的技术基本上都是手工艺技术,而且(大多数)工艺烦琐,所以导致成本要素增加,相对于今天机械化生产而言,生产效率是非常低,不符合市场经济规律,也不能满足社会需求,这是传统工艺面临发展困境的重要内因。以杭绣为例,起源于汉代,南宋时为鼎盛时期,清末民初杭州的后市街、天水桥、三元坊、弼教坊一带有刺绣作坊近20处,刺绣艺人约200余人,以男工为主,行业中有只收男工不收女工、只传媳妇不传女儿的规矩,并一直沿传到民国,成为杭绣的一大特色。如今,杭州从事男工绣的却只剩下赵亦军一人。这些年,他每天除了吃饭、睡觉外,几乎都在忙着刺绣,每天都要坐在绣绷前十来个小时。不过,即使争分夺秒地做,赵亦军积累的作品也不太多。如1999年到现在只做了3件作品,一幅《大日如来》他绣了整整3年。还有一幅《观无量寿佛经》,光底稿设计就用了一年多时间,有530多个人物,由三块面料拼在一起,但根本看不出拼接的痕迹,绣了8年,最近才完成。创作一幅杭绣作品,成本高,成效慢,作品除了用于艺术收藏外,显然在现实生活中没有用武之地。这就极大地制约了杭绣的发展。

3. 从业者综合素质不够高

传统工艺是企业的核心竞争力,作为传统工艺承载主体的从业人员是传统工艺企业的第一资源。尽管杭州近年来不断加大传统工艺人才的培养力度,但仍面临着突出问题和严峻挑战。从现实看,传统工艺从业者大多数只有高中以下学历,文化素质整体较低。仅以市非遗传承人这一群体为例,其中42.8%的传承人是初中以下,大专以上的只有18.6%。此外,由于"闭门造车"和缺乏培训,这支队伍的经营管理才能、国际营销能力和创意能力也比较欠缺。概言之,传统工艺从业者的综合素质总体不高。在传统工艺企业的国际化发展越来越有赖于企业产品的创意、企业的经营管理、企业的国际化营销,越来越倚重于综合性人才的当今时代,这种现状无疑对传统工艺的国际化发展构成了极大的制约。仅就创意能力来说,由于一些传统工艺企业的从业人员很少接受创意之类的教育培训,没有擅长时尚创意的人才,其在产品的时尚创意方面着力不多,其产品在样式、风格等方面与当今时代的年轻人的时尚与个性的审美要求差距甚远。从未来看,传统工艺产业的人才队伍也面临着后继乏人的严峻挑战。杭州现有的6位国家级工艺大师,平均年龄在70岁以上,有些已无法再从事生产创造,这一事实也从一个角度表明杭州的新生代传统工艺人才还未形成人才辈出的局面。更重要的是,由于当今时代的就业选择机会多,而传统工艺从业人员却面对着学习时间长、工作回报低的残酷现实,由此使得传统工艺企业普遍面临着招工难的大难题,使得传统工艺面临着产业生力军急剧减少的威胁。例如,杭州整个丝绸行业遇到劳动力短缺、招工困难的难题,即使开出月工资4500—5000元,也找不到一个熟练工人。笔者在王星记调研时,企业负责人也反映,由于企业工资相对较低,尤其是制扇工人收入较低,一年收入约3万—4万元,这些年来一直面临招工的难题,制扇的手工操作工尤其难找。杭州利民中式服装厂负责人也讲,现在员工很难招,员工怕吃苦。

4. 电商销售不够多

在现代市场经济条件下,产品的销售同样关乎传统工艺企业的生存,进而关乎传统工艺的复兴和国际化发展。由于传统工艺企业天然地携带更多的传统基因,由于传统工艺产业对历史经验的路径依赖相对比较严重,从而使得这一产业总体上与互联网产业融合不深,使得电子商务在企业产品的销售方面作为有限。这些传统工艺企业要么很少做电商销售,要么缺乏这样的人才,心有余而力不足。传统工艺与电子商务融合早已成为一种不可阻挡的发展趋势。传统工艺产品的电子商务应有广阔的未来发展空间,但如今杭州传统工艺产业的电商销售份额偏低的事实,显然与此不相适应。据王星记负责人介绍,早在2004年,"王星记"扇子就开始尝试电子商务,但到2014年线上占总销售的比例还不到10%。另据浙江省老字号"天竺"筷负责人介绍,"天竺"筷2014年网上销售额为30多万元,在全部销售额中占比约为16%。当然,不可否认和不容忽视的是,电商的监管和仓储难题也影响到了传统工艺产品的网上销售。例如,传统工艺产品对仓储物流环节的环境和动作要求相对较高;还如,一些网上销售的传统工艺产品可能会遭遇到没有经过授权的电商卖家进囤货、降价的问题,这既会损害企业的品牌形象,同时也会破坏统一的市场销售。

(五) 杭州传统工艺的国际化发展战略

1. 总体思路

增强文化自觉和文化自信,贯彻五大新的科学发展理念,以人才为第一资源,打好"工艺与民间艺术之都""双世遗城市"品牌,推动传统工艺与互联网、与现代科技、与文化创意深度融合,同时着力需求和供给两侧,坚持"十化"路径(产业集群化、生产高效化、设计时尚化、功能多样化、业务多样化、定制个性化、销售捆绑化、销售电商化、人才复合化、体验综合化),推动杭州传统工艺更好走向世界。

2. 具体对策

(1)建设传统工艺特色小镇,实现传统工艺产业集群。杭州多个特色小镇快速发展的事实表明,特色小镇可以有大作为,可以发展为大产业。针对杭州传统工艺产业小、弱、散的问题,杭州应在交通比较便利、靠近旅游线路、土地面积较大的区域规划建设传统工艺特色小镇,为杭州尤其是主城区的各类传统工艺企业统一"筑巢安家",如此可大大提升杭州传统工艺产业的集聚水平,促进杭州传统工艺产业的配套,形成规模效应和品牌效应；此外，由于传统工艺特色小镇与杭州旅游景区相邻相融，这也会带来旅游资源增加、旅游线路丰富以及消费人群增加、传统工艺产业繁荣的双赢结果。

（2）使用先进设备、工具和技术，实现杭州传统工艺生产高效化。慢工生产出来的传统工艺产品即便卖价再高可以盈利，注定只能用于艺术收藏，只能满足少数人的需求，而无法进入社会生活，无法大量进入国际市场，无法满足国际大众需求，换言之，无法成为生活工艺（台湾著名陶艺大师、水里蛇窑第三代窑主林国隆将工艺分为时尚工艺、体验工艺、生活工艺等几种类型，其中生活工艺指需要大批量生产的工艺）。故而，应在保持传统工艺核心工艺和根本特征不变的同时，大力引进和积极使用先进的生产设备、生产工具和生产技术，以显著提高生产效率。像东阳木雕如今不仅在修光等工艺程序中使用机器，从而做到既精准又快捷，而且靠着不足半毫米的小三菱刀这种先进生产工具，可以做到在微小羽毛上精雕细琢。可见，引进和使用先进设备、工具和技术，对于杭州传统工艺生产的高效化以及杭州传统工艺的国际化，是至关重要的。

（3）突出产品创意，实现杭州传统工艺设计时尚化。传统工艺产品作为时代的精品，往往具有时尚的特征。在一定程度上说，传统工艺发展的历史也就是传统工艺从业人员不断创新，追赶、制造和引领时尚的历史。在社会公众特别是年轻消费者越来越注重时尚和生活品质的当今时代，杭州传统工艺必须做到设计时尚化，唯此才能促进杭州传统工艺的国际化。由于设计时尚化主要取决于产品的创意，因而杭州传统工艺从业者必须将创意置于与技术同等重要的地位，下足功夫，精心构思，增强产品美感，从而达到顾客喜爱、产品热卖的效果。像杭州天目竹筷在小小竹筷上通过烫花呈现"西湖十景"、十二生肖、星座等美图和文字，不仅提高了产品的附加值，也对准了市场消费者的胃口，促进了产品的销售。又如，杭州王星记推出的一款新扇，使用的是万事利丝绸，从而使得消费者仅仅购买一扇，既能体验和分享王星记的精湛制扇技艺，又能体验和分享万事利的精美丝绸技艺。可以说，此类做法和创新具有普适性的。

（4）满足消费实用需求，实现杭州传统工艺产品功能多样化。传统工艺最初和最主要的功能往往是实用功能,如王星记扇子主要是为了扇风降温驱蚊等实用功能,张小泉剪刀主要是为了剪裁物件,等等。传统工艺产品所具有的实用功能越多,则传统工艺产品越能赢得各国民众青睐,越能激发消费者的购买冲动。由此给杭州传统工艺带来的重要启示是:为了促进杭州传统工艺资源的"再生活化",应尽量做到杭州传统工艺产品的多功能化,即一件产品有多种功能,使得传统工艺产品不仅是好料、好看,还好用,从而满足顾客对传统工艺产品多种功能的需求,提高传统工艺产品的效用度。例如,一件精美的陶瓷工艺品,如果能同时具备储存零钱、照明、存放名片等各种意想不到但现实生活所需的功能,则往往拥有更多买家。只要细心捕捉民众生活需求、高度重视产品创意、努力开展技术攻关,传统工艺产品的功能多样化是大有文章可做的,尤其是雕刻雕塑之类材料弹性、腾挪空间和想象空间较大的传统工艺更值得探索和期待。

（5）回应消费者个性需求,实现杭州传统工艺产品定制个性化。随着人们生活水平的逐渐提高和社会成员异质性的增强,人们对包括传统工艺品在内的各类生活用品的需求越来越个性化,这在发达国家尤其如此。为了让杭州传统工艺品进入更多民众的生活和国际市场,必须逐步做到传统工艺产品的定制个性化,亦即根据各国消费对象的个性化需求而生产,从而实现生产与供给的高度匹配,显著提高传统工艺产品的附加值。这在信息网络技术、大数据技术和3D打印技术等现代技术突飞猛进的当今时代,也有着越来越多的技术条件和技术支持。G20杭州峰会所需的诸多产品和礼品,大多数属个性化定制,从最后的结果看,这些个性化定制的产品和礼品不仅按时保质保量地生产了出来,也赢得了与会嘉宾的好评。推而广之,未来时代,杭州传统工艺从业者通过个性化定制以满足各类消费者甚至单个消费者的个性化差异化需求,不仅是必需的,也是可行的。

（6）加强品牌合作,实现杭州传统工艺产品销售捆绑化。2016年9月11日,同为G20峰会特邀生产商也是行业翘楚的万事利与王星记共同发布了"最忆是杭州"丝绸礼扇手包套装,受到社会各界热烈追捧,由此开始了双方产品及营销等方面的创新融合。笔者将这种两种或多种传统工艺产品组合打包式销售的做法称为传统工艺产品的销售捆绑化。尽管它不同于两种或多种工艺共同催生出和熔铸于一件工艺产品之类的品牌合作和产品创新,但也有效果和意义,即在消费者受益的同时,又促进了产品的销售,提升了品牌的知名度,是一个双赢或多赢的结果。以此类推,杭州不同传统工艺品牌之间可以根据不同场合、针对不同客户群体、围绕不同主题推出各种各样的组合捆绑式销售,其结果自然也是有利于杭州传统工艺吸引顾客、走向世界。

(7)发展电子商务,推动杭州传统工艺品销售电商化。电子商务可以突破消费市场半径的限制,可以极大地拓展消费市场。传统工艺产品普遍具有特色鲜明、流通方便的特点,电子商务正可使之如虎添翼。杭州本有电子商务的良好基础,杭州跨境电商试验区的建设更为杭州电子商务的发展提供了难得的历史机遇。基于此,杭州应在传统工艺产业广泛播种互联网基因,推动"互联网+传统工艺"战略的落地,使传统工艺从传统营销向网络营销转变,从卖一地一城向卖全国全球转变。具体说,一方面,经信委等政府有关部门应组织传统工艺企业负责人及销售部门负责人普遍开展电子商务培训,培养企业自己的电商人才;另一方面,政府有关部门也可通过资金补助补贴的方式,支持传统工艺企业入驻天猫、淘宝等阿里巴巴的旗舰电商平台。

(8)加大人才培养力度,实现传统工艺人才素质复合化。传统工艺资源的复兴和发展对从业者的技术水平、创意能力、想象能力、管理能力、观察生活等多方面的能力和素质提出了更高的要求,这也就要求加大传统工艺从业者的人才培养力度,将传统工艺人才培养成具有多方面素质的复合型人才,即实现传统工艺人才素质的复合化。这首先要求从业者有本领恐慌和终身学习的自觉,积极主动地通过欣赏品鉴古今中外的各类艺术作品、进艺术院校进修、拜能者为师、参加艺术讲座、展会、交流会等渠道,提高自身的工艺、审美、创意、管理等多方面素质和能力;同时,还应积极主动地走进生活、深入群众,以不断提高自己观察生活的能力,始终把准时代脉搏和社会需求。萧山花边传承人王丽华一边拜师国家工艺美术大师赵锡祥,一边进入中国美院进修国画,如今创作的工艺作品自成风格,有着浓浓的中国风,赢得业内和消费者的好评。这可谓杭州传统工艺人才追求素质复合化的成功典型。对于政府来说,其在传统工艺人才方面同样有责任,应有所作为,除了牵头组织大师收徒活动之外,还可通过组织传统工艺从业者统一到技校培训、到美术院校进修、去参观有关展览,以及为符合条件的传统工艺从业者培训和进修报销学费等举措,助力杭州传统工艺人才的培养。

(9)建设东方文化体验中心,实现杭州传统工艺展陈综合化。让更多杭州传统工艺全方位地展示在社会公众面前,让各国民众零距离地接触杭州传统工艺,是让杭州传统工艺走进生活走向世界的重要举措,也是激发消费者购买需求、引致消费者购买行为的重要前提。为此,有关部门应该考虑整合各类杭州传统工艺,选择交通便利之区域,按照文化综合体的性质定位,突出展陈、宣介、体验、培训等功能,顺带销售等功能,建设东方文化体验中心,从而实现杭州传统工艺展陈的综合化,为杭州打造东方品质之城、彰显杭州文化魅力、传承杭州传统工艺、推动杭州传统工艺国际化,提供具有较大面积、容纳较多公众的实践平台和展示平台。鉴于互联网的普及和 VR 技术的发展,还可建设网上东方文化体验中心,将各类精美的工艺产品搬到网上,让社会公众凭借 VR 技术身临其境地参观和体验。对于杭州旅游部门和各旅行社来说,则应将东方文化体验中心纳入杭州精品旅游线路,予以大力推介。

撰稿:肖剑忠,杭州市社科院

第四编　城市治理篇

年度报告

一、打造亚太地区重要国际门户枢纽发展报告

杭州市综合交通发展工作紧紧围绕建设独具韵味、别样精彩世界名城总目标,以规划制定为引领,以制度创新为突破,以示范创建为抓手,以项目推进为重点,扎实推进综合交通发展各项工作。

(一)以规划制定为引领,增强综合交通发展前瞻

一是历时两年时间编制完成了《杭州市综合交通发展"十三五"规划》,已经市政府批准同意后正式下发,明确了杭州市(含全部行政辖区)2016—2020年综合交通规划、建设、运营和管理相关工作,总投资共6406亿元,其中"十三五"期间计划完成投资5079亿元;二是加快推进杭州铁路枢纽规划修编工作,包括"一轴两翼六客站"在内的杭州铁路枢纽规划修编总图已于5月16日经中国铁路总公司黄民副总经理审签后送浙江省政府会签;后根据省市领导关于"高铁引入机场,将萧山国际机场打造成长三角核心机场"的最新指示要求,会同铁四院对枢纽总图东通道方案进行了多轮修改完善,最终方案得到了省市主要领导的肯定。7月13日,徐立毅市长会同省发改委焦旭祥副主任拜会了中国铁路总公司黄民副总经理,其对杭州铁路枢纽总图的修改完善和高铁引入机场方案表示赞同和支持。7月17日,我委在省发改委的指导下,召集铁四院、铁五院

及绍兴市相关部门就枢纽总图方案修改完善再次进行了研究讨论。

（二）以制度创新为突破，加大综合交通发展助力

一是研究出台了《市委、市政府关于进一步加快城市轨道交通建设的若干意见》。为又好又快推进杭州市城市轨道交通建设，进一步解决资金筹措、土地保障、工程建设、监督考核等方面的问题，在学习兄弟城市推进地铁建设成功经验的基础上，研究出台了《中共杭州市委、杭州市人民政府关于进一步加快城市轨道交通建设的若干意见》，并于6月7日正式发文，提出了轨道交通建设的总体要求和目标任务，加强了轨道交通建设的领导和协调，加大了轨道交通建设的投入力度，确保轨道交通建设工程顺利推进。二是制定了《杭州市城市轨道交通资金筹措与平衡办法》。坚持全口径、合理分摊、依法合规、做大做强原则，明确资本金出资主体及出资任务，设立轨道交通建设投资基金，加大市本级土地出让收入专项计提，明确筹资地块出资主体，确定筹资地块规划指标，核定筹资地块规模，确定筹资地块做地主体和出让方式，健全相关开发决策机制，明确划拨土地上盖物业的立项和处置方式。三是研究制定《杭州市城市轨道交通建设项目简易审批办法》。从加快城市轨道交通项目前期报批和工程建设的角度出发，按照"容缺受理，简化流程"的原则，采用模拟审批方式，对暂时未能满足报批条件的城市轨道交通项目先行开展审批工作，出具相关意见。

（三）以示范创建为抓手，丰富综合交通发展载体

根据国家发改委提出的打造现代综合客运枢纽，提高旅客出行效率实施意见精神，杭州市主动向国家和省发改委相关领导进行汇报，请求国家和省发改委支持杭州市创建综合交通枢纽示范城市；3月2日，市委赵一德书记带队拜访了国家发改委胡祖才副主任，就委、省、市三方共同创建综合交通示范城市达成一致意见；4月上旬经省发改委审核后，将《关

于共建综合交通枢纽示范工程合作框架协议（初稿）》上报国家发改委基础产业司。目前正加快推动国家发改委、浙江省政府、杭州市政府三方签订《共建综合交通枢纽示范工程合作框架协议》，推进以杭州火车西站综合交通枢纽工程、杭州航空枢纽工程、传化公路港样板工程为重点任务的"国家综合交通枢纽示范城市"的创建工作。取得国家发改委在规划布局、项目审核、资金支持、政策保障等方面对杭州市的支持。

（四）以项目推进为重点，夯实综合交通发展基石

一是制定《杭州市城市轨道交通五年攻坚行动计划》，通过实施轨道交通建设五年行动计划，在已开通运营的 82 公里轨道交通基础上，至 2017 年底，开通地铁 2 号线西北段和 2 号线二期、4 号线南段，杭州地铁通车里程达 117.6 公里；至 2019 年底，开通 5 号线全线、6 号线一期、杭临线，通车里程达 230.4 公里；至 2020 年底，开通 1 号线三期、6 号线二期、9 号线一期、杭富线，通车里程达 291.5 公里；至 2021 年底，全面开通运营 10 条地铁线、2 条城际线，总里程达 446 公里的轨道交通网络。2017 年上半年城市轨道交通共完成投资 69.6 亿元，约完成年度计划的 28%。二是全力推进在建铁路建设，杭黄铁路桐庐段、淳安段等局部路段逐渐贯通，金建铁路可审查通过，初设初审通过，杭州南站站房工程已完成 94%。2017 年上半年铁路共完成投资 32.5 亿元，约完成年度计划的 51%。三是公路、水路等项目建设有序推进，2017 年上半年公路、水路等项目共完成投资 99.7 亿元，约完成年度计划的 53%。

撰稿：杭州城市国际化发展报告（2017）编写组

材料来源：杭州市发改委

二、加快建设现代城市
治理体系发展报告

立足杭州市城市治理及公共服务短板,紧紧围绕政务环境、法治环境、服务环境、社会环境提升,以服务保障 G20 峰会为契机,不断完善现代城市治理体系。

(一) 深化政务法治环境建设

1. 优化政府公共服务平台。深化实施 OSM(On Site Management)现场管理系统,提升"一家两中心"服务标准化水平。在全省率先启动实体大厅端、PC 端、自助端、移动端等便民"四端"建设。探索"综合进件、分类审批、流程优化、统一出件"行政审批新模式,实现"一站式服务"向"一窗式服务"转变,推进一流营商环境打造。

2. 推进政务数据开放应用。发布《杭州市政务数据资源共享管理暂行办法》《杭州市政务数据资源目录(一期)》、杭州市地方标准规范《智慧电子政务数据资源共享管理服务规范》,为归集共享政务数据建立依据。建设跨层级、跨部门、跨区域的数据交换共享平台,推进中心数据库建设,并部署大数据处理平台。已有 60 多家单位 300 个系统在云上运行,归集全市各类政务实时数据约 12.64 亿条,数据交换量达 4 亿多条。提升网上便民服务功能,扩大移动端应用服务资源接入范围,新增地铁购票、不动产登记办事进度查询等 9 个移动端应用服务资源。

3. 深化负面清单制度,降低市场准入门槛。根据外资企业法修订及商务部《外商投资企业设立及变更备案管理暂行办法》，部署外商投资企业审批改备案，并将下放备案权限至各区县商务主管部门，实施备案属地化管理。

4.加强社会信用体系建设。编制"十三五"信用体系专项规划。明确政府部门信用信息分类及用信领域，推进实施《杭州市公共信用信息管理办法》。强化公共信用信息归集，实现47个市直部门和9个公用事业单位，涵盖298类3113项共计近13亿条信用数据，形成1230余万份自然人信用记录和113余万份法人信用记录。推动信用分类监管，开展信用奖惩联动，已有27个市直部门采用信用分类监管，建筑企业管理等20余个领域形成多部门联动监管格局。加快推进统一社会信用代码制度，实现与相关业务部门"一照一码"信息交互。出台《杭州市信用红黑名单发布制度》，976家企业入围红名单，269家企业进入黑名单。推进信用惠民，与芝麻信用共同推出"信用借还"服务，10家市属医院推出信用支付服务。

（二）提升公共服务国际化水平

1.促进教育合作交流国际化。增加国际学校至5所，推进普通中小学、幼儿园面向境外学生开放。拓展中外合作办学项目，浙江大学城市学院怀卡托大学联合学院正式获批，已设立各级各类中外合作办学项目71个。支持民办西湖大学设筹申报，2个西湖高等研究院顶尖人才项目团队已通过市评审。支持"千人计划"专家联谊会为民办高校发展募集资金。设立"杭州市政府来华留学生奖学金"。今年共有112名市属高校在读留学生获得奖励，发放奖学金80.1万元。

2.提升国际化医疗服务水平。市属医院国际医疗中心全面投入运行，努力促成和睦家医疗集团在杭落地，积极扶持树兰（杭州）医院（浙江大学国际医院）建设，批复浙江西子国际医疗中心。组织杭州市妇产科医院开展JCI认证，邀请台湾辅导团队开展基线调查，建立符合JCI评审标准的规章制度700余条，培训47场次。深化和拓展国际医疗合作，支持引进高层次外籍医疗专家,接轨国际医疗服务品质,借鉴"预约制",实施诊疗流程改革。

3. 实施国际化标识改造。对 80 条重点保障道路路名牌设施进行整合。将路名牌与路灯杆和交通设施杆进行整合,开展"清牌""清杆"工作。各城区共清除、整合各类标识标牌、杆件 11548 处,其中,清牌 9649 块、合杆 1899 根。协调拆除主、次干道上设置的灯箱式路名牌 555 块,拆除一厕多设等问题公厕指示牌 650 块。协同市质监局梳理公共标识图形及语言系列标准,并统一由标准化信息平台公布。推动各责任单位细化行业标识建改实施方案,并针对交通、教育、医疗、体育、旅游、商务等标识系统组织开展国际化标识建改督查,保障重点范围城市标识发挥引导服务实效。

4. 推进国际化街区和社区建设。对全市 17 条商业特色街实施道路、立面等硬环境及智慧街区、国际支付、外语服务等软环境的国际化建设改造,制定下发《杭州市商业空间布局及商业业态发展引导意见(2016—2020)》,形成"26710"商业空间布局体系。确定春江、文鼎苑、钱塘、东信 4 个社区作为全市国际化社区建设示范点,打造国际化样板社区。以公益创投形式推出 2 个国际化社区项目,推动中外居民邻里亲善融合并形成国际化社区服务需求表。

5. 深化志愿者服务建设。实施志愿生态、志愿关爱、志愿国际、志愿旅游、志愿文化等"美丽杭州"行动,涌现"武林大妈""石桥大伯""天水义工""文晖和事佬""上城黄哨子""米市小红帽"等典型。全市志愿者人数增至 152 万,注册志愿服务组织增至 13100 余家。成立杭州国际志愿服务队,遴选来自多国留学生作为国际志愿者代表参与峰会服务,成为峰会独特风景。

(三) 加强城市智慧治理

1. 推进"数字杭州"建设。编制智慧政务发展"十三五"规划,推动杭州市大数据平台建设。持续推进智慧医疗、惠民征信服务、市民卡数据共享等应用。探索城市"数据大脑"和大数据综合治堵试点工作。在萧山试点基础上,开展"四纵五横"快速路和高架道路试点,同时启动"数据大脑"在公交系统试点应用。

2. 深化城市规划建设管理等智慧应用。结合地理国情普查数据等建立城乡统筹、地理市情和三维等平台,并与125家单位建立测绘与地理信息数据共享应用。围绕"一中心四平台"总体规划,持续推进智慧城管建设,完成智能化数字城管系统项目14项功能模块开发,与腾讯、阿里开展贴心城管APP运营推广合作,深化停车诱导、人行道违停查询等服务功能。

3. 加强城市应急管理体系建设。成立市应急管理委员会,建立市应急指挥平台,建成市应急指挥中心。全面修订全市专项应急预案,完成修编市级预案36个,基本实现预案应修尽修;完成全市所有63个专项预案操作手册修订及市委、市政府58个市级专项应急指挥机构调整工作。

杭州城市国际化发展报告(2017)编写组整理
材料来源:杭州市城管委

三、杭州加快形成一流
生态宜居环境报告

"有品质"在某种程度上首先指的是一流生态宜居环境。2016年以来,杭州市成立"杭州市城市国际化加快形成一流生态宜居环境推进专委会",制定《关于加快形成一流生态宜居环境的工作方案》,全力推进杭州城市一流宜居环境建设。

(一) 城市空间布局得到初步优化

一是已启动新一轮总规编制的各项准备工作。开展编制《大江东产业集聚区(大江东新区)分区规划》《拱墅分区规划》和下沙副城分区规划。加强开发边界实施管理,完成《杭州市城市开发边界管理条例》编制工作,完成《富阳区城市开发边界划定和实施规划》编制,开展编制《杭州市城市开发边界管理条例》草案。二是大力推进永久基本农田的落地实施和特殊保护,推进"田长制"试点建设,实施基本农田"阳光工程"。三是加快钱江新城二期等重点区域开发建设。加快地下综合管廊建设,制定完成《杭州市地下空间开发近期建设规划(2016—2020年)》。四是开展低碳社区、低碳园区等试点示范,完成《加快国际化社区建设进程,推进城市国际化品质》创新研究报告。大力推广和应用新能源汽车,完成1000个公共充电桩建设任务。五是加快实施主城区城中村改造五年攻坚行动,已落实《主城区城中村改造五年攻坚行动》和《2016年目标任务分解书》。

（二）城市特色风貌调研工作稳步开展

一是开展《杭州市城市设计管理办法》的编制工作。根据《关于加强杭州市城市特色风貌和建筑景观管理的指导意见》的要求，在各个规划环节落实城市设计要求。完成《杭州主城区建筑形态设计控制导则》，对各城区进行建筑形态设计控制导则培训。推进重要节点的城市设计工作，包括《下城区白鹿鞋城及周边地区城市设计》《之江路上城区段城市设计》等。指导各区开展重点地区城市设计工作，如《西湖云栖小镇城市设计》《杭州市江河汇流区城市设计》等。二是完善历史建筑保护体系和现有文保单位的保护范围及建设控制地带，开展西湖、大运河的遗产保护管理等工作。成立"三江两岸"水上黄金旅游线游船公司筹建办，指导支持西溪湿地环境、萧山湘湖三期等项目的整治提升。完成《京杭运河杭州段两岸城市景观提升工程规划》编制工作，开展《大运河（杭州段）世界文化遗产保护管理规划》编制。三是做好城市亮化工作。开展实施46个重点亮灯项目。实施高架、立交、建筑天际线亮化提升，共计完成800幢建筑，62公里景观带亮化提升。共有5个亮化工程项目获得第十一届中照照明工程设计奖。进行50条道路（游步道）的照明增亮工作。四是开展广告牌整治工作。修订完善《户外广告设置管理规范》《户外招牌设置管理规范》。编制专业市场广告设计"一场一方案"。大力开展户外广告整治，全市累计拆除各类违法户外广告5844块次，路灯杆广告9426块次，涉及道路314条次。

（三）生态环境质量逐步得到改善

一是积极推进海绵城市建设。牵头及编制《海绵城市建设工程养护管理办法》《海绵城市建设工程专家管理办法》《海绵城市建设市级财政资金补助管理办法》。加快河道整治建设。完成7座污水处理厂提升改造工程，新增污水搜集管网281.8公里，污水处理率在90%以上，七格污水处理厂已启动建设。二是加强建筑工地的环境整治与扬尘防治,印发《G20峰会杭州市建设工程安全生产和环境质量保障运行手册》。三是实施小城镇综合整治行动,完成《杭州市小城镇环境综合整治行动实施方案》《杭州市小城镇环境综合整治行动2016—2018年计划》,完成绿道总里程1100公里。四是加强建设用地权属管理。完成临安、余杭总计10座山塘、水库的确权登记,制定《临安市水资源确权登记实施办法》。

(四) 生态文明制度初步探索形成

建立年度生态文明建设目标责任考核制度,积极配合做好碳交易启动的相关准备工作。强化企业碳报告机制。完成我市31家新增碳交易纳入企业温室气体排放报告上报工作。完成2016年全市255家重点企(事)业单位的温室气体排放报告工作。推进建设用地交易,牵头开展存量"三块地"盘活攻坚工程,确保批而未供消化3万亩,供而未用开工3万亩,低效用地再开发3万亩。制定了《企业环境信用评价指标及评分方法(试行)》,按照指标评分方法将对400多家市控以上重点工业企业进行分类评价。

撰稿:杭州城市国际化发展报告(2017)编写组
材料来源:杭州市建设委员会

四、杭州打造都市圈新型
区域协同发展报告

城市国际化是推动杭州在高起点上实现新发展、新突破的重要抓手,加强区域协同发展又是推动城市国际化的重要举措。近年来,杭州大力实施城乡区域统筹发展战略,积极推进"六大西进"、区县协作、联乡结村等重大举措,实现了"五年大变样"的目标。杭州都市圈建设,从 2007 年正式启动以来,以"七共"为重点,不断完善合作机制,2010 年被列入《长江三角洲地区区域规划》,2014 年获批开展"转型升级综合改革试点"。积极接轨上海,参与长三角世界级城市群和长江经济带的合作与交流;充分利用中国(杭州)跨境电子商务综合试验区设立,初步建成线上线下融合发展的"网上丝绸之路",构建"一带一路一网"新格局。

2016 年,杭州紧紧抓住 G20 杭州峰会成功举办的历史性机遇,把 G20 杭州峰会作为杭州"翻篇归零"再出发的新起点,按照市委十一届十一次全会总体部署,以深入推进城乡一体化为基础,以主动接轨国家区域发展战略、加快杭州都市区和都市圈建设为引领,不断完善区域规划和区域政策,建立健全区域协调发展机制,着力实施一批跨区域基础设施重大项目,加快形成区域协同发展新格局,为提升杭州城市国际化水平、把杭州建设成为"独特韵味、别样精彩"的世界名城提供重要基础支撑。到 2020 年,接轨国家战略、都市区和都市圈建设、城乡一体化发展取得重大进展,区域协调发展新格局基本形成。

（一）都市圈综合实力进一步提升

一是 GDP 增速快于全国全省。2016 年，杭州都市圈实现生产总值 21764 亿元，增长 8.0%，增速分别高于全国和全省 1.3 和 0.5 个百分点，占全省的 46.8%。杭州继续引领发展，实现生产总值 11050 亿元，增长 9.5%，分别高于全国、全省 2.8 和 2.0 个百分点，占都市圈经济总量的比重为 50.8%，比上年提高 0.8 个百分点。

二是产业结构不断优化。加快动能转换，增强城市化发展潜力，杭州都市圈经济转型升级取得实效。2016 年，都市圈三次产业结构由上年的 3.7：44.9：51.4 调整为 3.6：42.6：53.8，三产占 GDP 比重提高 2.4 个百分点。其中，杭州服务业增加值占 GDP 比重达 61.2%，成为继北京、上海、广州后，又一个超过发达国家 60% 标准线的副省级以上城市。高端制造业快速成长。

三是区域创新驱动成效显现。2016 年实现规上工业增加值 7035 亿元，增长 5.5%。快于规上工业总产值增速 7.1 个百分点。创新投入持续增长，杭州都市圈高新技术产业、装备制造业和战略性新兴产业分别实现增加值 2896 亿元、2376 亿元和 2117 亿元，增长 10.1%、12.2% 和 8.7%，均高于规模以上工业增加值增速。

（二）跨地区协调机制进一步完善

一是高层联动不断加强。6 月 2 日，省委常委、杭州市委书记赵一德，杭州市委副书记、市长张鸿铭率党政代表团赴沪学习考察自贸区建设、科创中心建设、重大国际会议承办等方面的经验和做法。中共中央政治局委员、上海市委书记韩正，上海市委副书记、市长杨雄会见了杭州市党政代表团一行。杭州感谢上海长期以来对杭州发展的关心和支持，并将积极实施《长江三角洲城市群发展规划》，主动承接上海辐射带动，大力提升城市国际化水平，推动杭州高起点上新发展。

二是省级协调力度加强。6 月 24 日,省政府专门召开了推进杭州都市区发展工作座谈会。会上,时任浙江省省长李强充分肯定了杭州都市圈十年建设成就。杭州市市长张鸿铭对杭州都市圈建设十年来取得的成绩做了全面回顾,并提出以增强中心城市功能为重点加快都市区建设,全面提升杭州城市国际化水平,重点推进跨区域交通基础设施建设,着力强化中心城市创新创业功能,加快形成一流的生态宜居环境,深入推进公共服务一体化。

三是市长联席会议成功召开。7 月 26 日,杭州都市圈第八次市长联席会议在绍兴市柯桥区召开。会议围绕“共享‘两会’‘两区’机遇,共促改革创新发展”主题深入探讨加快杭州都市圈建设的思路和举措。杭、湖、嘉、绍四城市市长分别作主旨讲话,并就杭州都市圈下一步发展达成共识。

四是组织参加长三角协调会市长会议。3 月 24 日至 25 日,长三角经济协调会第十六次市长联席会议在浙江省金华市召开,包括我市在内的 30 个成员城市政府代表出席会议。会议共同签署了《长江三角洲地区城市合作(金华)协议》,提出了《“互联网+”长三角城市合作与发展共同宣言》。为推进城市合作,会议批准成立长三角协调会创意经济产业合作专业委员会、长三角青年创新创业联盟和长三角新能源汽车联盟,开展构建长三角海洋经济合作机制研究。

(三) 跨区域合作项目进一步推进

一是继续推进跨区域重大工程建设。杭州绕城高速公路西复线、千岛湖至黄山高速公路“工可”已获批;临金高速公路“国高网”段初步设计已上报交通运输部,省高网段已完成“工可”审查;京杭运河二通道“四改三”段初步设计获得交通运输部批复;杭宁高速公路(浙江段)改扩建工程、杭金衢至杭绍台高速公路联络线等项目全面配合湖州、绍兴稳步推进前期工作。积极推进杭州都市圈综合交通“十三五”规划的相关工作,完成了《杭州都市圈综合交通“十三五”规划》初稿,城西科创走廊综合交通规划方案获批,城市组团环线(三环)规划线位方案通过初审。

二是关注民生,推进社会共享。举办了 2016 年都市圈优质农产品迎春大联展、新春旅游优惠月等一系列联合展示展销活动;继续开展长三角地区高校交换生计划学分互认、杭州市杰出创业人才培育计划等工作;拓展两对节点县教育交流合作,在教育教学、科研和管理等方面继续深入开展交流与合作;积极鼓励上海知名医疗卫生机构与我市联合举办专家会诊、学术交流等合作;都市圈四城市抱团参加了"2016 欧亚(土耳其、波兰)中国家居品牌博览会";积极推进市民卡合作,杭州都市圈诸暨卡正式发行。

三是持续推进城乡统筹区县(市)协作、美丽乡村建设。2016 年,有效促进了城乡资源要素优化配置,推进了县(市)经济社会发展,加快了农村转型升级,提高了农民收入。到位区县(市)资金 3.4 亿元,实施区县(市)协作项目 244 个;实施农村污水治理 160 个村,开展 55 个整乡镇垃圾处理工作,开展 10 条精品示范线建设,启动 378 个村庄修复整治工作;开展 12 个"杭派民居"示范村创建工作。

四是特色小镇快速成长。2016 年,杭州都市圈进一步加快特色小镇建设进度,特色小镇创建工作继续领跑全省。下城跨贸小镇、吴兴美妆小镇、秀洲光伏小镇、柯桥酷玩小镇等 19 个小镇成为第二批省级特色小镇,占全省 45.2%。滨江物联网小镇、秀洲光伏小镇、绍兴黄酒小镇等 11 个小镇被列入省级标杆小镇。其中,湖州的"美妆小镇"以中国化妆品生产基地为主平台,依托杭州珀莱雅等化妆品行业龙头企业的带动,开创了"总部设在杭州,生产基地落户美妆小镇"的都市圈产业融合新模式,截至目前,小镇成功引进项目 23 个,总投资超过 50 亿元。

五是推进节点县市融杭。2016 年 9 月,海宁市与余杭区签订了区域战略合作开发协议,规划用地 2200 亩,总投资 80 亿元,定位打造产业互联网、时尚、电商三大产业园区,着力把战略合作开发区建设成为全省都市圈发展的样板和典范。为推进杭州较为成熟的物联网技术应用与绍兴印染纺织业深度融合,在绍兴柯桥举办了杭州都市圈物联网技术应用推广会,积极推动杭州都市圈传统企业运用物联网进行技术改造和产业升级。

（四）区域理论研究进一步深入

一是编撰出版了第三部杭州都市圈蓝皮书《2016 杭州都市圈发展报告：信息经济和智慧城市发展》，并在杭州都市圈第八次市长联席会议上正式发布。

二是积极组织实施长江三角洲城市协调会市长会议所确定的合作专（课）题，与长三角其他城市共同推动长三角区域联动发展。2015 年由我市牵头的《都市圈经济融入长三角城市群经济研究》获得了三等奖。由我市牵头的课题《协同发展促进幸福度提升研究——杭州都市圈信息化联动发展研究》被列入今年的合作课题。同时，支持长三角其他专（课）题研究和专委会组建，积极参与 2016 新组建的长三角新能源汽车联盟。

三是杭、湖、嘉、绍四城市和节点县市有关部门赴滇中城市群开展调研，完成了《未来五年杭州开放型经济发展的思路、目标任务、重大举措和重大项目研究》区域合作有关部分，协助开展了《长江三角洲城市群规划背景下优化提升杭州区域合作研究》等工作。

概言之，面对"一带一路"、长江经济带、长三角城市群等国家重大战略，杭州加快推进杭州国家自主创新示范区和中国（杭州）跨境电子商务综合试验区建设，并成功举办了 G20 杭州峰会，向全世界充分展示了杭州历史和现实交汇的独特韵味。2016 年 7 月，市委十一届十一次全会审议通过了《中共杭州市委关于全面提升杭州城市国际化水平的若干意见》，提出为把杭州早日建成具有独特韵味别样精彩的世界名城而不懈奋斗。区域协同发展工作也随之进入了攻坚阶段，杭州必须顺势应时、用好战略机遇，实施重点突破，全面提升国际化，积极推进长三角合作和都市圈建设，努力塑造要素有序自由流动、主体功能约束有效、基本公共服务均等、资源环境可承载的区域协调发展新格局。

杭州城市国际化发展报告（2017）编写组整理

材料来源：杭州市发改委

五、杭州医疗卫生国际化发展报告

医疗国际化既是城市国际化的重要目标和任务之一,也是保障和助推城市国际化的重要基础,更是紧跟国际医学发展前沿,推动卫生行业自身发展的重要载体和抓手。我市医疗国际化紧紧围绕市委、市政府推进城市国际化的战略部署,科学布局谋划,分步统筹推进,加快了医疗国际化进程,努力构建与现代化国际化城市相匹配的医疗服务体系。

(一) 开展的主要工作和取得的成效

以服务保障 G20 峰会为契机,加快推进《城市医疗国际卫生化三年行动计划》,在构建与国际化城市相匹配的医疗服务体系方面取得了显著成效。时任市长张鸿铭在调研市红会医院、市妇产科医院等市属医院后,对杭州市医疗国际化工作给予了充分肯定,认为杭州市部分市属医院在诊疗流程、硬件条件和服务环境等方面已经具备了国际化医院的条件。

1. 国际化医疗服务体系基本成型。一是在下沙医院和滨江医院设立国际医疗中心的基础上,全面推进市一医院、市二医院、市红会医院和市中医院的国际医疗中心建设,并于 2016 年 8 月全面建成启用。同时,结合 G20 峰会医疗卫生保障工作,着力推进内涵建设,推动医疗、护理服务流程、语言沟通等各方面与国际接轨。此外,邵逸夫医院还与上城区政府合作成立"邵逸夫医院杭州玉皇山南基金小镇国际医疗中心"。二是主动对接和睦家医疗集团和相关城区政府,帮助协调解决来杭办医的用地、用房等相关问题,努力促成和睦家医疗集团在杭落地。积极扶持树兰

（杭州）医院（浙江大学国际医院）建设，批复同意百大集团股份有限公司在滨江区设置浙江西子国际医疗中心，定位为中高端和国际患者提供优质医疗服务。三是在完成下沙医院 JCI 认证后，2016 年又组织杭州市妇产科医院在市属医院中开展 JCI 国际认证，并于 2017 年通过评审，成为市属医院中首家通过 JCI 国院医院专项认证的医院。

2. 国际化医疗服务水平明显提升。一是 10 家市属医院全部完成双语门户网站建设和双语标识改造提升工程，部分医院的标识引导文字达到四种语言。以星级卫生间创建等为载体，强化后勤品质管理，努力打造温馨、舒适、节能的绿色医院，共创建 131 组 270 间星级卫生间，覆盖率达88%以上，营造了良好舒适的就医环境。二是深化和拓展国际医疗合作，市一医院与日本岐阜市民病院结成友好医院，与美国加州大学洛杉矶分校医学中心在转化医学研究领域开展全方位的合作，与美国纽约长老会医院建立了远程会诊中心，定期进行临床会诊、病例讨论和手术观摩。市二医院与德国 Werner Wicker 医院（德国脊柱侧弯中心）建立了中德（杭州）脊柱外科临床研究中心，在脊柱外科方面开展合作。市三医院与美国纽约大学医学院、普罗维登斯大学、辛辛那提大学进行皮肤色素病及黑色素瘤等方面的合作。市红会医院与美国迈阿密大学医学院在多学科领域进行合作，并建立远程会诊中心，与美国约翰霍普金斯大学开展分子微生物和免疫学的合作。市中医院与加拿大麦吉尔大学医疗中心在慢性肾脏疾病的治疗、乳腺癌治疗等领域开展合作，增挂了"加拿大麦基尔大学医疗中心中国浙江分中心"，与美国梅奥医学中心圣玛利亚医院在心胸外科领域进行合作。市妇产科医院盆底治疗中心挂牌中法盆底功能障碍诊治技术合作中心，同时还与比利时布鲁塞尔 CHU Saint-Pierre 医院开展合作等。另外，市急救中心通过美国了国际紧急调派研究院的资格审核，建立了"国际创伤生命支持中国分部杭州急救中心培训基地"，引入国际公认标准的培训体系，并与中国智捷医疗急救服务平台（智捷急救平台）对接合作，提供在线双语支持、医疗急救费用担保等全流程国际医疗保险绿色通道服务。三是提升接轨国际医疗服务品质，倡导"医学有局限勇于攀登，服务无止境追求卓越"的理念，借鉴国际通行的"预约制""先看病后付费"等就医服务模式,以打造"智慧医疗"为抓手,实施诊疗流程改革,体现了"以病人为中心"的理念。为外籍人员开设服务专窗,今年对市属医院窗口工作人员统一组织开展涉外英语培训,同步开展礼仪培训并对着装进行了统一规范,使市属医院涉外专窗成为卫生行业一道亮丽风景线。

3.学术交流和外籍专家引进有成效。一是积极组织实施中青年医务骨干赴境外研修和学术交流。市属各医疗卫生机构每年选派100余名医务骨干赴境外进行3个月及以上的出国(境)研修学习和参加短期的学术交流与学术会议,通过培训与学术交流、学术会议,引进新技术、新方法,引入先进的医疗技术和服务理念,开阔视野、交流经验,提高临床水平和科研水平。目前已累计有500余人次参加国际学术交流,进一步提升了杭州市医疗卫生机构的服务能力和水平。此外,各医疗卫生单位还根据业务、科研和教学的需要邀请国外知名专家、学者来杭进行讲学和业务指导。同时,积极与国外知名院校科研机构开展科研合作,合作的大学或科研机构遍布欧洲、美洲、亚洲、澳洲等地,通过与国际知名医学院校的科研合作,杭州市医疗卫生单位的科研水平得到了极大地提高,为临床和科研的发展发挥了重大的作用。二是培训了一批具有较高英语口语交流能力的医务骨干。杭州市卫计委与浙大外国语学院合作,连续举办10期中青年医务骨干英语口语强化班,采取以全外教为主的教学方式,进行为期7个月的英语口语培训,累计培训学员426名,提高了医务骨干英语口语水平和语言沟通能力,为更好地接待境外人士就医和出国进修学习打造基础。同时,市级医疗卫生机构还对导医、挂号、财务、急诊等窗口服务人员不定期开展外语培训工作,培训一批具备基本英语会话水平的涉外服务人员,以满足外籍人士的诊治需求。三是支持引进高层次外籍医疗专家。根据有关政策和规定,市人社局先后为杭州美华妇儿医院、杭州市第七人民医院、杭州市老年病医院、杭州韩诺医疗门诊部有限公司、杭州市妇产科医院等医疗机构办理了聘请外国专家单位资格证,并协助引进知名外籍高层次医疗专家。在高端外籍医疗专家的办证和居留问题上,积极向国家、省外国专家局和市公安局出入境管理局争取政策扶持,帮助高层次外国专家解决了持非 Z 字(职业)签证办理外国专家证、一次办理2—3 年有效的外国专家证等问题,为我市医疗行业留住高端外籍医疗人才创造了有利条件。此外,还通过资助引智项目、申报各类外国专家项目等方式,促进外籍医疗专家引进工作。

(二) 存在的困难与问题

1. 缺乏国际化品牌医院。近年来,加强国际化医疗服务体系建设,推进市属医院的国际医疗中心建设,积极引入国际化高端医疗服务机构,但截至 2016 年年底,杭州市还没有中外合资和外资独资医院。

2. 医疗国际化人才和服务管理相对薄弱。国际化医疗的关键是医院管理和医务人员的服务水平、服务理念等要与国际接轨。目前,杭州市医院管理人员国际化视野不宽,同时医疗卫生机构因缺乏相应的经费支持使其与境外知名医学院校的交流、协作等机会相对偏少,导致国际化医疗技术人才缺乏。

3. 国际化医疗结算体系尚不完善。尽管已经在下沙医院、滨江医院和杭州市妇产科医院开通了国际医疗保险直接结算,但全域国际化医疗结算体系尚不完善。

(三) 下一步建议

G20 杭州峰会的召开对提升杭州城市国际知名度、加快杭州医疗国际化进程具有重要的助推作用。今后,我们将紧紧抓住"后 G20 时期"的各项机遇,着力谋划好、部署好工作举措,继续有序推进我市医疗卫生服务国际化进程。

1. 深化国际化医疗服务体系建设。结合市委、市政府城市国际化战略和重点目标任务,用足用好 G20 峰会的重大历史机遇,在国际高端医疗机构设置布局、国际高峰医疗卫生人才队伍建设等方面进一步创新和突破。市一医院在现有国际化医疗服务一体化病区的基础上,重新改造建设国内一流的国际医疗中心建设。继续推进市中医院及其他市属医院各具特色的国际医疗中心内涵建设。指导和支持百大集团股份有限公司做好浙江西子国际医疗中心各项筹备工作,力争早日投入使用。继续支持树兰(杭州)医院的发展,继续对接帮助和睦家医疗集团来杭办医相关事宜。

2. 着力提升市属医院国际化层次。一是提升市属医院国际化管理水平。谋划市属医院国际医疗中心进行集团化管理,开展国际招标,由知名国际医院管理团队参与运营管理,使市属医院国际医疗中心在医疗、护理服务流程、语言沟通等各方面进一步与国际接轨,形成一种既为境外人士接受又兼顾杭州特色的国际化医疗模式。二是提升国际化诊疗环境内涵。在市外办的协调下,着手研究解决医疗急救与公安、消防等统一应急号码并提供多语种服务以及外国人网络平台预约挂号等问题。三是积极组织医疗卫生机构开展不同层次和人群的外语口语培训班,在导医、挂号收费、急诊急救等窗口培训一批具备基本英语会话水平的涉外服务人员,强化国际化服务理念教育,满足外籍人士的服务需求。

3. 进一步提升国际化医疗服务能力。一是提高医疗服务水平。总结巩固 G20 峰会医疗保障的经验和成效,继续通过强化培训、应急演练、技能比武等形式,进一步提升医疗服务品质和技术水平,提高医疗质量。二是抓好人才队伍建设。继续组织实施市级医疗卫生机构的中青年医务骨干赴境外学习研修和学术交流。积极组织参与国际合作研究项目,深化合作领域,提升科研能力和城市医疗国际化水平。加强医务人员的人文教育,提高卫生文化素质,增进其对不同国籍、不同民族、不同文化生活习俗的了解,增强以人为本的服务理念。

4. 深化价格改革,积极对接国际保险。一是深化医疗服务价格改革。根据国务院《关于推进价格机制改革的若干意见》精神,积极稳妥推进医疗服务价格改革,公立医疗机构医疗服务项目价格实行分类管理,对市场竞争比较充分、个性化需求比较强的医疗服务项目价格实行市场调节价。目前,省物价局会同省级有关部门正在拟定完善医疗服务价格政策,逐步建立以市场为导向的医疗服务价格体系。市物价部门也将积极推进医疗服务价格改革,为医疗国际化等卫生事业发展提供价格政策支持。二是推动市属医院 JCI 专业认证。总结推广市妇产科医院认证管理经验,引导更多的市属医院实施 JCI 认证,为引入国际商业医保支付创造条件。三是谋划对接国际保险。积极推动市属医院与国际知名保险机构深化合作建立医疗费用结算等服务,同时加强市级医疗机构财务人员国际医疗保险等业务知识培训,为外籍患者提供国际医疗费用结算相关服务。

5.支持和鼓励社会办医,促进人才流动。贯彻《杭州市人民政府关于进一步促进社会资本举办医疗机构发展的实施意见》,优先支持社会资本举办上规模、高层次的达到二级甲等医院以上建设标准的综合医院,并鼓励境外资本举办医疗机构,提升杭州市医疗机构的总体层次。鼓励人才合理流动,鼓励和支持符合条件的医师多点执业,为民营医疗机构提供技术支撑。

杭州城市国际化发展报告(2017)编写组整理

材料来源:杭州市卫计委

六、杭州国际化社区创新发展报告

　　全球化已经成为所有现代国家与现代大城市发展的基础动力机制。现代城市只有立足于国际格局,才能更好地实现自己的发展战略与引领空间。这是杭州市建设国际化城市的核心社会背景,也是杭州市推进国际化社区建设的重要考量基础。当前,城市整体的国际化人口流动、现代化人才集聚和新型创新产业规模化发展的任务越来越突出,社区作为城市最基本的生活单元和展示城市形象的重要窗口,面对日益凸显的国际化趋势特别是城市居住人口的国际化,如何适应城市发展的新要求和中外居民的新期待,建设具有国际化品质的社区格局以及创新活力的国际化社区形态,已经成为新时期我市推进社区建设的全新任务,更是加快推进城市国际化发展的重要基础。

　　为了更科学有效地提升全市社区建设国际化水平,杭州市民政局联合市委政策研究室和复旦大学城市治理比较研究中心,对全市国际化社区现状进行集中调研,召开了 10 多个座谈会,并赴上海市学习考察,形成了研究报告,供市委市政府决策参考。报告围绕城市国际化战略目标,寻求建构具有杭州特色的国际化社区建设的主要思路和创新点,提出以"国际化社区建设结构的开放化、国际化社区建设模式的多元化、国际化社区交往空间的融合化、国际化社区公共服务的精准化、国际化社区自治空间的民主化、国际化社区督导政策的分层化"来提升社区建设国际化的"六化提升一化"发展路径,以此来奠定杭州市城市国际化发展的社会资源基础。

（一）杭州市推进国际化社区建设的基础分析

1. 国际化社区概念

从世界沿海城市发展的未来趋势观察,国际社区是城市未来发展的一个综合空间,也是城市发展品质的重要体现,现代国际化社区充分体现了城市的开放性、参与度、管理水平、文化实力、文明程度和发展潜力。国际化社区是世界发展的主流,我国的特大城市里,北京、上海、广州、南京等地都涌现出了一批国际化社区,例如上海仁恒滨江园、古北虹桥国际社区等以国际人口聚居所形成的国际社区,以及陆家嘴国际社区等以国际总部以及工作人员集聚所形成的国际社区,这些国际化社区对提升城市的综合品质发挥了重要作用。

综合来说,国际化社区是由不同国籍、语言、经济实力、社会地位、文化背景和风俗习惯的人士组成的共同生存发展的地域空间,可为居民提供精神上的认同感、归属感和安全感,从而构建的社区共同体。这个概念应该包含以下三个层面的内容:第一,它是不同国籍人士生活、居住与交往的场所,它是在一定的地域范围,由中外居民组成的社区共同体;第二,国际化社区的规划建设、物业管理、社区治理、配套服务应该和国际接轨,能充分体现社区建设的国际化水平;第三,国际化社区应该是多元文化共存、交融、和谐发展的精神家园。它具有多元性、流动性、包容性和前瞻性的特征。

2. 杭州市推进国际化社区建设的背景

杭州处于长三角城市群落的地理中心和发展中轴上,从国家发布的《长江三角洲城市群发展规划》分析,杭州是建构国际城市的一个重要支点型城市。围绕长三角地区打造世界级城市群战略定位,以更高的国际视野、更加开放的姿态主动融入全球化,把杭州建设成为世界名城,是习近平总书记对杭州的殷切期望,是杭州城市发展的内在要求,也是造福杭州市民的福祉工程。面对经济全球化深入发展、改革开放深度推进的新趋势,面对实施"一带一路"建设、长江经济带发展、长三角城市群规划等国家战略的新背景,特别是 G20 杭州峰会和 2022 年亚运会等重大机遇,杭州城市国际化发展进入了重要"窗口期",也为国际化社区建设带来了新的挑战。

社区是城市的细胞,一座国际化的城市,要有国际化的社区环境。建设国际化社区能够充分发挥杭州的人文地理和产业优势,带动整个地区转型发展,最终把杭州推向人口、生态和现代工业良性循环的轨道。所以对于杭州而言,国际化社区不仅仅是一个空间概念,它既是吸引海外人士创业就业、观光旅游、提升社区治理服务水平、拓展城市功能定位的重要途径,更是现代化要素集聚的现代国际城市综合体的主题引领,是推动杭州市全面发展的重要载体,解开杭州市城市升级的未来发展方向的一把钥匙。

3. 杭州推进国际化社区建设的有利条件

(1)市委市政府从战略高度提出加快城市国际化建设的目标要求为国际化社区建设提供了政策支持。改革开放以来特别是进入新世纪以后,杭州市坚持以城市化带动国际化、以国际化提升城市化,城市国际影响力持续扩大。特别是近年来,杭州市委市政府从战略高度谋划城市国际化发展路径,《关于制定杭州市国民经济和社会发展第十三个五年规划的建议》《杭州市国民经济和社会发展第十三个五年规划纲要》从大政方针上明确了提高城市国际化水平的重点目标,《关于全面提升杭州城市国际化水平的若干意见》《杭州市加快推进城市国际化行动纲要(2015—2017 年)》等一系列文件又从具体政策指导上提出了加强城市国际化建设的行动指南,为国际化社区建设提供了有力的政策保障。

(2)杭州城市经济社会发展水平吸引国际人口集聚为国际化社区建设提供了现实基础。随着改革开放的深化和城市国际化进程的不断推进,杭州的综合实力显著增强,信息经济竞争力保持领先,城市功能和基础设施加快完善,国际开放合作交流日益加强,城市国际影响力持续扩大,越来越多的外籍人士来到杭州创业就业、游学居住,国际人口集聚程度进一步显现,已经具备了成为国际城市的所有资源和条件。同时,作为新中国第一个居民委员会诞生地和中国社区建设展示中心落成地,杭州的社区起步早、发展快、整体水平较高,在全国率先形成了较为完善的社区建设制度框架,在财政支持、政策创新、公众参与等方面都积累了成功经验,是民政部第一批"全国社区治理和服务创新实验区",也是"全国和谐社区建设示范城市"。良好的经济社会发展水平,不断提升的社区治理服务能力,对国际化人才的吸引力在不断增加,为国际化社区建设创造了良好的发展条件和稳定的基础环境。

（二）杭州推进国际化社区建设的现状分析

1. 国际化人口集聚趋势明显

改革开放将近40年来,杭州市作为长三角国际城市群的关键性城市,产业结构发生了深刻变化,第三产业已远超第一、二产业,产业的外向度比较高,国际交往也日益增加。据2016年7月底对主城区(不含萧山、余杭和大江东)抽样的364个社区开展国际人员居住情况调查统计(不含宾馆和单位见表8),有341个社区居住国际人员,占总社区数的93.68%,社区国际人员居住情况非常普遍。居住在社区的国际人员数量为6171名,其中,居住90人以上的社区14个,合计人数为2247名,占总社区数的3.85%、总人数的36.41%,主要集中在上城区、西湖区、滨江区和经济技术开发区。因此,国际人员在杭以产业、就学和居住环境为纽带,自然聚集状况已初步形成,社区的国际化水平也有了日益提升的基础。

表8　2016年8月杭州市国际人员在社区居住情况统计表
（不含萧山、余杭和大江东）

项目	户数	已购房的户数	人数	亚洲人数	欧美人数	非洲人数	其他地区人数
全市合计	3963	614	6171	3582	1903	410	276

2. 国际化社区类型特色明显

杭州市目前城市空间内国际化人口的集聚,已经形成了三个比较突出的国际化社区类型:

一是产业集聚类型。尤其是滨江区、经济技术开发区、阿里巴巴等高新企业周边区域,形成了较为鲜明的国际化人口聚集。如基金小镇所在地的上城区白塔岭社区、高新产业集聚地的滨江区东信社区、经济技术开发区朗琴社区等。

二是教育辐射类型。在浙江大学紫金港校区和玉泉校区、浙江工业大学、下沙高教园区等地区以及国际化学校周边,由于容纳了大量的留学生群体、外籍人士子女以及教师和访问学者等,形成比较明显的国际化人口集聚。如紧邻娃哈哈国际学校的上城区春江社区、靠近浙江大学的西湖区文鼎苑社区、浙大求是社区等。

三是商业金融类型。杭州市商业发展程度高,武林、湖滨、吴山、黄龙等商圈以及钱江新城、钱江世纪城等国际化商业中心越来越成熟,吸引了很多国际商业人员聚集。如黄龙商圈所在的西湖区黄龙社区、钱江新城板块的江干区钱塘社区、城星社区等,国际居民数量较多。

3. 杭州市国际化社区建设存在的问题

一是国际人口居住总量仍然不大。杭州市整个城市的国际视野已经得到了很大的提高,但是相比较上海、广州、深圳等城市,杭州的城市国际人口集聚程度不高。像上海的古北社区,涉外人口比例高达 70% 以上,而杭州涉外人口最多的滨江区东信社区,也仅为 544 人,占比 6%。这已成为杭州经济发展中的最大国际化人才"短板"。

二是公共服务配套水平不高。绝大多数外籍人士对杭州的自然环境和城市风光都非常喜爱,但是在公共服务配套上,作为国际化城市,还是存在不少短板。如城市基础设施、社区公共空间略显不足,公共场所的国际化标识导引程度不高,外籍人士看病就医、子女教育、文化体育等公共配套服务亟须提升,国际居民的个性化、高水准、多元化需求还不能得到有效满足。

三是传统文化理念差异较大。由于东西方人的文化差异及不同国家对社区文化的观念不同，致使国际化社区实现文化融合较难。调研中发现，社区中产生的中外矛盾，主要集中在养宠、秩序等方面，原由还是文化观念不同。杭州市传统的市民社会一直比较成熟，社区治理结构比较完善，但随着人口的多元化，尤其是对于较多注重个人隐私和独立空间的国际居民，不能按照传统的"邻里之间热热闹闹"的心态去过度推动融合。

四是社区服务管理难度提升。由于文化背景的差异，我国居民习惯的政府主导的社区管理方式很难得到境外人士的认同。统计结果显示，85%的境外人士是以租房方式居住，且由于语言障碍，如何做好信息掌握与动态管理服务是一大难点。尽管社区也通过建立"境外人员管理服务站"、开展文化交流活动等方式不断拉近中外居民的距离，但由于国际居民对社区居委会的概念淡薄，加之语言不通、工作繁忙等原因，使许多居民尽管有参与意愿，但实际参与度较低，社区管理服务面临挑战。

（三）杭州市国际化社区建设的推进路径

1. 总体战略思路：六化提升一化

社区人居环境的国际化是杭州市城市国际化的基础，因为城市作为人口居住和日益集聚的空间载体，所有的城市战略规划——经济的、产业的、社会的、政治的——都落脚于其人才所赖于日常生活的社区载体能否达到一种国际化建设的视野和国际化水平之上，因此，杭州市社区国际化建设，要依据政府的城市发展目标、经济产业的市场规律、社区发育的内在逻辑、长三角城市群中的功能地位，杭州市建设国际化社区的政策路径应该是：以国际化社区建设结构的开放化、国际化社区建设模式的多元化、国际化社区交往空间的融合化、国际化社区公共服务的精准化、国际化社区自治空间的民主化、国际化社区督导政策的分层化，来全面提升社区建设的国际化水平。以"六化提升一化"为基础，来创新社区发展的国际化人才的融合能力的策略，创新社区治理的国际化参与的路径，建设具有国际化生活品质的社区格局，以及创新活力的国际化社区形态的政策支撑性体系,全面创新杭州市社区建设在社会发展新形态新任务要求下的国际化格局。

2. 具体路径:六个层面的国际化社区建设路径

以"六个层面的国际化社区建设路径"实现杭州市社区建设的国际化水平提升,具体如下:

(1)结构开放化:坚持国际化社区建设结构的开放理念

国际化社区的核心在于建构所有人群参与社区治理的开放结构,打破传统的"硬性管控思维模式",只有通过开放的社区治理结构,通过组织化的载体,让社区所有人群参与进来,才能加快社区融入、城市融合。因此,必须坚持"开放化"这一基本发展方向,打造具有杭州特色、国际视野、自由开放、美丽和谐的国际化社区发展框架,创新各项政策措施,丰富社区特色内涵,推动全市社区建设整体水平的国际化提升。重点应当围绕"开放、多元、融合、普惠"的建设理念,以社区为空间,着力打造社区态度开放包容、多元文化共存交融、治理理念创新引领、中外居民和谐共处的具有国际化特征的社区生活共同体。特别是要注重社区的开放性和包容性,立足于社区公共服务资源的优化配置,在确保舒适宜居的基础上,推动社区可开放、可互动空间的最大化,实现多功能、多文化的交融。

(2)模式多元化:适应杭州社区本地化条件的发展策略

根据杭州社区不同的外籍人口集聚水平、产业发展结构、物理居住空间条件等本土化条件,在现有基础上,建议推行多元的国际化社区建设模式,构建惠及全市居民的国际化社区发展体系。杭州市国际化社区建设的具体模式的创新权力,应由各地区根据具体条件进行自主设计和逐步推进。例如在高新区(滨江)、经济技术开发区、大江东产业集聚区以及科创特色小镇等高新人才聚集的产业园区和创新中心,应依托周边产业集聚现状,重点打造聚合高端要素的产业集聚型国际化社区;在重点高校、高教园区、国际化学校等留学生群体、国际教育人才聚集的地区,应充分发挥教育资源集聚优势,重点打造具有人文气息的教育辐射型的国际化生活社区;在武林、黄龙等成熟商圈以及钱江新城等国际化商业中心周边,应重点打造商业与生活有机结合、配套完善的国际化社区。对于其他有条件的社区,也应积极鼓励结合社区特色进行提升改造,逐步形成设施齐全、功能完善、氛围和谐的国际化社区形态,整体提升杭州的城市居住吸引力。在此基础上,应寻求各个社区独特发展的比较优势,通过试点推进、典型示范,推出各具风格的国际化社区建设的成熟类型,及时总结推广。

(3)交往空间的融合化:建构"邻里融合"的国际化交流互动

杭州国际化社区建设的立足点应该是超越城乡多元人群的融合观念。因此,未来应该加强对国际化社区的特色培育,推进社区多元融合。一是推动社区邻里融合,发挥社区的主阵地作用,针对国际化社区居民需求多样化的特点,立足中国优秀传统,通过营造传统节日氛围、展示优秀传统技艺、开展语言文化互动、举行睦邻守望活动等多样化的方式搭建社区交流互动平台。二是培育社区精神。不断提升杭州国际化社区的融合度,推动中外居民对社区生活方式、交往方式及历史文化的共同理解和认同,说好"中国故事""杭州故事""社区故事",把社区打造成多元文化共存、交融、发展的精神家园。三是积极培育社会组织。大力培养各种新型具有国际化结构的社会组织,特别是发展能够促进居民相互交往的、起到构建社会网络作用的社会组织,实现本地居民和国际居民的相互交融。

(4)服务的精准化:实现社区服务的精准化指向和精细化内容

推进国际化社区建设意味着对社区治理和服务需求的多元化与高标准,首要任务就是优化服务质量,在提供服务与接受服务的互动过程中实现融合。因此,一是应完善普惠型的社区服务机制。在社区服务标准上,首先要尽快实现公共服务均等化,同时进一步完善社区服务体系,逐步推动社区公共服务设施达到国际化标准,引入优质专业的物业管理,开展人性化多元化智慧化的社区服务,提升中外居民的满意度。二是应建立精准化的社区服务体系。在实现社区服务均等化的基础上,要逐步在社区服务供给上实现精准化指向,丰富精细化内容,特别是要加强规划引导和项目带动,推动公共服务设施和资源的集聚,满足高层次的国际化人才对文化、体育、教育、商业、生活等多元化的需求,同时也应该开放空间,建立社会化运作的专业社区服务模式,让政府和市场"两条腿走路"。三是应建立国际化的社区服务队伍。提升社区工作者素质,有计划、有步骤地开展各类国际化主题培训,丰富社工的知识结构、人文素养和工作技巧,打造国际化社区服务队伍。

(5)自治的民主化:形成国际人群与本土人群的合作治理形态

杭州需要加大社区治理结构的创新力度,以国际化视野探索基层协商民主制度,发挥社区多元主体的参与作用,扩大社区治理的开放程度。一是应当建立"多元协商、民主共治"的国际化社区形态。加强国际居民与本土居民的深层互动,构建社区协商共治机制,按照协商民主的精神,针对社会建设所涉及的问题开展多层次、多领域的沟通和协商,让国际居民参与到社区协商中来,并通过程序的科学性和民主性,确保协商的正确方向。二是应当改进街道管理模式,杭州的社会建设和社会融合要发挥街道管理和居委会自治两种机制的有效性,以管理带动自治,以自治促进共同治理,破解当前社会治理过程中政府力量独撑局面的难题。三是应当培育合作共建意识。在国际居民融入社区的过程中,通过开放式的社区活动,逐步推动树立中外居民对社区建设和公共事务的责任感,也可以探索"以外管外"的治理模式,增强国际居民的主体感。

(6)督导政策分层化:分类实施的政策推进路径

杭州需要依据实际基础推进国际化社区建设进程,制定分类实施和政策指导的政策举措,即依据国际化社区的人口交融、空间开放等内涵,提炼和制定"统一基础标准+特色发展模式"分层督导的政策举措,实现国际化社区建设在个性化基础上的核心管理制度的一致,既适应不同的社区外来人口的集聚结构,又有利于政府部门的工作督导。一是在管理制度上,杭州可以在全国率先制定《杭州市社区国际化评价指标体系》和《杭州市社区国际化公共服务标准体系》,引导社区党组织、居委会、各类社会组织以及物业服务企业在社区标识标牌、导引资料、工作规范等方面的双语化提升。二是在信息化建设上,应提高社区治理结构的信息化程度,扩大社区信息网络的便利性和通达性,利用网络化的集中优势,可以设立国际居民服务网上导调员,充分利用信息化平台推进国际化社区建设。三是在政策联动上,应建立部门政策联动机制,各个政府部门应该在战略安排、政策推动、制度保障以及服务设施上发挥积极的政策带动和推动作用,并且加大市场、社会力量合作力度,为社区各类国际化资源的成长提供动力与保障,为各类国际化资源的联动与放大提供空间与支持。四是在区域联动上,应充分考虑与周边地区,包括长三角地区的国际资源联动,其中最直接的就是与区域内的企业组织联动,用有限的国际资源去创造具有综合社区建设和企业发展效应的国际交流大平台。

总之,国际化社区是中国沿海城市发展的主流,也是杭州市域突破现有的城市发展瓶颈、实现国际化城市跨越式发展的核心举措。目前杭州市在建设国际社区上已经有了一定的客观基础,但要真正建成国际社区还需要进一步整合资源、挖掘潜能,最终实现以国际化社区建设撬动整个城市实现国际化品质迈上新台阶的战略目标。

杭州城市国际化发展报告(2017)编写组整理

材料来源:杭州市民政局

专题研究

一、杭州国际化社区建设路径及指标研究——以江干区为例

随着 G20 杭州峰会成功召开,昔日的历史文化名城正在华丽转身,"国际范"成为杭州向世界递出的新名片,身边不时擦肩而过的"洋面孔"越来越多。作为杭州城市国际化核心区,江干区以产业国际化、人才国际化、环境国际化带动社区国际化、城区国际化,特别是通过建设具有国际化品质的社区格局以及创新活力的国际化社区形态,让更多的外籍人士在江干安居乐业,让更多的老外不"见外",努力书写杭州城市国际化的"江干篇章""江干印记"。

(一) 实施背景

1. 互动互促:社区国际化与城市国际化

广义的国际化社区是指以一定地域为基础,包容各类文化和生活方式,不同国家、地区、种族、民族背景的人能够和谐共处的社会共同体。狭义的国际化社区是指参照国际化标准建设和管理,以城市居住区为基础,以开放型社区为依托,具备现代化的城市形态,齐全的公共服务设施,融合亲和的区域文化,安全便利的人居环境的集中居住区。国际化社区的主要特征有社区成员多国化、社区文化多元化、社区治理国际化等,它应有不同的层次、不同的类型,它不是简单的行政社区概念,也不是专门为

外国人服务的,其核心是以和谐开放的国际化视野,让社区居民真正体会到国际化氛围,让具有不同国家文化背景的人能够和谐共处,进而实现从狭义的国际化社区达致广义的国际化社区。

城市国际化是城市在资本、技术、人才、信息及文化等方面参与国际经济循环,提高要素集聚与扩散能力的过程。城市国际化是城市化与国际化的叠加融合。一方面,国际城市的建设与发展已渗透到社区这一基层单元,外籍人口的数量已成为衡量城市国际化水平的重要可量化指标,建设国际化社区已成为国际城市建设的重要载体和途径。另一方面,一座国际化的城市,要有国际化的社区人居环境。集良好配套设施、高质量住宅、多元化文化、人性化服务于一体的国际社区,也在不断吸引着更多的外籍人士来此定居,不断助推更多的外商资本向当地流入,不断加快当地的城市国际化进程。

2. 顺势而为:杭州全面提升社区建设国际化水平

站在"后峰会、前亚运"的历史新起点,杭州已吹响"加快建设独特韵味别样精彩世界名城"的新号角。全面提升社区建设国际化水平是市委、市政府积极应对经济全球化、全面深化改革开放、提高城市竞争力作出的重要战略举措。面对日益凸显的国际化趋势特别是城市居住人口的国际化,以国际化的视野和标准打造高品质国际化生活社区,适应城市发展的新要求和中外社区居民的新期待,已成为未来杭州社区发展的新方向和突破口。

与北、上、广、深等一线城市相比,在杭工作和生活的外籍人士数量相对较少,国际化社区建设还是一个刚刚被提上日程的新问题。2015 年 5月,《杭州市加快推进城市国际化行动纲要(2015—2017 年)》提出:通过制定国际化示范社区建设计划,邀请国际知名设计机构参与国际社区建筑设计,启动若干个国际化社区试点建设,完善社区周边医疗、教育、生活、宗教等配套设施建设,力争到 2017 年外籍常住人口达到 2 万人以上。2016 年 11 月,杭州又率先在全国出台了《关于全面提升社区建设国际化水平的实施意见》,提出到 2018 年底杭州要建立起科学的社区国际化评价指标体系和服务标准指标体系；到2020年底国际化社区覆盖面进一步扩大，社区国际化功能和人居环境更加完善，国际交流合作机制更加健全，社区建设国际化水平和居民文明程度显著提高；到2030年，国际化社区建设向纵深发展，社区建设国际化水平进一步提升，形成具备国际水准、全国示范引领的现代社区建设体系。像上城区春江社区、西湖区文鼎苑社区、滨江区东信社区、开发区朗琴社区等一批试点较早、基础较好的社区已经在国际社区标识设置、多元文化交流、国际特色服务等方面做出了有益的探索，都形成了较好的国际化社区生活氛围。

3. 内在需求：江干高水平全面建设国内一流现代化中心区

当前的江干，作为杭州经济、枢纽、行政和文化新中心，正处于快速蝶变、腾飞跨越的风口潮头上，地位功能进一步凸显。随着"后峰会前亚运"效应的不断放大，江干将吸引更多的全球关注、世界目光。江干要高水平全面建设国内一流现代化中心区，就必须集聚国际高端资源要素，全方位推进城市化、国际化、现代化"三化融合"，全力以赴打造"城市新中心、国际新窗口、创新新天堂、智慧新城区"。

对于江干而言，国际化社区建设既是高水平全面建设国内一流现代化中心区的内在需求，也是推进江干从"金球"迈向全球、从菜地迈向CBD、从"西湖时代"迈向"钱塘江时代"的重要抓手。做好国际化社区建设工作，既是拓展江干城市功能定位，吸引海外人士创业就业、观光旅游的需要，也是提升江干城市管理与服务的重要途径。特别是围绕"国际会展目的地、钱塘江金融港湾核心区、全球浙商总部中心"建设，高起点规划建设钱塘江、京杭运河两岸等重点区域和项目，加快构筑具有国际化水准的城市形态和城市功能，持续推进环境国际化；全力打造国际化公共服务体系，在钱江新城扩容区、艮北新城、国际商贸城等区块谋划建设国际学校、国际社区、国际医疗机构等特色项目，规划城市郊野公园、生态型居住区域等环境配套，引进高端中介和生活服务，营造国际化经济、政务、法治、人文环境，全面接轨国际化。

（二）现状分析

1. 江干区国际化社区建设总体情况

与上城区、下城区、西湖区等城区相比，江干区的国际化社区建设基础比较薄弱，起步比较迟，但胜在后发强劲。随着钱江新城、城东新城、钱塘智慧城和丁兰智慧小镇初具规模，亚洲最大客运枢纽火车东站启用以及杭州市政府搬迁至市民中心，江干区积极补齐"短板"，尽快跟上杭州国际化的步伐。此外，江干区有许多优越的国际化硬件设施，如邵逸夫医院是杭州第一家通过国际医学认证的涉外医院，也是 G20 期间定点的医学服务中心；在文化资源方面，有基督教的崇一堂、有伊斯兰教的清真寺、有佛教的龙居寺等建筑规模位于浙江省前列的宗教场所；在教育资源方面，钱江金融城旁正在筹建两所国际化学校，其中一所专为解决外籍居民子女就学问题，充分满足外籍居民在杭安居乐业的需求。

截至 2016 年 11 月 30 日，江干区登记在册的国际人士共有 399 户，已购房的 155 户，共计 608 人。其中，来自亚洲地区的有 397 人，包含港澳台地区 232 人；来自欧美国家的有 194 人，非洲国家的 7 人，还有 10 人来自世界其他国家地区。仅四季青街道就有国际人士 298 户、459 人。

2. 两个试点社区建设进展情况

2016 年底，四季青街道的城星、钱塘 2 个社区入选杭州首批 7 个国际化社区示范区。两个试点社区楼盘相对高端、物业服务完善、生活环境优美。目前，居住在城星、钱塘社区的外籍人士人口数分别是 164 人和 168 人。

城星社区由华润悦府和城市之星两个小区、33 幢商务楼宇及市民中心、城市阳台、杭州大剧院等公建配套组成。万银大厦、泛海国际等商务楼宇共涉及 121 家外资企业，其中就业的外籍人士有 227 人。该社区依托完善的行政配套、强大的商业配套、丰富多元的医疗资源，积极探索建设宜居宜业的商业生态型国际化社区。建立国际友人联络站，满足社区里国际人士生活上、工作上的需求;成立国际志愿者服务队,吸引小区内热心公益事业的外籍人士加入,参与社区建设和活动;设置双语服务窗口,方便外籍人士获取服务信息。针对商务楼宇,正在开发"涉外楼宇小管家",为外籍工作人员提供各类商务服务。

钱塘社区由盛世钱塘、水岸帝景、新城国际、东方润园和金基晓庐5个小区组成,所辖中国棋院杭州分院、江干体育中心等10余家企事业单位。社区为打造"缤纷四季 钱塘一家"的宜居型国际化社区,精细设置基础配套,以"一网三站"治理模式为基础,精准掌握各网格涉外信息与资源。升级小区通道、路段标识、避灾安置、安全警示、文明礼仪等中英文双语标示标牌83处。有机结合周边10余家文体、教育、医疗机构资源,密切对接针对外籍人员的服务信息,拓展和延伸服务范围和能力,保障外籍人员文娱、教学、医疗等生活需求。

（三）存在问题

1. 挑战新,制度设计"碎片化"

面对迅速到来的城市国际化时代、快速建成的国际化功能区和全新的国际化生活方式,江干征地拆迁遗留问题仍然存在,矛盾化解任务依然较重,国际化社区建设现有的制度设计、制度体系显然跟不上新形势、新要求。具体来看,区级层面,缺乏高位统领机制,尚未有高级别的专门领导小组,尚未编制出台全方位的专门规划。部门层面,缺乏统筹协调机制,特别是对国际化社区建设过程中涉及的酒店式公寓、涉外酒店、涉外公寓(6000余套)管理难题,缺乏清晰的管理主体,难以形成强大的管理合力。街道层面,在传统的属地管理制度约束下,社区类型差异大,社区空间分割严重,离国际化街区建设还有很大距离,社区治理能力还需进一步提高,社区机制体制创新有待进一步深化。

2. 体量小,境外人群"原子化"

所谓"原子化"是指一种人际关系疏离,社会纽带松弛,个人与公共世界间存在着隔离的社会现象。江干外籍人士总数仅 600 余人,多数来源于亚太国家或地区,他们非常重视私人生活的安全性和私密性,多以独立的个体的形式在社区中居住、生活,其重要社会关系、情感维系及主要社会依赖途径都在社区之外而非社区之内。一是缺乏社区归属感,外籍人士社区参与不足。国际化社区中居民间存在着如人际交往技巧、习惯态度、语言风格、教育素质、品位与生活方式等基本的文化资本差异,直接影响了外籍人士社区参与的价值取向和主动性。二是外籍人士流动性较大。由于政策原因,境外人士多数以租住形式居住在社区内,随着钱江新城、城东新城等新建高档小区陆续建成,原先聚集在社区的外籍人士开始向外扩散,流动性较大,也影响了国际化社区的人口稳定性。三是文化差异引起的摩擦时有发生。国际化社区中的居民来自于不同的国家,有着不同的文化背景、不同的价值观念和不同的生活方式,这些社区成员彼此对他人的文化和信仰不理解,对别人的生活方式不认同,并进而产生了隔膜,甚至有可能引发一些冲突,给社区带来不安定的因素。

3. 起步晚,管理服务"大众化"

国际化社区成员结构的复杂性决定了其对社区生活设施需求的复杂性与多样性,以及对社区治理和服务体系需求的多元化与高标准,传统的社区管理方式和内容已经不再适应国际化社区管理的要求。相比于滨江、西湖、下沙等先行区域,江干的国际社区管理服务仍以常规工作为主,尚未形成自身特色。具体表现为:面对不同国籍、不同地区、不同文化、不同种族的境外公民,涉外工作的繁复与工作人员的稀缺之间的矛盾比较突出,专职社工队伍中存在"四高""四低"的现象,即工作要求高,社会地位低;工作强度高,工资待遇低;工作风险高,人身安全保障低;素质要求高,专业化程度低。第三方服务(涉外中介服务组织)尚未真正形成,主要还是依托物业涉外管家服务外籍人士。社区文化建设泛同于一般社区,文化资源配置很难兼顾国际社区人口结构的复杂性、管理对象的差异性及文化需求的多元性,文化供给精准度不够;文化活动缺少适应性和延展性,个性化因素和"国际化"特征不鲜明,文化引领任重道远。

（四）对策建议

一般来说,国际化社区规划建设需尊重多元文化平等性原则、突出区域特色原则、独立性与开放性统一原则、社会性与安全性的协调原则。立足于自身发展阶段和资源禀赋,杭州市提出通过"六化提升两化",即以社区结构开放化、建设模式特色化、交往空间融合化、公共服务精准化、治理空间多元化和社区环境宜居化为重点内容,着力打造具有杭州特色、国际视野、自由开放、美丽和谐的国际化和现代化社区,为杭州城市国际化提供有力支撑。江干区的国际化社区建设,需要坚持政府、社区、本地居民、外籍人士"四位一体、同向发力",既要有理念思路上的改变,也要有组织架构上的革新;既要有目标定位上的新思考,也要有路径方法上的新动作,探索一种中西合璧的新型国际社区服务管理模式。

基于周边环境、配套设施、社区氛围、多元治理等国际化社区规划建设决策影响因子,江干需要以和谐社区建设为基础,以国际居民自然集聚为导向,做好顶层设计,提升大社区建设,营造大文化氛围,建立大服务机制,构建大协商平台,逐步打造功能完善、管理规范、服务优质的社区生态圈,满足外籍人士生活、工作各方面的需求,吸引更多外籍人士参与社区文化生活,让国际化社区建设回归到社会治理上来,真正实现"现代城市、国际社区、品质生活"的奋斗目标。

1. 做好顶层设计,构筑江干国际化社区建设新机制

制度化是"组织与程序获得价值与稳定的过程"。国际化社区建设既是一个创新工程,又是一个系统工程。政府要按照"小政府、大市场""小机构、大服务"的要求,厘清与市场的边界,理顺市、区、街道、社区的权责关系,建立一套"机构精简、职责明确、结构合理、运作高效"的国际化社区管理体制。要推行"权力清单"和"责任清单"制度,进一步理顺国际化社区内部职责关系,科学原则设置国际化社区内部管理机构,明确政府与民间组织在社区治理结构的各自定位,相互协调,合作互动。

（1）更新理念思路

理念决定思路，思路决定出路。首先，在江干加快推进城区国际化进程中，社区国际化是产业国际化、人才国际化、环境国际化"三化"联动的契合点、发力点和落脚点，要站在战略和全局的高度来认识国际化社区建设的重要性、必要性和紧迫性。其次，真正的国际化社区不仅社区成员有国际性，社区设施、社区服务管理达到国际水准，更重要的是社区具有开放的理念、开放的空间、便利的服务、融合的文化。也就是说，社区国际化的最终目的，不仅是给国际友人提供方便，更是面向所有居民生活环境的显著提升。因此，不要营造刻意迎合外籍群体的氛围，而要提供一种国际化、开放式的交互平台，引导外籍人士主动融入、乐于融入。再次，要充分发挥外籍人士在国际化社区服务管理中的主人翁意识与参与意识，变"被动参与"为"自主性融入"，把外国的文化、思维方式和生活方式传播给本地社会，实现跨文化交流，实现社区内各种文化资源的共建共享。

（2）加强组织领导

一是健全组织架构。强化江干区城区国际化推进领导小组作用，成立江干区国际化社区建设推进领导小组及其办公室，由区委分管领导担任组长，区政府分管领导为副组长，相关区直部门、街道（管委会）负责人为成员，以便统筹协调跨区域事务。领导小组办公室设在区民政局，定期（至少每季度一次）召开相关协调会议，出台相关会议纪要，健全相应工作协调机制，推动国际化社区建设具体事宜的督查、协调和落实。特别是要以落实《关于全面提升社区建设国际化水平的实施意见》《江干区加快推进城区国际化三年行动计划（2016—2018 年）》各项任务为基础，不断完善国际化社区建设的政策支持体系，包括指导性政策、激励性政策、保障性政策等，从大局出发，多算大账、全局账、发展账，做到多予少取、先予后取，对国际化社区建设工作及试点单位要"高看一眼、网开一面、扶持一把"，各项优惠政策只做加法不做减法。

二是完善规划体系。抓紧制定江干区国际化社区建设的一年工作计划、三年行动计划、五年发展规划。以目标任务、项目推进、产业培育、公共配套、文化治理、体制创新为突破口，确保全区国际化社区建设"一张图"规划、"一盘棋"布局、"一体化"保障。

三是强化督查考核。建立和落实国际化社区建设的监督考核等制度，形成跟踪、监测和实施绩效评估工作体系。定期通报工作进度和考核结果，把考核结果作为干部实绩分析的重要内容和干部任用、奖惩的重要依据，确保国际化社区建设各项任务落地落实。

（3）落实"四有"保障

一要"有钱办事"。学习借鉴国内外先进城市经验，坚持以世界名城、国家中心城市的标准来核定相关经费，每年设立国际化社区建设专项资金，主要用于支持社区的国际化软硬件建设、国际社工培训等。区、街道两级财政都要单独建立国际化社区建设专项经费预算，并做到"实报实销"。民政部门、试点单位要细化各项经费预算，确保专款专用。建立和完善国际化社区建设的责任机制、激励机制，打破"大锅饭"，推行"以奖代拨"的办法，专项补贴考核综合得分较高的社区，并予以通报表彰。

二要"有人办事"。江干区要对国际化社区建设重点街道（街区）、试点社区的机构设置、人员编制"急事急办、特色特办"，建立区、街道、社区、楼宇四级管理服务队伍。明确购买专职社工岗位属于政府购买服务的内容，确定专职社工岗位的设置范围、数量结构、配置比例、职责任务、任职条件和待遇保障等，健全专职社工岗位开发的政策措施和标准体系，畅通专职社工的职业发展渠道。同时，从外籍人士、外语高校师生、相关社会组织中招募、注册国际化社区志愿者，积极做好志愿服务需求对接，推动志愿服务网络信息平台建设，切实强化志愿者培训管理，建立完善志愿服务激励机制，不断提升志愿者服务水平。

三要"有房办事"。要坚持新建一批、置换一批、改造一批、租赁一批"四个一批"原则，切实解决好国际化社区建设"有房办事"问题。在不断完善社区医疗、教育、生活等配套设施与国际接轨的同时，高起点、高标准配备各级社区建设工作用房，加强社工学校、实训基地、社工导师和个性化服务工作室建设，落实综合管理现场服务窗口及涉外商务楼宇服务站，方便中外居民集中办事。在社区配套用房建设方面，老社区的历史欠债要逐步还、加快还；新建社区要配足配好配套用房、不欠债，确保"一站式"服务大厅与住宅小区建筑同步设计、同步建设、同步投入使用。

四要"有章办事"。在落实《"e网三联四融合"实施方案》《社会组织1+8文件》《社工管理1+5文件》《网格等级走访和问题流转机制》等文件制度的基础上,抓紧制定《江干区推进国际化社区建设三年行动计划》等系列政策举措,从起居环境、生活配套、日常饮食、健身娱乐、宗教礼仪等等方面,针对外籍人士的普适性需求出台一套细致周全的管理服务标准试点施行,增强江干的国际化服务能力。同时,明确国际化社区建设标准、建设时序,指导帮助街道、社区先易后难、逐步推进,确保国际化社区建设工作有法可行、有据可依、有章可循。

2. 坚持点面带结合,形成江干国际化社区建设新格局

（1）规划层面

在城星、钱塘2个试点社区的基础上,以点带面、以面促点、串珠成链,规划建设集国际化楼宇、国际化社区、国际化街区于一体的"烟斗型"国际化社区带,打造江干国际化的"金名片"。这条国际化社区带的走向与江干生态带基本吻合（钱江新城—城东新城—钱江金融城—丁兰智慧小镇）。

在国际化社区带规划建设过程中,江干要始终坚持用一流的环境吸引一流的人才,用一流的人才创造一流的产业,以一流的产业反哺一流的环境。打破行政区划界限和物理阻隔,线上、线下同步推进,建立完善网上的杭州市民"国际之家"和国际人士的"市民之家"。特别是通过加快实施钱江新城扩容二期五堡、六堡、七堡、红五月社区和钱塘智慧城牛田、蚕桑社区"六社联动"整体征迁,推动钱江新城核心区—钱江新城金融港湾核心区（包括钱江金融城、渔人码头）—城东新城沿江一带,通过谋划建设国际学校、国际社区、国际医疗机构等特色项目,营造国际化人文环境,在更多的空间中融入国际元素,高标准规划,高起点建设,新建一批国际化社区,打造成国际化街区。

（2）建设层面

国际化社区的建设不是要把社区的硬件简单地"仿制"国外建筑,而

是通过多样性的建筑形态及标志性的公共建筑,聚合成国际化社区的整体氛围;按照国际水准进行室内装修和公共景观提升,择优引进高水平的涉外物业服务团队,形成与国际接轨的宜居环境。在国际化街区的基础上,辐射带动九堡钱塘智慧城、国际商贸城、丁兰智慧小镇、丁桥中央水景公园综合开发、艮北中央绿地文体公园以及三里亭建筑设计街区—杭州创意设计中心—夏衍文化特色街区、笕桥老街等平台开发建设,结合社区情境,制定国际化社区发展的整体目标、发展步骤、具体措施等实施方案,积极打造产业聚集、教育辐射、商业生态或改善提升等社区模式。比如,丁兰智慧小镇正在打造以智慧产业为特色的小镇,在建设同时就引入了国际化的元素,结合当地浓郁的地域文化,希望通过包装打造成能为国际人士接受的个性化、小众化社区。

3. 打造社区共同体,谋划江干国际化社区建设新定位

国际化社区是不同国籍人士聚居的场所,是在一定的地域范围内,由本土公民与境外人士混合组成的社会共同体。也就是说,国际化社区并不仅是为外国人服务,其核心应该是以开放的国际化视野,让社区居民真正体会到国际化氛围,让具有不同国家文化背景的人能够和谐共处。

(1)彰显社区认同的三个要素

社区之所以区别于社会,就在于其成员拥有较强的共同社区意识,同一社区的居民由于共同的社区意识而被凝聚在一起,出于对本社区的强烈关注而积极参与社区事务的管理。国际化社区认同包括文化价值体系、主体权利体制、需求回应机制三个要素。文化价值体系是贯穿认同建构全过程的纲领性内容,是社区认同的切入点和归宿。主体权利体制是指作为利益共同体的社区形成的代表各类社区主体权利的组织结构和权利运行规则,是保障社区主体利益和需求的基础,它能使各类社区主体感知自身的角色和地位。在国际化社区规划建设过程中,一种好的、能被广泛认同的组织制度应当满足两方面的条件:其一,满足"理性人"原则,让成员能够理性地认识到该制度成本最小、利益最大(即在满足每个成员利益最大化方面没有更好的选择);其二,满足"社会人"原则,能够促成

成员之间的合作与信任,使成员具有集体归属感和信任感。需求回应机制是指社区为满足和反馈社区成员的生活发展需求而形成的一系列相对稳定的运行方式和办法及其物质载体。社区认同的三个要素是有机联系、相互影响、相辅相成的,三个要素既是社区认同的一个相对完整的体系,又体现了社区认同实现的一个闭合过程。要不断提升"大"社区建设,逐步打造功能完善、管理规范、服务优质的社区生态圈。

(2)助推社区认同的三个抓手

国际化社区致力于打造的"认同共同体",不同于传统的共同体,它是在承认个体成员之间的差异基础上建立起来的,维系共同体内在的纽带是成员之间的身份认同。"社区语言交流和文化认同无障碍""居民的职业构成和文化层次接近"成为除基础设施以外,国际化社区内部环境最重要的因素。第一,语言是国际化社区融合的工具。对于国际化社区而言,语言是社区融合的基础。外籍居民的文化障碍最直观的表现就是语言上的困境,语言的不同会在更深层次上的造成文化交流、传统习惯、民族心理等方面的障碍。外籍人士因为工作、生活或学习上的需求来到陌生的城市,由语言上的隔膜从而引发交流上的障碍,往往会形成封闭的交际圈,进而造成对陌生环境的孤独感、冷漠感。第二,活动是国际化社区融合的载体。由于缺乏相应的制度建设,外籍人士无法很好地参与国际化社区的管理中来,使得其诉求不能得到充分的表达,再加上语言不通引发的沟通障碍、工作繁忙等因素的影响,国际化社区的居民在参与社区管理方面多少表现的有点有心无力,对社区活动的配合度和参与度都很低。第三,文化是国际化社区融合的媒介。国际化社区融合的关键更多的是在心理层面。受传统思维惯性的影响,有的本土居民视老外为异类,"排外"情绪明显,防范心过重,从内心深处杜绝与外籍人士进行交流;也有的本土居民,对外籍居民进行无原则的仰视,"外来和尚好念经",认为人家处处高人一等,忽视了本土文化的魅力和内涵。本土居民由于受到诸多不良心态的影响,很大程度上给国际化社区融合制造了障碍。

4. 推进文化治理，探索江干国际化社区建设新模式

国际化社区居民既有文化差异也有政治背景的差异，尚没有一个政治治理模式能够将不同政治背景下的居民纳入统一的管理程序之中。国际化社区建设的定位不能局限于建筑标准或者人口结构，内涵上要更加丰富，要通过接轨国际的基层治理理念和方式变革，让不同民族、不同地域的人能够在同一座城市、同一个社区融洽相处、融合发展。国际化社区的根基，是社区的治理结构问题。建构国际化社区的现代治理结构，对于现代社区发展而言更具有长远而普遍的指导意义。

城市国际化需要融入"舶来文化"元素，国际化社区成员的多元化决定了其价值需求的多元化，多种文化的融合性是国际化社区的本质要求。归根结底，社区国际化是一个冲突与融合的社区变迁动态过程。随着社区中外籍人士数量的增加，社区成员结构逐渐发生变化。管理有序、服务完善、环境优美、治安良好、生活便利，外籍居民与本地居民安居乐业、和睦共处，本土文化和国外文化相互交融，这是江干建设国际化社区的发展目标。

（1）立足中国优秀传统，促进多元文化融合

"君子和而不同"。要提升外籍人士对于流入地社区、社会的认同感，就必须在其公共政策上，尊重并保护好不同族群文化的差异性与多样性，允许移民保存原有的文化传统、习俗等民族特征。就必须营造大文化氛围，以多元、包容、融合的文化氛围，来吸引更多国际人士参与社区的文化生活。通过打造多元文化共存、交融的"my home"文化，提升中外居民认同感和归属感，使他们能在新社会重新建构自己的文化社区。外籍居民与本地居民在行为方式和生活习惯的渗透和影响是双向的，文化适应不是单向度的，而是互适应。国际化社区应该成为居民群体文化的互适应的典范。外籍居民文化生活方式得以很好的融合协调、相互吸收促进、共同发展。

社区文化建设活动，要注重社区成员不同层面的需求，满足不同层次的兴趣爱好，兼顾不同类型的文化品位。针对不同的性别、国别、年龄、学历、职业的外籍居民应采取不同的服务方式，根据本地区外籍居民的构成

情况。如已婚家庭居多的情况,可以举办家庭互动的游戏活动;考虑高学历人群是外籍居民的主体,举办一些英语角、学术沙龙等专业性强的活动,或者一些公益活动等。国际化社区文化的构建,最重要的使社区群体既能感受到国际化生活的多元文化气息。积极邀请国外居民参与中国的传统节庆活动,给予其充分施展才华和实现自我价值的平台,使外籍居民在异域文化中发现自我,克服对陌生环境产生的"孤独症""冷漠感"等,使其更快融入国际化社区。通过人文社区的建设,把社区建成居民的精神领地,使人在社区中保持发展上的平衡与和谐。比如,钱江新城中央商务区的国际化建设就要有鲜明的特色,要把长期积淀下来的文化底蕴融入国际化街区的打造中去,同时引领和包容多元文化。

(2)培育自由开放的交往氛围,增进外籍居民社区归属感

外籍居民开放程度要比本地居民强,积极鼓励居民间的自由交往,社区为此创造必要的物质条件,以社区内各类自治组织为主体,以社区各种文化活动为载体,把社区居民中的交流互动转变成为一种常态,通过中外"居民大联欢""家庭才艺展演""文化大讲堂"等一系列别样风情的社区文化活动,加深外籍居民对中国传统文化的理解,体验我们的生活方式。密切邻里关系,凝聚起亲情、友情、邻里情。一是要发展睦邻文化。通过开展"邻居节""友好家庭结对"等睦邻行动,构建和谐的邻里关系,拓展邻里网络,重塑睦邻精神。二是要培养互助精神。推行"邻里互助公约"制度,构建社区服务体系,政府为其创造沟通机制,在邻里意识和互助精神基础上建立共同价值。三是要培育社区的公共精神。宣传教育与管理并重,将道德建设、人文关怀作为社区文化建设的主体内容。大力发展楼宇文化、广场文化、家庭文化,组织开展社区活动时,要充分发挥民族特色优势,多考虑外籍居民的偏好,多举办交谊舞、汉语学习、书法、太极等人际交往功能强的活动,有助于外籍居民了解中国。

(3)推进社区民主自治,实现文化的共建共享

由于国际化社区居住对象价值取向不一、文化背景不同,应该建立由政府主导、公共事务管理职能部门引导、开发商合作、街道居民委牵头、社区内社团组织和居民互动、物业服务单位协助这样的"社区文化共同体"

制度。建立街道、居民委员会、业主委员会和物业服务单位"四位一体"的国际化社区文化建设模式，发挥各自优势，充分发掘、整合、利用文化资源。设立社区文化建设共建协商协调机制，共同制定社区文化共建计划，交流共享社区文化共建资源信息，提高了文化资源的使用效益。国际化社区文化建设的主体是社区居民，政府不能用行政命令的方式来组织实施。延伸和健全居民组织体系，搭建居民参与管理的平台，调动居民参与管理的积极性、主动性，发挥居民主体作用，增强居民主体的话语权。构建一支具有由教师、医生、律师等行业专业人士组成志愿者队伍，同时吸纳外籍人士加入其中，鼓励外籍人士参加社区义工和社区民间组织，了解社区、融入社区。比如，在闸弄口街道红梅社区"片组户"民情联系和"民情议事堂"的工作基础上，创新探索《社区公约自治》体系建设，将居民参与《社区公约》的修订、执行和监督这一过程应用于解决社区热点难点问题中。特别是要通过社区圆桌会等形式，让国际人士参与社区治理并形成自治，让国际化社区建设回归到社会治理上来。

（4）细化文化管理服务，消除语言交流障碍

提高社区认同感和归属感，必须发挥社区服务功能，社区文化并联发挥整合效应。当人们认同现实生活、感受到生活美好时，必定会产生强烈的参与和回馈愿望。从中外居民的需求出发，拓展社区服务范围，提升社区服务能力，实现社区服务的网络化、社会化、市场化和产业化。开展多层次多形式的便社区服务中心，加强功能完善、设施先进，服务的网络化信息化建设。构建两级为民服务体系。在街道层面设立"公共服务大厅"，实行全程办事代理服务；在社区层面设立"社区服务站"，综合协调行政、市场、社会组织、自治组织等各方面资源，打造社区集便民服务、教育培训、文化娱乐于一体"一刻钟服务圈"，不断提升、规范社区便民服务网点，为居民提供全方位服务；创新基层社会管理机制。建立社会组织联合会，培育和发展草根社会组织，采用委托式经营、项目化管理模式，不断探索社会协同工作机制与社区服务项目化、社会化运作的模式。

在街道社区门户网、社区服务信息平台服务热线，提供三种外语指示和服务供选择和辨认。公共服务大厅专设中英双语接待窗口，所有标识

均采用双语制作等。在政府服务居民的语音服务中提供多语种语音提示;大型会议活动时要充分考虑参与居民的国别、母语构成情况,提供相应语言服务和现场翻译;街道路标、图标、交通指示、警示、杂志、宣传单等至少提供三种语言版本供外籍居民选择和辨认。提高现有外籍居民的服务部门工作人员外语交流表达能力,同时加强国际礼仪、文化等方面的培训。招聘、聘请具有专业外语水平的工作人员,配备专门的社区外事专管员,专业语种至少涵盖三种以上。

(5)打造国际化的共享空间,构建公共文化服务平台

"国际化社区"除了应具有高标准、洁净优美的生态环境,更应该体现时代性、开放性和集聚性。在居室功能、交通出行等生活配套设施、区域内外环境、物业管理服务等应体现时代发展的特征,体现东西方居住理念的交融。提供公共文化服务是政府文化部门的核心职能,实现公民文化权利构成了政府的文化责任。搭建社区党组织、社区居委会、小区业主委员会和物业参加的"四方会议"型协商议事平台;构建以"社区文化信息网"为主体的公共文化服务信息平台。完善社区公共文化服务设施,如图书室、文化活动室、文化广场、文化公园、音乐厅、艺术剧院、博物馆等,所有社区文化资源都是开放平等共享。建立结构合理、网络健全、运营高效、服务优质的覆盖全社会的公共文化服务体系。

(6)建立外籍居民管理信息库,提高管理和服务效率

鉴于目前外籍居民登记制度执行不到位,派出所登记资料只有姓名、性别、国际、入住、离开时间等简单几项,应严格执行登记制度,细化派出所外籍居民登记资料,就业、家庭、兴趣、特长、社区参与意愿登记等基本情况等,建立外籍居民文化管理信息库。建立外籍居民联系卡,告知活动时间表,直接征求他们参与活动的意愿。在外籍居民入住时,发放社区便民联系卡,内容包括各项便民服务项目和有关各项管理规定。定期上门走访,派发关于外籍居住、生活、定居的宣传册,定期邀请外籍居民为社区发展建言献策,定期举办兴趣活动和文艺演出,宣传政府对外籍居民的服务政策和优惠政策。要引入独立第三方评估机构,对社区治理开展专业、权威的评估监督,这种契约、代理和第三方评估的做法以及法治精神在国

际化社区居民中并不难理解和推行。建立需求—服务—反馈的评估机制，通过对居民生活信息的掌握、管理和服务意见的反馈达到改进管理服务的目的。同时对已接受的服务进行打分，对开展的活动进行评级，对管理和服务的方式进行跟踪问政，从而进一步了解居民的实际需要，满足人性化管理，为社区居民参与社区管理提供合理的渠道。

（五）指标框架

目前杭州市国际化社区建设指标体系已经由杭州市民政局发布，笔者在从事江干区国际化社区建设瓶颈分析和对策建议研究中发现，杭州市民政局的指标体系，实际上可做进一步的细化。笔者认为，杭州国际化社区建设指标体系，可以分为规划体系、影响因子、"互联网+"管理和高品质服务五大板块，具体如下（见表9）

表9　国际化社区指标体系

一级指标	二级指标	三级指标	指标说明
国际化社区规划体系	政策依据	省市政策	明确国际化社区建设的各级各类政策背景、依据
		区级政策	
		街道政策	
	建设规划	五年发展规划	明确的国际化社区发展规划，详细的国际化社区发展计划，能够结合社区情境，制定本社区国际化发展的整体目标、发展步骤、具体措施等实施方案
		三年行动计划	
		一年工作计划	
	核心要素	环境因素	舒适宜居、低碳绿色、国际氛围浓厚的居住空间、公共服务设施、便民服务设施、服务设施标识、社区基本公共服务、社区自治服务、社区社会服务、社区信息服务等
		服务要素	
		自治要素	
国际化社区影响因子	社区空间	文体空间	双语/多语图书室、中外文化展示馆、中外民俗活动中心、英语角等
		生活空间	"五水共治"、垃圾分类、清洁家园、文明养宠
		商务空间	涉外酒店、涉外银行、涉外商业机构等
		宗教空间	教堂、清真寺、寺庙等

一级指标	二级指标	三级指标	指标说明
国际化社区影响因子	周边环境	公共绿地	徒步绿道、沿江慢步道、社区公园、公共园林等绿色空间
		医疗场所	国际医院、双语医生、社区国际健康站、便民药店等
		国际学校	双语幼托机构、外语培训学校、国际学校、双语国学馆等
		休闲场所	配备活动中心、健身场馆
	配套设施	道路交通	双语道路标识、无障碍设施,有无障碍停车位,有方便轮椅通行的坡道、盲道、双语道路交通协管员、双语道路交通地图等
		邮电通讯	双语邮政业、国际快递、国际长途等
		银行超市	涉外金融保险、国际银行、国际超市、双语服务岗等
		娱乐餐饮	国际标准影院、KTV、客源国餐厅、双语餐牌、杭帮菜餐厅、西餐厅、料理店等
国际化社区"互联网+"管理	网络信息基础	光纤网络	FTTH(光纤到家庭)、网络电视(IPTV)等"百兆进户、千兆进楼"
		无线网络	免费宽带、社区全覆盖等
	智慧应用体系	智慧小区	物业管理平台、周边商家信息系统、停车管理系统、门禁及楼宇对讲系统、小区安防监控系统ITV系统、信息发布系统、电子支付等
		智慧交通	社区汽车移动信息、智能租车系统、城市交通信息服务、智能公交等
		智慧医疗	智慧医院系统、区域卫生系统、家庭健康系统等
		智慧家居	家电控制、照明控制、窗帘控制、电话远程控制、室内外遥控、防盗报警、环境监测、暖通控制、红外转发以及可编程定时控制等家居智能管理系统
		智慧楼宇	楼宇智能化系统(BA)、通信智能化(CA)、办公智能化(OA)、信息管理智能化(MA)、消防安保智能化(FA)等
	智慧服务平台	社区APP	社区资讯、物业通知、邮包提醒、社区服务、社区团购、社区论坛、周边优惠等信息分享平台
		虚拟社区空间	社区通信、聊天服务、张贴讨论、民意投票、学习交流等智能交流平台
		社区公共服务综合信息平台	双语或多语言服务能力的社区服务热线、国际居民微信群、QQ群等

续表

一级指标	二级指标	三级指标	指标说明
国际化社区高品质服务	制度保障	高效管理队伍	专(兼)职服务国际居民的社区工作人员;提高社区服务队伍素质,定期组织社区工作者参加各类专业能力培训,专职社区工作者每年国际化服务相关培训不得少于20课时;有经常开展活动的涉外专业社会组织
		统筹协调机制	社情民意表达渠道畅通,社区中外居民诉求及时得到回应;积极引导国际居民参与社区民主协商,为本社区事务和活动出谋划策
		办公设施保障	社区配套用房面积按照不低于每百户50平方米的标准配足配齐,社区办公、服务和活动用房区域清晰、功能合理,其中社区组织办公用房不得超过使用面积的20%
	服务供给	窗口式服务	设有固定的便利服务窗口或场所为外籍居民提供相应公共服务及政务咨询等服务
		物业服务	物业管理服务标准、专业的物业服务人员和固定的物业服务场地、涉外中介服务企业或组织为国际居民提供家政、教育、金融等中介服务
		语言服务	重要通知、警示、宣传单、便民手册等的国际通用语言版本;社区各类办公、服务和活动场所、导向图、内部道路、周边商户等中英双语或多语标识标牌设置;中英双语社工服务
		志愿者服务	引导参与平安巡逻、文明劝导、环境美化、社区公益等社区志愿服务活动中外志愿者的占比
		培训服务	设立外语角或中文角,充分利用学校资源、中外志愿者开展语言交流或培训活动;每年不少于2次的社区文明礼仪、日常用语等培训服务
		文化服务	营造传统节日氛围、展示优秀传统技艺、开展语言文化互动、举行睦邻守望活动等多样化的方式搭建社区文化交流平台,每年至少开展5次民俗文化宣传活动
	共治共享	多元协商机制	国际居民在社区议事协商委员会的人员比例、参与社区协商议事记录;中外居民共同参与制定修订关于社区公共秩序、文明礼仪等
		社务监督	社区居民委员会换届选举中国际居民担任选举志愿者或观察员比例;社区服务满意度测评员
		公众参与	国际居民参加社区"节日"庆祝、健康知识、法律知识、科普知识等讲座的频度;"网格化管理、组团式服务"到位,网格划分合理,人员配备到位,邀请国际居民担任网格员
		社区公约	社区公约、居民自治章程或居民公约或条款等

撰稿:周东华、毛燕武,杭州师范大学杭州城市国际化研究院

二、打造一流宜居环境，建设生态文明之都

弘扬生态文明，建设美丽中国，是实现中国梦的重要组成部分，也是一项关系人民福祉的系统工程。党的十八大从全面建成小康社会的高度提出，把生态文明纳入中国特色社会主义事业"五位一体"总体布局，明确提出了建设美丽中国和努力走向社会主义生态文明新时代的重大命题。杭州自然资源丰富，城乡格局兼具，具有构建生态文明样本、打造一流生态宜居环境的先行优势。2013年初，习近平总书记在杭州考察时曾指出："杭州山川秀美，生态建设基础不错。要加强保护，尤其是水环境的保护，使绿水青山常在。希望你们更加扎实地推进生态文明建设，努力使杭州成为美丽中国建设的样本。"2016年9月3日，习总书记在2016二十国集团工商峰会开幕式演讲中称赞杭州是"生态文明之都，山明水秀，晴好雨奇，浸透着江南韵味，凝结着世代匠心"。

近年来，杭州市牢固树立"既要金山银山，也要绿水青山""绿水青山就是金山银山"的发展理念，始终把生态文明建设放在突出位置。党的十八大后，杭州市委、市政府充分发挥杭州生态环境的战略资源优势，深入实施"环境立市"战略，将"美丽杭州"建设作为全市发展的重要目标，探索"生态经济共赢、人文景观相融、城市乡村互动"的城市生态建设"杭州模式"，积极构建国际水准的生态宜居环境。

（一）生态文明建设的基础

1. 生态资源丰富

杭州位于浙中山地向杭嘉湖平原过渡带,西高东低,拥有山地、丘陵、平原,地貌类型完备;遍布森林、湿地,农田、果园,生态系统多样;江河纵横,湖泊密布,江、河、湖、溪、海齐全,类型丰富。至 2015 年底,全市林地面积 1762.27 万亩,森林面积 1644.35 万亩,森林覆盖率达 65.22%,在全国 15 个副省级城市中名列首位。生态系统类型多样,生物物种资源丰富,拥有 8 公顷以上湿地面积 289447 公顷,国家一级保护动物 13 种、二级保护动物 55 种。杭州山清水秀,风景秀丽,繁密的水网川泽连接水边的纵横丘陵,构成杭州的城市环境和山水文化,极具山水田林、鱼米之乡的形胜之美,使杭州素有"人间天堂"的美誉。

2. 城乡格局兼备

杭州兼具城乡。2015 年杭州城镇化率达到 75.3%,城乡一体化水平达到 87.1%,主城、副城、组团、中心镇、乡村层级完备,现代化都市、风情小镇、历史文化村等各具特色。近年来,杭州市确立了"城市东扩、旅游西进、沿江开发、跨江发展"的空间布局,将以西湖为中心的团块空间转变为以钱塘江为轴线的分散组团形态,城市功能得以疏散,城市职能得以重新定位。原来局限于西湖风景名胜区的城市自然景观资源得到大幅度的拓展,由"三面云山一面城"的空间格局,逐步发展成为"一主三副六组团、双心双轴、六条生态带"的开放式格局。

3. 生态文明先行

杭州拥有源远流长的生态文明理念。早在唐宋时期,白堤和苏堤的建造就依据西湖水文和环境,既充分尊重自然规律,因地制宜,又与人文景观共生,相得益彰。新时期里,杭州长期坚持"环境立市"战略,围绕生态经济、生态环境、生态文化等多个领域全面开展生态文明建设工作,扎实推进建设以绿色、低碳、和谐、可持续发展为主要特征的生态型宜居城市。2014 年杭州市列入国家首批生态文明先行示范区以后,全市坚持推进绿色发展、循环发展、低碳发展,积极发展生态经济、改善生态环境、培育生态文化。2016 年 8 月 4 日,杭州市正式通过国家级生态市创建考核验收。

(二)生态文明建设的现状与成效

多年来,杭州市认真贯彻落实党的十八大精神和习近平总书记对杭州提出的"努力成为美丽中国建设样本"指示精神,始终把"环境立市"战略作为杭州的核心战略,在全省乃至全国率先提出打造低碳经济、低碳城市、低碳生活,促进节能减排减碳,构建资源节约型和环境友好型社会,积极践行生态文明建设。至 2015 年末,已获得国家环保模范城市、国际花园城市、联合国最佳人居环境奖、全国文明城市、国家森林城市、国家级生态市等多项荣誉,"杭州西湖文化景观"和"大运河"列入世界遗产名录。桐庐县、淳安县、西湖区、江干区、萧山区、富阳区、临安区先后成功创建为国家级生态市(县、区)。

1. 生态示范建设的制度探索

重视生态环境保护制度建设。"十二五"期间,杭州市先后颁布了《关于加快推进杭州生态市建设的若干意见》和《关于加快推进生态建设与环境保护的若干意见》等政策。2013 年,市委十一届五次全会审议通过了《关于建设"美丽杭州"的决议》和《"美丽杭州"建设实施纲要(2013—2020 年)》,同时成立由张鸿铭市长领衔的市生态文明建设("美丽杭州"建设)委员会,建立生态文明先行示范区建设协调小组,总体协调推进全市生态文明建设工作。制定了《杭州市生态文明建设规划(2010—2020)》《杭州市生态市建设联席会议制度》《杭州市生态市建设督查制度》等一系列规划和政策,建立并完善了生态文明建设的组织协调机制。同时,杭州市也非常重视环境法制建设,颁布实施了《杭州市生态文明建设促进条例》《杭州市污染物排放许可管理办法》等地方性法律法规,修订了《杭州市苕溪水域水污染防治管理条例》《杭州市机动车排气污染物管理条例》,制定下发了《杭州市主要污染物排放总量控制管理办法》《杭州市环境污染和生态破坏突发性公共事件应急预案》等规范性文件,从法治层面保障生态文明建设的顺利开展。

完成生态文明先行示范区建设指标体系。杭州制定了浙江杭州国家生态文明先行示范区建设指标体系,印发了《杭州市生态文明先行示范区建设行动计划(2015—2018年)》,包括经济发展质量、资源能源节约利用、生态建设与环境保护、生态文化培育、体制机制建设、杭州特色指标共六大类49项指标,并设定了2015年、2018年两个阶段目标值。至2015年底,已基本构建起生态文明建设的总体格局、发展路径和政策机制。目前杭州市示范区建设指标体系中有45项指标完成了2015年阶段性目标值,完成率达到92%,有14项指标提前完成2018年目标值。

建立生态文明建设考核体系。杭州市建立起了较为完善的生态市建设考核体系,每年与浙江生态省建设工作领导小组办公室签订《年度杭州市生态省建设工作任务书》,并与各区、县(市)政府签订责任状,以生态建设和环境保护目标责任书的形式,切实落实各级政府责任。将目标考核结果纳入领导干部考核评价中,制定了《杭州市生态市建设目标责任制考核暂行办法》,建立责任追究制度。同时,大力推进评优创先,以评促管,建立了定期发布综合考评工作进展的机制,由市考评办综合各市直单位考评工作结果,连续多年向社会公开发布《社会评价意见报告》。

探索生态环境投融资机制。杭州市积极利用市场化机制有效配置环境资源和排污权,成立杭州主要污染物排污权交易领导小组,在全省率先推出排污权交易政策,出台了《杭州市主要污染物排放权交易管理办法》《杭州市生态补偿专项资金管理办法》等33个法律法规和政策文件,探索构建全市统一的排污权交易管理体系。成立了杭州市污染物排放权登记中心,组织开展排污权线上竞价交易。截至2015年,完成1017家企业的排污权初始登记和缴费工作,累计缴款金额11.19亿元,实施排污权竞价交易15次,累计交易金额达1.63亿元。从2006年起,在全国率先实施市域生态补偿机制,已共向上游淳安等地转移支付生态补偿资金 4.5 亿元、生态市建设专项资金 18 亿元。此外,制定了《杭州市合同能源管理项目财政奖励资金管理办法》,财政出资建立合同能源管理风险池基金,共计发放节能减排项目授信 3.7 亿元,并通过"拨改投""拨改保""拨改贷"等方式,建立总规模 40 多亿元的各类政府引导基金,有效激发市场主体活力。

2. 大力推进环境污染综合防治

城市河流水质逐步改善,总体水质良好。通过开展环境污染综合整治和"五水共治""清水治污"等行动,对饮用水水源地安全隐患、钱塘江和太湖流域水环境、城市河道水环境进行整治和改善,水体达标率持续上升。"十二五"期间,杭州市整治完成 84 条 137 公里黑臭河,全市基本消灭"垃圾河、黑河和臭河"。全市 1845 条乡镇级以上河道实现河长、河道警长全覆盖,信息全公开,监测全覆盖。开展污水"零直排"区建设,整治或封堵 6267 个排污口;全市已运行的日处理能力 5000 吨以上污水处理厂 29 个,处理能力 276 万吨/日,完成新建 234.24 公里污水管网,694 个农村生活污水治理站,市级污水处理率达 95.05%。截至 2015 年底,22 家饮用水水源保护区内的违法企业及污染源完成关停搬迁,31 个饮用水水源地安全隐患点全部落实整改,11 个县级以上城市集中式饮用水水源地水质达标率实现 100%。全市 47 个河流水质监测断面中,水环境功能达标率为 85.1%,达到或优于 III 类标准的比例为 85.1%,其中钱塘江水系和笤溪水系水质良好以上的断面占 95% 和 100%(见图 12)。

空气质量持续改善,优良天数增加。基本建成"无燃煤区",顺利完成半山北大桥地区环境综合整治,关停杭钢集团和半山电厂、萧山电厂燃煤机组,完成 146 台热电锅炉和 15 条水泥熟料生产线脱硝改造工程,完成 VOCs 污染整治企业 128 家,累计淘汰黄标车及老旧车 26 万余辆,在全国率先成为无钢铁生产基地、无燃煤火电机组、基本无黄标车的"三无"城市。"十二五"期间,杭州市扎实推进污染减排工作,化学需氧量(COD)、氨氮(NH_3-N)、二氧化硫(SO_2)和氮氧化物(NO_X)完成减排比

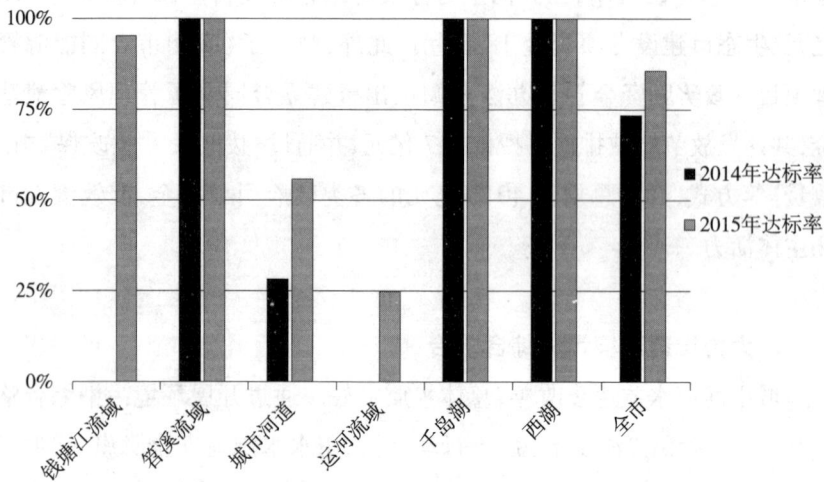

图12　2014—2015年杭州各流域47个市控以上断面水质达标情况

例为 21.75%、17.16%、21.89% 和 26.53%，累计完成"十二五"目标任务 173%、131%、148%、153%。扎实推进排污权交易管理、排污许可证"一证式"改革等创新工作累计实施减排项目 1809 个，完成减排国家责任书项目 65 个。经过各项工作的实施，大气环境质量持续好转。对照新的环境空气质量标准（GB 3095—2012），2015 年我市市区环境空气质量优良天数为 242 天，优良率达 66.3%，$PM_{2.5}$ 平均浓度比 2013 年下降 18.6%。

　　森林资源稳步增加，森林生态状况良好。"十二五"期间，杭州市完成造林更新 110568 亩，平原绿化 28168 亩，"四边"绿化长度 480 公里，面积 4162 亩，实施 850 万亩生态公益林建设工程。至 2015 年底，全市林地面积 1762.27 万亩，森林面积 1644.35 万亩，森林生态功能指数为 0.4969，高于全省平均水平。2015 年全市森林调节水量 26.39 亿立方米，固持土壤、减少泥沙流失量 4028.28 万吨，保肥量 183.75 万吨，产生水源涵养效益 277.63 亿元。同时，森林植物通过吸收而减少空气中硫化物、氮化物、卤素、粉尘等有害物质的含量，发挥了巨大的净化大气的作用，2015 年全年森林吸收二氧化碳 1506.98 万吨，二氧化硫 11.13 万吨，森林滞尘量 2100.92 万吨，释放氧气 1095.82 万吨，产生固碳释氧效益 158.90 亿元，净化大气效益 32.85 亿元。

3.产业结构调整方向明确,低碳循环经济逐步入轨

以减排倒逼污染行业转型升级。杭州市在全国率先实施"低碳新政50条",出台了《杭州市"十二五"循环经济发展规划》和《关于建设低碳城市的决定》,提出了具有针对性、创新性的行业控制途径和对策措施。通过积极的产业政策引导、市场经济杠杆调节、综合行政手段推进,加快"三高一低"企业关停并转,深入推进主城区工业企业"退二进三""退二优三"。2015年,大江东产业聚集区列入国家级循环化改造示范园区,进一步推动重污染企业强制性清洁生产,对电镀、印染、造纸、制革、化工等企业进行分类淘汰关闭、搬迁入园、整治提升。同时强化重点污染企业环保信用管理,将环保信用评价与实施绿色信贷、绿色证券、绿色工地等环节的经济政策相挂钩。2016年,全市全市15个区、县(市)及产业集聚区中,单位增加值能耗下降的有12个,降幅均在5%及以上。规模以上工业消费能源1799.12万吨标准煤,单位增加值能耗下降6.3%,降幅大于全省2.6个百分点。

产业结构调整与城市宜居建设并举。企业搬迁腾出的地块通过统一规划,用于发展商业、金融、旅游、文化创意产业等高附加值的第三产业,既有力地推动了杭州主城区经济发展方式的转变,又为主城区建设一流的基础设施和优美的社区环境提供了条件。比如半山和北大桥地区实施环境综合整治,累计关停搬迁企业416家,削减废气排放量近200亿立方米、工业废水排放量3000万吨、危险化学品3万吨,运河水质由过去的"不合格"提升到目前的"良",整体生态环境显著改善。

控制农业污染源,优先发展生态循环农业。杭州市相继出台了《"十二五"低碳农业规划》《关于加快现代生态畜牧业发展有关事项的通知》《杭州市加快推进现代生态循环农业建设三年行动计划(2015—2017年)》等一系列政策,加大财政扶持力度。2011年起,市财政每年安排5000万余专项用于生态农业建设,深入实施畜禽生态标准化规模养殖场示范创建工作。截至2015年,建成省级生态循环农业示范县1个、示范区4个、示范企业3个,生态种植示范、生态循环农业、水产生态养殖示范等生态农业示范工程50个,项目实施面积4.4万亩,减少肥料使用约

1813 吨,减少农药使用约 4906 公斤。

4. 社会生态文化繁荣,形成低碳、绿色社会氛围

生态文化理念逐步融入杭州城市发展整体战略。杭州市坚持把生态文明作为落实科学发展观的重要方面和"五位一体"总体布局的重要内容来抓,牢固树立"既要金山银山,也要绿水青山""绿水青山就是金山银山"的发展理念,全面推进生态型城市建设。近年来,杭州市先后以建设国家级环境保护模范城市、国家生态文明建设试点城市、国家级生态市等为抓手,逐步将生态文化理念融入到城市发展的整体战略中,关注城市经济发展与保护生态环境的平衡发展,注重城市社会发展与自然生态系统的和谐共处。

不断挖掘和培育杭州特色的生态文化。杭州三面环山、依山傍湖,独特的地理环境和深厚的历史积淀了自身特有的文化。近年来,杭州坚持把中国文化中的"天人合一""道法自然""仁民爱物"的传统思想与热爱自然、崇尚自然、亲近自然的淳朴情怀相结合,积极培育具有杭州特色的现代生态文化。特别是深入挖掘以"富春山居图"为代表的"三江两岸"山文化,以城市水域为代表的西湖文化、钱塘江文化、运河水道文化,以龙井为代表的茶文化。

多载体、多层次提升生态文化意识。通过打造多样化生态文明宣传载体、构建全民参与的生态文明教育实践网络,形成了一批有国际影响力、国内领先的生态文明示范基地。2012 年,杭州投资 4 亿元建成了全球首家低碳科技馆"中国杭州低碳科技馆"。截至 2016 年,杭州市共创建国家级生态文化村 4 个,省级生态文化基地(村)20 个,西溪湿地和浙江农林大学获得"国家生态文明教育基地"和"国家环保科普基地"称号,形成了一批集科普、教育、监测为一体的绿色实践基地。杭州市委宣传部和市环保局牵头的 26 个部门联合成立了杭州市生态建设与环境保护宣传教育协调组,统筹全市的环保宣传工作。通过新闻媒体、报刊、网络等全方位宣传报道国家、省、市环保政策法规、环保科技和环保动态,动员全社会积极参与各种形式的环保活动。

表 10 杭州市范围内全国生态文化村和浙江省生态文化基地

时　　间	浙江省生态文化基地	全国生态文化村
2009 年		临安市太湖源白沙村
2011 年	杭州市萧山区衙前镇凤凰村、富阳区湖源乡窈口村、桐庐县林场	
2012 年	杭州半山森林公园、浙江湘湖旅游度假区、富阳区新登镇湘溪村、建德市绿荷塘森林公园、桐庐县江南镇环溪村	富阳区湖源乡窈口村
2013 年	桐庐县江南镇荻浦村、国有临安市天目山林场	
2014 年	杭州西溪国家湿地公园、超山风景名胜区、浙江清凉峰国家级自然保护区、杭州野生动物世界	
2015 年	余杭区瓶窑镇奇鹤村、建德市大慈岩镇新叶村	桐庐县江南镇环溪村、富阳区新登镇湘溪村

低碳、绿色理念逐步融入居民生活。通过生态环保理念宣传教育的展开,杭州市民对生态文明有了更深的理解,节约资源、低碳环保、绿色出行等生活方式收到推崇。余杭区良渚文化村和桐庐县环溪村成功列入省第一批低碳试点社区。社区和社会环保组织涌现,如上城区、拱墅区环保分局自 2012 年来与社区合作成立了 6 个环保交心社,居民主动关心身边的餐饮油烟污染、新建项目污染等环境问题。2010 年杭州市生活垃圾分类收集处置正式启动,截至 2016 年,杭州有垃圾分类生活小区 1836 个,分类收集覆盖率 80%。杭州市公共自行车租赁系统自 2008 年投入运营以来,服务点数量和自行车数量都逐年增加。截至 2016 年底,杭州共有 8.58 万辆公共自行车,累计租用量达 7.44 亿人次,日均租用量 31.5 万人次,平均租用时间 33.6 分钟,日均行驶总里程达到 62.25 万公里。2011 年,杭州被英国广播公司(BBC)评为"全球 8 个提供最佳公共自行车服务城市"之一。

(三) 现阶段生态文明建设的问题与挑战

随着"五水共治""五气共治"等重大战略的深入推进,杭州的环境质量总体上处于不断向好态势。但经济中高速增长和快速工业化、城镇化发展带来的资源能源消耗仍将继续保持增长，城市环境问题越来越突出。长期积累的素质性、结构性污染问题短期内仍难有根本改变，环境保护的压力仍然较大。社会各界对雾霾污染、环境基础设施建设、河道污染等生态环境问题高度关注，百姓对良好生态环境的期盼诉求也逐渐高涨。外部环境压力和内部转型需求都对杭州的环境保护提出了更高要求，生态文明建设仍面临着严峻挑战。

1. 传统污染行业占比仍较大，经济转型发展存压力

产业结构调整还不够到位。杭州市第三产业增加值刚过50%，与国际同等收入国家和地区比明显偏低。2015年，纺织等六大高耗能行业增加值虽下降3.8%，但仍占规规模以上工业总产值的25.2%，消耗能源占规模以上工业总能耗的69%（见表11）。2016年上半年，全市六大高耗能行业消费能源573.1万吨标准煤，增长8.0%，其中造纸业、纺织业能耗分别增长18.6%和11.7%。此外，化纤制造业占全市工业能耗比重连年上升，目前已超过电力热力生产供应业，居第六位，能耗增长17.7%，高于规模以上工业能耗增速10.5个百分点。

表 11　2015 年杭州市六大高耗能行业和重点用能企业能源消费情况

	能源消耗总量（万吨标准煤）	占比（%）	增速（%）	单位增加值能耗提高（%）
一、六大高耗能行业	1430.58	69	3.4	7.4
1. 纺织业	300.14	14.5	7.8	9.3
2. 造纸和纸制品业	194.89	9.4	9.4	8.0
3. 化学原料和化学制品制造业	305.38	14.7	6.4	14.6
4. 非金属矿物制品业	278.49	13.4	9.3	13.8
5. 黑色金属冶炼和压延加工业	215.07	10.4	-16.0	-9.9
6. 电力、热力生产和供应业	136.61	6.6	5.9	9.5
二、重点用能企业	1724.46	83.1	2.7	0.3

新增高耗能项目较多。"十三五"期间杭州预计新投产项目、产能扩张项目仍然不少,对全市节能降耗造成较大压力。如临安西子富沃德电机铸件项目,预计年新增能耗4.6万吨标煤左右;华锦特种纸有限公司转型升级重新投产,预计带来3万吨标煤的能耗。大江东地区规模较大的高耗能企业和项目仍将陆续审批投产,其中浙江恒逸锦纶年产16.5万吨民用高速纺锦纶6切片项目,预计新增用能2万吨标煤;富阳传承纸业50万吨造纸项目,预计新增用能8万吨标煤左右。同时,依靠前期的节能政策举措,高耗能行业节能空间已趋于有限,一些好的节能技术和项目后续较为匮乏,全市节能降耗压力依然较大。

社会电力需求持续增长。虽然工业用电近两年不增反降,但第三产业和居民生活用电增速一直处于较高水平。2015年,第三产业用电增长10.3%,居民生活用电增长7.6%,在电力的拉动下,全市第三产业和居民生活消费能源分别增长14.1%和6.9%,两者合计占全社会能耗比重已达38.1%。第三产业和居民生活用电呈现刚性增长的特征,预计"十三五"仍将保持较快增速,对全市节能降耗制约程度继续加深。

表12　2016年杭州市社会用电量情况

指标	计量单位	2016年值	比上年增长(%)
全市用电量	亿千瓦时	678.29	4.9
其中:工业用电量	亿千瓦时	401.55	-1.4
服务业用电量	亿千瓦时	151.50	16.1
生活用电量	亿千瓦时	107.30	18.9

2. 城市功能发展不均,产业布局不够合理

城市扩张占用生态空间。杭州市城镇建设的快速发展带来了城市用地的迅速扩张,1998年至2015年间,杭州城市建设用地规模扩张超过原来的3倍多。生态带和生态廊道遭到侵蚀,生态缓冲区被大量占用、分割,生态系统破碎化加重,生态系统稳定性和城市可持续发展受到严峻挑战。

表13　2000—2010年杭州六条生态带生态空间流失情况

名称	2000年生态空间面积（平方公里）	至2010年生态空间净流失面积（平方公里）	生态空间流失比例（百分比）
西南部生态带	215.57	4.05	1.88
南部生态带	171.46	9.71	5.66
东部生态带	47.98	14.09	29.37
西北部生态带	358.77	8.69	2.42
北部生态带	32.74	9.12	27.86
东南部生态带	80.71	5.74	7.12
合计	907.23	51.40	74.31

　　产业布局存在生态安全隐患。由于杭州市域多山地丘陵，可供工业发展的平整土地有限，且主要分布于东部江河两岸，与生态环境功能区划中的重点保护区域大部重合，大大增加了污染事故的环境风险。目前杭州湾地区集中分布了6个化工产业园区，有超过210家化工企业，每年化工产品产量超过1500万吨，有近200万吨的污染物排海总量。大江东产业聚集区位于主城区的上风向，这里集中发展的重化工业会给空气质量造成新的压力。建德化工、富阳造纸等高污染行业聚集于钱塘江流域中上游地区，成为威胁饮用水安全和全流域环境安全的隐患。

　　东西部社会经济发展水平和生态系统分布格局不均。杭州市的森林生态系统主要分布在西部山区，西部五县（市、区）的生态系统服务总价值达306亿元/年，而东部主城区总值仅为9亿元/年。淳安县、桐庐县和临安市生态服务价值占全市的70%，GDP占全市的11.5%；主城区的生态服务价值占全市的14%，GDP却占全市的76.7%。生态系统与地域经济发展的不协调突出，东西部地区对区域内生态服务的贡献和享用存在不公平性。

　　城市风貌趋同，人工化趋势明显。城市化的迅速扩张导致传统街区空间肌理割裂、城市水网与生态廊道受到挤压。"三江两岸"地区自然生态格局人工化趋势明显，植被覆盖指数（NDVI）和净初级生产力（NPP）均持续下降。市区滨水景观设计人工化迹象明显，市中心地带仍主要采用垂直型的混凝土或条石河岸,直接导致水生系统的破坏和植物种类减少。乡村的基础建设中小区化、城市公园化色彩较浓,乡村的田园风光、自然生态等特色表现不足。

3. 生态环境保护遭遇瓶颈,百姓环境需求亟须满足

资源消耗量大,综合生态投入平不高。作为典型的经济大市、资源小市,杭州资源承载力并不具优势。根据联合国开发计划署(UNDP)2016年发布的《2016 年中国城市可持续发展报告》,杭州的资源消耗指数(URCI)和污染排放指数(UPDI)在我国 35 个大中城市中排名分别为第19 和 18 位(见表 14),远低于其人均 GDP 的排名。由于污染物排放总量较大、强度较高,致使综合生态投入水平较低,在城市发展中所占用的水、地、能、材等资源以及所排放的废水、废气和固体废弃物较多。

表 14　杭州在中国 35 个大中城市的生态投入指数及分析指数排名

	生态投入指数 (UEII)	资源消耗指数 (URCI)	污染排放指数 (UPDI)
主要指标	城市资源消耗、城市污染排放	城市水资源消耗、城市土地资源消耗、城市能源消耗	水污染排放、空气污染排放、固体污染排放
排名前三	青岛、石家庄、合肥	石家庄、重庆、长春	青岛、北京、海口
杭州排名	20	19	18

水源地相对单一,饮用水安全保障不足。杭州市 80%以上用水取自钱塘江,而钱塘江 2/3 的水量来自上游地区,上游污染负荷较重的产业使钱塘江水质存在较大被污染风险。作为备用水源的苕溪 2/3 水量来自太湖,太湖水质本身较差,使苕溪存在较大的氮磷超标潜在风险。备用水源体系尚未完全建立,贴沙河和珊瑚沙水库等备用水源地的供应时间仅为一天半左右,造成应对突发水污染事件能力相对有限,供水安全保障极为被动。

空气质量可提升空间较大,雾霾等复合型污染较重。杭州市的空气质量在全国处于中等偏上水平,但与发达国家城市相比仍有较大差距。

杭州三面环山,低空逆温发生频率高,造成大气扩散条件较差,外来源与本地源大气污染容易叠加。根据世界卫生组织(WHO)公布的 2016 年全球城市空气质量数据,2016 年杭州市区 PM 10 和 PM 2.5 浓度分别为 106 微克/m³ 和 61 微克/m³,超世界卫生组织标准 5 倍以上(超国家标准 0.63 倍),与世界水平相比,是巴黎的 4.1 倍,伦敦的 4.8 倍,悉尼的 6 倍,在全球 2975 个监测城市中排名第 2817 位。

表 15　2016 年杭州与世界主要城市年均 PM 10 和 PM 2.5 浓度比较

	杭州	首尔	东京	巴黎	柏林	伦敦	悉尼
PM 10(微克/m³)	106	46	28	28	24	22	17
PM 2.5(微克/m³)	61	24	15	18	16	15	8

局部土壤污染较重,土地环境质量超标。杭州化工、造纸、纺织等企业分布较多,排放大量的含重金属废水、污泥、固体废物等,工业废料、医疗废物、建筑废物和生活垃圾的产生量均较大。依据联合国开发计划署(UNDP)的统计,杭州的固体废物排放指数(USWI)在全国 35 个大中型城市中排第 25 位。杭州天子岭垃圾填埋场、环山金属冶炼基地、富阳造纸企业周边等区域存在不同程度土壤重金属超标现象,部分蔬菜基地、畜禽养殖场等区域呈现出多种有机物、无机物混合污染的情况。

4. 现存体制机制约束较多,绿色发展政策有待完善

支持绿色可持续发展的综合决策机制还未建立。杭州的经济发展目前仍以 GDP 为最主要导向,绿色发展评价体系尚不健全,区域间生态产品供给与消费的公平政策机制不够完善,各利益相关方广泛参与生态文明建设的政策机制也未形成。老城区与余杭、萧山、富阳的整合程度还不够,城市各区域的部分规划内容缺乏统一协调,规划执行率不高,区域功能交叉重复,涉及生态文明建设的各政府部门之间沟通协调不够,出台的政策统一度不高,政策间的缝隙较大。

区域协调发展的城乡一体政策亟待加强。杭州的产业布局政策仍不够具体,特别是东部主城区和西部县(市、区)间经济、社会、环境发展间的不平衡仍然较明显,城乡间统筹不足,生态空间保护力度不够。针对基层农村的绿色发展政策缺乏,造成城乡结合部环境管理不够到位,农村污染防治、乡村美化绿化等问题较多。

法律和经济手段促进生态保护作用尚不明显。生态文明层面的立法不够健全,立法尚未完全适应形势的需要,有法不依、执法不严的现象还比较突出。资源环境有偿使用制度尚不完善,市场价格机制未能充分发挥配置环境资源要素的基础作用。资源性产品价格和税费制度的挂钩不够紧密,环境成本内部化尚未实现,社会资本参与生态环保投资的积极性不高。

低碳生活和绿色消费引导不足。目前的生产消费政策还未以绿色、低碳发展为导向,绿色生产能力和社会公众期望还存在着很大差距。生态文明宣传的方式和方法比较单一、陈旧,社会的绿色生产和绿色消费意识仍比较欠缺,电力能源消费和机动车保有量增长较快,垃圾的产生量快速提高,加重了环境资源的负担。

（四）推进国际水准生态环境建设的对策和建议

杭州在地区生产总值跨过万亿元门槛、成功承办 G20 杭州峰会的新起点上,迎来承办 2022 年亚运会、建设中国(杭州)跨境电子商务综合试验区和国家自主创新示范区等重大历史机遇。这也是杭州市推进生态文明建设,实现"美丽杭州"的攻坚阶段,加快提升城市国际化水平,推进世界名城建设的关键时期。全面建设生态文明、构建国际水准生态环境是一项庞大系统的工程,涉及社会发展、城乡建设、环境保护等方方面面。这就要求以自然生态和资源环境为基础,以生态宜居生活为导向,以提升生态系统服务功能为目标,明确问题,彰显特色,扬长避短,分工合作,协同增效、集中突破。

1. 健全协调工作机制,完善综合决策管理

加强组织领导。从长期来看,推进生态文明建设要求构建形成市委、

市政府自觉推动、各有关部门良好分工、各区域发展有机结合的体制机制。通过进一步完善杭州市生态文明建设（"美丽杭州"建设）委员会的组织构架，发挥其在生态文明建设重大事宜的协调作用。由其负责生态文明和"美丽杭州"建设的顶层设计、整合力量、组织实施等，实现目标协同、工程联动、合力推进，确保生态文明建设要求全面贯彻和深刻融入到经济建设、政治建设、文化建设、社会建设的各方面和全过程。

健全工作机制。在杭州现有的生态文明建设（"美丽杭州"建设）工作机制基础上，进一步完善党为主导、政府负责、人大政协监督、各部门分工、全社会共同参与的工作机制，做好统一谋划，积极推进思想上、组织上、能力上、行动上的各项工作，稳步推进工作进度。特别是要协调好生态文明建设规划与现有各相关规划政策之间的关系，对现有各项规划、政策、方案进行系统梳理，并加以适当的调整、整合、提升。推进"多规合一"，对其中与生态文明建设要求相冲突的内容，要及时修订完善，解决各种规划之间的矛盾。

增强市场机制。强化环境资源市场化配置机制，逐步建立全面反映市场供求、资源稀缺程度、生态环境损害成本和修复效益的价格形成机制。积极推进排污指标资源市场化配置，构建市场化的交易价格机制，有效提升排污权交易活力。健全对重点生态功能区的生态补偿机制，开展地区间建立横向生态补偿机制研究，实施全区域生态补偿，加大对钱塘江、苕溪两大流域上游地区生态补偿的力度，配合推进国家新安江水环境补偿试点。建立和完善多元化环保投融资机制，设立环保信托投资公司、风险投资公司，鼓励和支持社会资金以独资、合资、承包、租赁、拍卖、股份合作制、BOT、PPP 等不同形式参与生态建设和环境保护事业。

完善考评制度。以《杭州市生态省建设工作任务书》的监测评价指标体系为基础，进一步扩大《杭州市生态市建设目标责任制考核暂行办法》中具体指标的涵盖面，选取其中近期能突破、带动作用大、群众反映强烈的若干指标为核心，强化各级地方政府保护环境资源、提供生态产品的基本职责。对淳安、临安等主要以提供生态产品的县市（区），以及生态空间增加比重较大的乡镇等，取消 GDP 考核，研究建立更加合理的包含生态资源、环境损害、生态效益等指标的经济社会发展评价体系。增加生态文明建设考核的权重,将考核结果作为党政领导班子和领导干部综合考评的重要依据。对不顾生态环境、盲目决策而造成严重后果的领导干部,实施终身责任追究。

2. 明确区域生态功能,构建稳定生态格局

优化开发格局,落实环境功能区划。以增强区域开发的环境合理性、保障全市生态环境安全、提升生态文明建设水平为目标,尽快研究编制城市生态环境总体规划,合理确定生态空间、生活空间、生产空间。制定环境功能区划实施管理办法,以环境功能区划为依据,针对各类区域的环境功能特点,落实污染减排措施,逐步提高环境准入标准,严格控制新增污染物排放量,减轻工业化和城镇化对生态环境的影响,加强生态保护和修复,限期修复已遭污染或破坏的环境。推进东部平原地区按照六大组团呈带状发展模式,促进生产空间由分散无序向产业集群转变,减少城市工业区的蔓延扩张;在西部生态屏障区严格限制经济开发活动的影响范围,集中工业产业,控制其规模。

推进分级管控,划定生态保护红线。根据《杭州市生态环境功能区规划》,强化基于环境资源承载能力的国土空间分级管控,对生态禁止准入区、限制准入区、重点准入区、优化准入区实施差异化措施,提出区域生态红线、生态质量基线、污染排放上限。在重点生态功能区、生态环境敏感区脆弱区以及生物多样性保护区等区域划定生态保护红线,切实加强生态保护红线区内自然生态环境和生态功能的原真性、完整性保护,明确禁止建设的空间区域及行业,依法关闭生态保护红线区内破坏生态环境或具有潜在破坏性的企业,确保空间面积不减少、生态功能不降低、用地性质不改变、资源使用不超限。对于区域环境质量影响较大的风场、水道、土壤带等生态敏感区、禁止区,实施严格保护,确保区域生态安全。

以西部山区和千岛湖为重点,建设西部生态安全屏障区,形成杭州生态安全整体构架。杭州的森林、湿地生态系统主要分布在西部地区,在生物多样性保护、水源涵养和土壤保持等方面对维护全市生态安全起到至

关重要的结构性控制作用。以西部五县（市、区）境内海拔200米以上山地和千岛湖区为主体，建立生态安全屏障区。保持西南山脉（千里岗、龙门山）、西北山脉（天目山、白际山及与其直交的昱岭）的完整性和连通性，加强天然林和水系保护，提高森林、水系、湿地的生态系统服务功能，推动形成有更高生态价值和更强生态能力的生态园区。

以主城周边的自然环境为载体，修复六条生态带，严控城市用地规模。建设和保护好主城区周边的东部生态带、东南部生态带、南部生态带、西南部生态带、西北部生态带、北部生态带等六条生态带，将六条生态带划入生态禁止或限制准入区，严格保护现有生态空间，对已遭占用的空间建立污染退出机制，减少城市建设和工业发展对生态带内生态空间的进一步分割流失和破碎。加强生态带内部和之间的生态恢复，尽量维持生态系统自然的演替过程，减少植被人工化，大力发展生态农业和林业，有效调控村镇的发展方式，避免水源地受过量农药、饲料、化肥等污染。

以河流水系为蓝色廊道，交通干线为绿色廊道，强化生态廊道的连通性。利用杭州水系分布特征，重点建设新安江—富春江—钱塘江生态廊道、天目溪生态廊道、东苕溪生态廊道、京杭运河生态廊道和浦阳江生态廊道，减少水坝、水闸之类的截流设施，保留河岸的自然形态，控制人工化倾向，组成网络化的蓝色生态水系，促进海绵城市建设。同时，结合"三边四化"行动，构建杭州绕城高速及拟建外环高速的环形廊道和以杭新景、杭徽、杭宁、杭甬、沪杭等高速公路以及铁路线为通道的辐射性网络，以交通干线两侧宜林地短的绿化建设为依托，充分发挥其改善景观、减少尘灰、导入新鲜空气、提供生物路径等生态调节功能。

3. 促进低碳节能减排，发展绿色高效经济

调整工业结构。持续展开对重污染、高能耗行业整治提升行动，促进电镀、造纸、化工、印染等传统产业的高端化发展，引导丝绸、茶叶等特色产业向产业链中高技术含量、高附加值环节延伸拓展，再创产业竞争优势。进一步完善"末位淘汰"制度，优先淘汰产业规模小、生态效率低、污染排放大、能源消耗高的产业。同时强化环境准入，严控新污染、新消耗，

释放落后、污染产能的环境空间,为绿色新兴产业腾出发展空间和环境容量。培育高新技术产业新的增长点,特别是新一代信息技术、高端装备制造、生物医药、节能环保、新材料等产业,积极引导政策、人才、资金、土地等要素向高新技术产业集聚,突出其在杭州经济中的内生动力。

发展生态农业。加快测土配方施肥技术的推广应用,引导农民科学施肥,使用生物农药或高效、低毒、低残留农药,切实减少农田氮磷等流失,降低农药对土壤和水环境的影响。同时,组织编制和实施县域现代生态渔业规划,调整优化水产养殖布局,科学划定禁养区、限养区,明确水产养殖空间,严格控制水库、湖泊、滩涂和近岸小网箱养殖规模。普及推广稻鱼共生、稻鱼轮作等生态种养模式,提高有机、绿色、无公害农产品的种养面积比重,构建与生态协调、安全与高效相结合、管理和服务同步的现代生态渔农业。

降低能源消耗。以碳排放强度和能耗强度为产业发展硬约束,依托国家第一批低碳试点城市平台,控制全市石化能源消耗总量和碳排放总量。着力推广国家鼓励发展节能技术,重点在电力、化工、轻工等行业推广余热、余压、余能综合利用技术,加快节能新技术、新工艺、新设备、新材料等的研究开发和推广。通过对高能耗企业的节能监督、评估和审计,加快淘汰高能耗的落后工艺、技术和设备,改造以煤和天然气为主的能源结构,加快太阳能等可再生能源的利用,大力发展水源热泵、地源热泵和空气热泵等新技术。

严控污染排放。坚持控制增量和强化监督管理,以污染排放总量控制和环境质量标准倒逼产业生态化改造。持续推进造纸、制革、医药、化工、印染等重点行业的废水深度处理,强调中水回用,降低污水排放总量。以主城区为近期目标,分步推进"无燃煤区"建设,以半山电厂、萧山电厂为重点,实施电厂脱硝,加强对热电企业和锅炉脱硫设施的监管,完善水泥企业除尘措施,加强化工、热点等企业的有机废气收集治理。进一步开发污泥、粉煤灰等利用,加强造纸、印染、污水处理、电力、建材、种植等行业的耦合链接,探索变废为宝的有效途径。

4. 健全绿色基础设施，打造生态宜居环境

建设绿色交通体系。明确公共交通优先发展原则，将城市空间布局与公共交通规划有机结合考量，完善轨道交通、公交车、出租车、公共自行车、水上巴士"五位一体"的立体公交体系，有效提高公共交通分担率，减轻道路交通环境负荷。特别是加快城市轨道交通建设，在主城区快速铺开地铁网络的同时，推进周边县市（区）的城际轨道交通，促进城市内外交通衔接和城乡公共交通一体化发展。通过科学布局线路、增密公交线网、优化节点设置、方便转乘换乘等举措来提升公共交通设施服务水平，让市民更愿意选择公交出行。

完善绿道慢行系统。在运河两岸绿道的基础上，统筹规划与景观设计，优化调整绿道格局，提高绿道网络密度，与城区水系、建筑、绿色系统改造相结合，用绿道慢行网络连接主要城区公园、自然保护区、森林公园、旅游景区、历史文化景点、城乡居住区，实现生态、文化、休闲、景观、交通五大综合功能。从城区出发，建立和完善"城郊—城区—社区"三级城区绿道慢行系统，将绿道系统与六条生态带的整体规划相适应，逐步建成环千岛湖、沿"三江两岸"、贯穿五县市（区）城区与风景资源的市域绿道网络。

发展绿色谐美建筑。制定杭州低碳绿色建筑的强制性技术标准，同步实行建筑节能改造和绿色建筑建设。在推广绿色建材以及建筑节能、节水技术利用于新建房屋的同时，加快既有建筑的节能评价工作，重点实施对建筑外墙围护结构的节能改造，推广"阳光屋顶"等太阳能利用工程，降低传统建筑能耗，降低建筑碳排放。在绿色建筑改造中，突出杭州地方元素，在建筑表达中突出杭州江南水乡文化和地域建筑风格，避免"千城一面""千村一面"。推广富阳区场口镇东梓关和洞桥镇文村的经验，加强古今建筑协调，强调传统建筑材料的运用，将美观、绿色、经济、适用有机结合，使杭州拥有自己的建筑风格、城市色彩、乡村品味。

营造绿色和谐社区。推进社区布局调整，开展背街小巷和社区庭院的生态建设，着重加强社区绿地、社区广场等社区内的绿色空间打造，对社区裸露地表进行绿化覆盖，创造绿树成荫、鸟语花香的休闲、娱乐、健身场所。通过绿色社区创建工作,改造老旧社区居住环境,完善水资源和新能源利用、废水处理、垃圾分类等方面的设施,在不牺牲现代生活舒适性的前提下,建造节能环保的和谐社区。推广环保交心社等形式,让居民更积极地参与生态环保建设。

美化自然生态村落。按照"美环境、促生态、抓特色"的基本思路,结合美丽乡村和生态文化村创建,着力推进农村环境连片整治、畜禽养殖污染减排、农业面源污染防治、修复改造古民居,深入实施农村生态示范建设。特别要突出杭州灵山秀水的地域特质,立足于自然风光和环境资源,依据特色重点培育山水特色村、历史文化村、民俗风情村、特色产业村等四大村落类型,融入山水文化、农耕文化、茶文化、竹文化等特色文化,打造一村一品、一村一景的特色乡村景观,建设"秀美、宜居、宜业"的新农村。

5. 培育发展生态文化,推广绿色生活方式

挖掘历史文化特质,建设现代生态文化。杭州历史人文底蕴深厚,应当从悠久的历史文化中汲取营养,为新时期生态文化增添历史的深度和文化的广度。通过探寻本乡本土的特色文化资源,加强生态保护和文化发展的高度融合,积极培育既有历史根基,又符合杭州实际的生态文化。辩证地发掘"天人合一""兼爱万物"等传统生态伦理,在吸收古代先进文化理念的基础上,融入时代元素,推崇热爱自然、崇尚自然、亲近自然的朴素情怀,推动由"征服自然"向"尊重自然、顺应自然、保护自然"的转变,培育人与自然和谐共处的现代生态文化。

开展生态文化宣传,推进生态文化教育。统筹整合生态宣传载体,构建报刊、电视、广播、互联网等多重覆盖的立体宣传网络,广泛推动生态文化的科普宣传和媒体传播。组织举办生态知识竞赛、生态公益义演、生态文化艺术节等活动,利用市民大讲堂、科学大讲堂、低碳科技馆等平台,提高生态文化宣传的活力。多层次开展学校生态教育、政府生态教育、企业生态教育、家庭生态教育等,把生态文化教育纳入到国民教育体系、教师业务培养、党员干部学习、企业岗位培训、村规民约制定中,建立生态文化

教育常态化机制，力求教育优先、以文化人。

培育生态文化载体，增进生态文化体验。实施生态文明建设细胞工程，开展生态文明家庭、生态文明示范村（社区）、生态文明乡镇（街道）、生态文明区县（市）等多层次创建活动，通过这些创建活动宣传节能环保、绿色低碳、亲近自然的生态文化。同时，积极拓展生态文化教育新的载体，开发多样化的生态文化体验活动，推出集休闲旅游、知识传播、宣传教育、实践体验于一体的环境教育旅游线路，开展如"跟着垃圾去旅游""碳索者"夏令营等特色生态旅游活动，近距离接触生活垃圾处理、切身体验能源产生和消耗过程，逐步培养新的生态生活观念。

创建低碳生活氛围，推广绿色消费模式。针对市民对低碳生活和绿色消费的认知不足和习惯缺乏，通过网络、电视、报纸等宣传低碳生活和简约消费理念，推广垃圾减量，鼓励少用一次性用品、减少购买化纤类服装、选用节能装修材料和电器等。建立适宜的经济鼓励政策，以龙井茶、藕粉、丝绸等杭州特色商品为突破口，引导商品简易化、生态化包装。提高市民绿色生活意识和认识水平，逐步使节约低碳成为新时代杭州市民的一种生活态度和时尚潮流。

培养绿色出行意识，倡导绿色交通方式。推广1公里步行、5公里自行车、10公里公交的"1510"绿色出行模式，逐步营造"绿色出行、文明交通、从我做起"的环境氛围，进一步推广公共交通周和"无车日"。在政策制度层面降低绿色出行的成本，如参照北京经验降低公交、地铁票价，或对选用公交通勤的对市民给予一定的物质奖励，例如发放适当的交通补贴等，促使市民主动选择步行、骑行、公共交通等绿色出行方式。

撰稿：林航，杭州师范大学杭州城市国际化研究院

三、国际慢城评价系统的杭州实践
——基于 AHP 层次分析法

1999 年 10 月,为了应对世界范围内由于全球化伴随而来的同质化和标准化以及快速城镇化发展过程中所导致的城市居民生活品质下降与地方传统文化特色丧失等问题,由意大利 4 个小城市的市长在意大利小城奥尔维耶托召开了第一届国际"慢城大会",成立了"国际慢城协会",联合发起了"国际慢城"运动,发表了《国际慢城宪章》,规定了加入国际慢城的 4 大前提、8 条公约、5 大行动准则以及 54 项标准。

国际慢城强调城市发展不应以牺牲环境和降低生活品质为代价,慢城不仅是社会运动也是地方政府的发展模式[1]。国际慢城的核心是聚焦城市生活与环境的品质,强调地方产品生产、维持地方独特性以及可持续的城市经济[2]。慢行系统是幸福城市的一部分[3]。慢城是现代城市发展的一种替代方式[4]。"国际慢城"运动正日益受到各国的重视,其成员国数量已由最初的 1 个国家、4 个城市,发展到目前遍及 5 大洲、30 个国家、

---

① Ercan Baldemir, Funda Kaya, Tezcan Kasmer Sahin, "A Management Strategy within Sustainable City Context:Cittaslow", *Procedia-Social and Behavioral Sciences*, 2013(99), pp.75–84.

② Sarah Pink, Lisa J Servon, "Sensory Global Towns: An Experiential Approach to the Growth of the Slow City Movement", *Environment and Planning*, 2013(45), pp.451–466.

③ David Banister, "The Trilogy of Distance, Speed and Time", *Journal of Transport Geography*, 2011(19), pp.950–959.

④ Heike Mayer and others, "Slow Cities:Sustainable Places in a Fast World" ', *Journal of Urban Affairs*, 28, 2006(4), pp.321–334.

222 个城市。自 2010 年起，中国的江苏高淳桠溪镇、广东梅县雁洋镇、山东曲阜石门山镇、广西富川福利镇、浙江文成玉壶镇等 5 个乡镇先后被"国际慢城"组织授予"国际慢城"称号。随着慢城理念在中国深入人心，国内还有安徽宣城旌阳镇、湖北神农架林区松柏镇、江苏苏州吴中区、浙江衢州常山县等 10 多个乡镇（或社区）也正式向国际慢城中国总部——江苏高淳提出要打造"国际慢城"的申请，"国际慢城"运动在中国大有星火燎原之势。

由于我国不同城市社区或乡镇自然地理环境与社会经济发展背景差异显著，地方政府城市发展理念和构建国际慢城的迫切性各不相同。对于众多申报城市如何择优选拔推荐，这是国际慢城联盟中国总部亟待解决的一个非常棘手的问题。而采取 AHP 层次分析法，通过定性与定量相结合的方法，根据构建国际慢城总目标的要求，通过实地调查研究，参照国际慢城认证标准，进行专家打分评估，构建层次分析模型，对层次分析模型进行单层次和层次总排序，从中遴选出最佳候选城市，从而使中国国际慢城申报与推荐工作决策更加科学合理；同时通过对比分析，也可以在评估过程中发现问题找出差距，对各申报城市提出弥补不足的改进意见，以便促使各候选城市进一步完善自身条件，提高加入国际慢城的竞争力。本文以杭州市为例，对初审符合国际慢城构建条件的 4 个乡镇进行 AHP 层次分析，所采取的方法与建议期望对中国国际慢城运动能有所帮助。

（一）杭州城市申报国际慢城背景

"国际慢城"运动"以人为本"，以实现最佳人居环境为目标，其与杭州"十三五"和未来城市发展的总目标是一致的。近年来，杭州市相继提出了"引领杭州美丽乡村建设和特色小镇建设走向国际化"，"加快形成一流生态宜居环境"，打造"东方品质之城、美丽中国的样本"，至 2020 年基本建成"中国旅游国际化示范城市"等目标。2015 年年末，杭州常住人口数已达 900 多万人，城镇化率达 75.3%，全市人均生产总值为 112268

元,成为全国第十个进入"万亿"方阵的城市,全市户籍人口私人汽车拥有量户均达 0.8 辆;杭州自古就是浙江富豪、名人云集之地,特别是 G20之后,正步入信息化与休闲时代的杭州迫切需要"国际慢城"作为一流生态宜居城市和城市国际化的新名片。

　　地处杭州市西部区域的余杭区鸬鸟镇、桐庐县富春江镇、富阳区洞桥镇和淳安县姜家镇等乡镇均具有构建"国际慢城"得天独厚的交通区位、生态环境、历史文化与产业政策优势。余杭鸬鸟镇距杭州市中心仅 50 公里,最远的淳安县姜家镇距杭州 190 公里,通过杭新景高速仅 2 小时车程。这些乡镇均有一个共同特点即生态环境优美、自然风光独特,无工业污染企业,旅游休闲与历史文化资源丰富。山区乡镇绿化率均达到 80%以上,各乡镇污水处理率、村自来水入户率和饮用水合格率均达到100%,大气环境质量达到国家大气质量Ⅰ级标准;桐庐富春江镇和淳安千岛湖区均有全国最严格的垃圾分类与污水处理、监控环保措施。区域范围内旅游休闲资源丰富,知名度高。淳安千岛湖景区是国家 5A 级景区,著名的 150 公里的千岛湖自行车绿道使千岛湖景区成为国内外重要的运动时尚旅游区。余杭区鸬鸟镇山沟沟景区是国家森林公园、"中国生物圈保护区"单位,大径山正积极打造国家乡村公园,2015 年荣获"浙江十大旅游风情小镇"称号。桐庐县富春江镇茆坪乡村慢生活体验区是2012 年经浙江省政府批准的浙江首个乡村慢生活体验试点区,2015 年被评为中国传统村落、国家级美丽宜居示范村、浙江省历史文化村落重点村、浙江省非物质文化遗产民俗文化村,浙江省十大旅游风情小镇。淳安县姜家镇,地处千岛湖畔,是遂安文明的发祥地和新安文化的传延之地,杭州首批 13 个"风情小镇"和首批旅游特色小镇之一。此外,生态农业和民宿经济等现代乡村服务业在各镇均占有重要地位,各乡镇人口均小于 5 万人,农民人均年收入均已超过 2 万元。总之,杭州城市西部区域这4 个乡镇的最美乡村与特色风情小镇建设标准与国际慢城标准巧合,绿色经济与国际慢城理念吻合,文化保护与慢城国际运动融合,环境保护措施则高于国际慢城认证标准。余杭区鸬鸟镇甚至将加入国际慢城写进了2015 年的政府工作报告,桐庐县富春江镇乡村慢生活区早在 2012 年就正式向江苏高淳提出了加入国际慢城的申请,并且也获得了杭州市委领导的大力支持,由此可见,上述 4 个乡镇具有构建"国际慢城"的优势条件。

但是,杭州市西部区域这些乡镇在现有的基础与配套服务设施、慢城空间布局、慢行交通体系构建、有机与绿色农业开发和慢餐活动组织等方面与"国际慢城"的标准相比仍存在一定的差距。当地景区在旅游旺季存在景区游人拥挤、交通阻塞、环境卫生条件下降等与慢城理念背道而驰的现象。因此,开展国际慢城申报工作对相关城市或乡镇自然与社会经济环境的改善和居民生活品质的提升均具有积极的影响。

（二）杭州国际慢城申报城市评价指标体系构建

根据国际慢城联盟颁布的《国际慢城宪章》中关于国际慢城认证标准各项内容,借鉴土耳其学者厄尔卡·鲍尔德迈等人对土耳其 7 个国际慢城候选城市所进行的决策分析与评估案例①,结合中国的实际和国际慢城标准的最新表述,我们确定了 7 大项,59 小项国际慢城认证标准,具体内容详见表 16。由于国际慢城多数标准具有较大的不确定性和随机性,且不能完全量化和采用统一的测度工具,因此,本文借助 AHP 层次分析法,依据国际慢城评价认证指标体系,根据李克特量表对杭州市所辖的余杭区鸬鸟镇、桐庐县富春江镇、富阳区洞桥镇、淳安县姜家镇 4 个乡镇进行评分,通过构建各单层次排序和层次总排序的判断矩阵分析计算,获得各候选乡镇相对 59 项二级评估指标层的特征向量权重和相对 7 大类一级评估指标层的组合权重值,最后求得各候选乡镇对构建国际慢城总目标层的优先顺序,结果分别见表 16 和表 17。

---

① 国际慢城联盟官方网站［EB/OL］,http://www.cittaslow.org/content/charter。

表16 杭州国际慢城评估指标体系

目标层（T）	一级指标层		二级指标层		二级指标评估内容	候选乡镇(P)相对二级指标权重				
	指标（C）	权重	指标（I）	相对一级指标权重		鸠鸟镇(P1)	富春江镇(P2)	洞桥镇(P3)	姜家镇(P4)	一致性检验(CI)
构建国际慢城	环境政策(C1)	0.3262	I₁							
			I₁-1	0.247	空气质量达标	0.560	0.127	0.261	0.052	0.060
			I₁-2	0.174	水体质量达标	0.154	0.497	0.271	0.078	0.067
			I₁-3	0.133	居民饮用水消费达标	0.144	0.267	0.070	0.518	0.035
			I₁-4	0.112	城市固体废弃物收集及垃圾回收指标	0.151	0.524	0.085	0.240	0.020
			I₁-5	0.083	工业与生活垃圾堆肥处理技术和宣传	0.232	0.138	0.084	0.547	0.018
			I₁-6	0.063	城市或集体污水净化工厂建设	0.477	0.174	0.079	0.270	0.020
			I₁-7	0.026	建筑物与市政节能方案	0.242	0.539	0.070	0.150	0.040
			I₁-8	0.023	城市替代能源使用状况	0.269	0.491	0.094	0.146	0.015
			I₁-9	0.018	降低噪音污染的计划	0.288	0.511	0.129	0.071	0.054
			I₁-10	0.014	降低灯光污染计划	0.467	0.277	0.095	0.160	0.010
			I₁-11	0.053	生物多样性保护计划	0.477	0.174	0.270	0.080	0.020
			I₁-12	0.043	环境管理体系的采纳	0.261	0.159	0.078	0.502	0.027
			I₁-13	0.012	在农业领域禁止使用转基因技术	0.530	0.061	0.158	0.251	0.063

目标层（T）	一级指标层		二级指标层			候选乡镇（P）相对二级指标权重				
	指标（C）	权重	指标（I）	相对一级指标权重	二级指标评估内容	鸬鸟镇（P1）	富春江镇（P2）	洞桥镇（P3）	姜家镇（P4）	一致性检验（CI）
构建国际慢城	基础设施政策（C2）	0.1764	I₂							
			I₂-1	0.243	对历史遗址和历史文化促进与改造计划	0.103	0.220	0.070	0.607	0.082
			I₂-2	0.181	与学校和公众建筑物连接的自行车路线状况	0.157	0.272	0.088	0.484	0.005
			I₂-3	0.161	城市自行车道路占总道路长度比	0.115	0.307	0.060	0.518	0.042
			I₂-4	0.053	安全的出行及交通计划	0.260	0.061	0.139	0.541	0.017
			I₂-5	0.104	减少使用私人交通与优先选择生态出行方式规划	0.068	0.295	0.120	0.516	0.007
			I₂-6	0.038	确保残疾人可以使用公共场所或涉及公共利益的场所与拆除障碍	0.477	0.154	0.081	0.288	0.007
			I₂-7	0.026	有利于家庭生活和当地活动的计划	0.549	0.108	0.065	0.279	0.042
			I₂-8	0.019	医疗援助中心	0.306	0.492	0.078	0.125	0.016
			I₂-9	0.087	优质绿色区域和服务基础设施	0.473	0.170	0.073	0.284	0.017
			I₂-10	0.014	天然制品的商品配售和创建商业中心的计划	0.297	0.056	0.122	0.524	0.023
			I₂-11	0.011	城镇环境遭破坏地区的再开发重建计划	0.144	0.542	0.069	0.245	0.016
			I₂-12	0.063	城市改造与升级计划	0.149	0.267	0.063	0.521	0.009

续表

目标层（T）	一级指标层		二级指标层		二级指标评估内容	候选乡镇（P）相对二级指标权重				
	指标（C）	权重	指标（I）	相对一级指标权重		鸠鸟镇（P1）	富春江镇（P2）	洞桥镇（P3）	姜家镇（P4）	一致性检验（CI）
构建国际慢城	提高城市品质的技术与设施（C3）	0.0739	I_3							
			I_3-1	0.193	在公共和私人空间栽种本地树种或果树等绿化活动与计划	0.315	0.469	0.079	0.137	0.019
			I_3-2	0.152	通过互联网等手段服务市民计划	0.133	0.569	0.074	0.224	0.007
			I_3-3	0.241	城市宜居的自然与人文环境	0.560	0.261	0.052	0.128	0.059
			I_3-4	0.114	生态建筑信息中心和为推广生态建筑编制的相关信息	0.237	0.590	0.050	0.123	0.079
			I_3-5	0.052	为城市安装光纤和无线系统	0.107	0.246	0.056	0.591	0.080
			I_3-6	0.011	监测电磁场系统的采用	0.467	0.277	0.160	0.095	0.010
			I_3-7	0.019	在嘈杂地控制噪音的计划	0.560	0.261	0.052	0.128	0.059
			I_3-8	0.035	污染物监控与降低计划	0.312	0.479	0.061	0.148	0.059
			I_3-9	0.079	保持环境卫生定时清空垃圾箱	0.109	0.557	0.054	0.281	0.057
			I_3-10	0.015	对色彩的控制	0.108	0.280	0.558	0.054	0.058
			I_3-11	0.026	远程办公的推广	0.109	0.557	0.054	0.281	0.057
			I_3-12	0.063	城市绿地面积占比	0.565	0.262	0.118	0.055	0.039

续表

目标层（T）	一级指标层		二级指标层			候选乡镇(P)相对二级指标权重				
	指标（C）	权重	指标（I）	相对一级指标权重	二级指标评估内容	鸬鸟镇（P1）	富春江镇（P2）	洞桥镇（P3）	姜家镇（P4）	一致性检验（CI）
构建国际慢城	农业与工匠政策（C4）	0.2492	I4							
			I4-1	0.293	发展生态与有机农业的计划	0.237	0.113	0.053	0.597	0.058
			I4-2	0.222	工匠制作的产品与工艺产品的保护与质量认证	0.491	0.162	0.060	0.288	0.006
			I4-3	0.162	濒危工匠或艺术工艺产品保护扶植计划	0.560	0.261	0.052	0.128	0.059
			I4-4	0.151	濒危传统工艺及职业的保护	0.237	0.590	0.050	0.123	0.079
			I4-5	0.023	在公众及学校餐厅中使用有机或地方产品	0.237	0.113	0.053	0.597	0.058
			I4-6	0.018	在学校开设美味与营养教育课程	0.565	0.055	0.262	0.118	0.040
			I4-7	0.061	在城市或学校菜园利用传统方法种植本地作物	0.236	0.050	0.123	0.592	0.078
			I4-8	0.041	推广与保留当地的文化活动	0.108	0.279	0.054	0.559	0.056
			I4-9	0.030	普查地方特色产品并支持其实现商业化	0.560	0.261	0.052	0.128	0.059

续表

目标层（T）	一级指标层		二级指标层			候选乡镇（P）相对二级指标权重				
	指标（C）	权重	指标（I）	相对一级指标权重	二级指标评估内容	鸠鸟镇（P1）	富春江镇（P2）	洞桥镇（P3）	姜家镇（P4）	一致性检验（CI）
构建国际慢城	旅游接待与培训政策（C5）	0.0424	I_5							
			I_5-1	0.384	优质旅游接待服务与培训	0.109	0.557	0.054	0.281	0.057
			I_5-2	0.262	游览指示牌及旅游行程中使用国际标识	0.117	0.540	0.055	0.289	0.060
			I_5-3	0.039	游客和商业经营者对价格透明重要性认识的不断提高与价格公开状况	0.113	0.238	0.053	0.596	0.058
			I_5-4	0.156	游客可进入性及提供信息与服务的计划	0.120	0.252	0.059	0.570	0.040
			I_5-5	0.098	为游客提供慢行程宣传册等的计划	0.261	0.117	0.055	0.567	0.038
			I_5-6	0.061	对培训者、行政人员或雇员进行慢生活相关主题的永久培训	0.120	0.252	0.059	0.570	0.040
构建国际慢城	公民意识（C6）	0.1045	I_6							
			I_6-1	0.267	居民加入慢城行列的意愿及对慢城目标和经营模式的认知	0.104	0.588	0.052	0.255	0.081
			I_6-2	0.117	通过活动让居民了解慢城理念并参与慢城项目的落实	0.261	0.566	0.055	0.118	0.040
			I_6-3	0.616	管理者希望建立慢城的迫切性信息	0.318	0.535	0.095	0.053	0.068
构建国际慢城	支持慢餐运动（C7）	0.0275	I_7							
			I_7-1	0.116	成立一个当地慢食餐厅	0.312	0.541	0.087	0.061	0.076
			I_7-2	0.298	与"慢餐协会"合作、开展提升自然与传统美食的活动	0.120	0.252	0.059	0.570	0.040
			I_7-3	0.510	支持慢城运动并开展各项活动	0.280	0.552	0.051	0.118	0.082
			I_7-4	0.077	成立"慢餐委员会"并向该委员会提供支持	0.467	0.277	0.160	0.095	0.010

表17　杭州国际慢城候选乡镇评估指标体系

目标层（T）	一级指标相对目标层权重（T-C）		候选乡镇相对一级指标层权重（C-P）					候选乡镇相对总目标层权重（T-P）	
	指标（C）	权重	鸬鸟镇（P1）	富春江镇（P2）	洞桥镇（P3）	姜家镇（P4）	一致性检验 CR	候选乡镇（P）	权重
构建国际慢城	C1	0.326	0.317	0.289	0.169	0.224	0.047	P1	0.288
	C2	0.176	0.187	0.243	0.082	0.489	0.038	P2	0.313
	C3	0.074	0.324	0.424	0.074	0.178	0.050		
	C4	0.249	0.356	0.226	0.062	0.357	0.057	P3	0.103
	C5	0.042	0.128	0.430	0.055	0.386	0.059		
	C6	0.105	0.254	0.553	0.079	0.114	0.077	P4	0.296
	C7	0.028	0.250	0.440	0.066	0.244	0.071		
	检验指标	CI = 0.082 CR = 0.062						检验指标	CI = 0.046 CR = 0.052

（三）结果与分析

根据表16,杭州国际慢城评估指标体系的层次模型结构,构造了68个判断矩阵,通过各单层次排序和层次总排序,在一致性指标(C.I)、平均随机一致性指标(R.I)和一致性比例(C.R)指标完全符合要求的前提下,得出的分析结果如下:

7个一级认证评价指标相对构建国际慢城总目标的权重大小依次为:环境政策(0.326)、农业与工匠政策(0.249)、基础设施政策(0.176)、公民意识(0.105)、提高城市品质的技术与设施(0.074)、旅游接待与培训政策(0.042)、支持慢餐运动(0.028)。这说明申报国际慢城的城市首先是要有一个良好的人居环境,其次对绿色农业和地方历史文化及手工艺产品的保护与开发利用至关重要;此外,增加投资,完善乡镇基础设施和服务设施,通过宣传使公民具有国际慢城的理念与意识等均在申报认证标准中占有重要的地位。

对杭州国际慢城二级评估指标层分析(见表16),结果显示:在环境政策方面,空气质量达标(0.247)、水体质量达标(0.174)、居民饮用水消费达标(0.133)和城市固体废弃物收集及垃圾回收指标达标(0.112)4项权重占比居前,说明在慢城环境政策中与居民生活直接相关的政策最为重要。在基础设施政策方面:对构建国际慢城影响较大的因素依次为:对历史遗址和历史文化促进与改造计划(0.243)、与学校和公众建筑物连接的自行车路线状况(0.181)、城市自行车道路占总道路长度比(0.161)、减少使用私人交通与优先选择生态出行方式规划(0.104)。在提高城市品质的技术与设施方面,依重要性大小依次为:城市宜居的自然与人文环境(0.241)、在公共和私人空间栽种本地树种或水果树等绿化活动与计划(0.193)、通过互联网等手段服务市民计划(0.152)、生态建筑信息中心和为推广生态建筑编制的相关信息(0.114),这些因素对提高城市品质更为重要。在农业与工匠政策方面,相对重要的政策措施主要体现在以下方面:发展生态与有机农业的计划(0.293)、工匠制作的产品与工艺产品的保护与质量认证(0.222)、濒危工匠或艺术工艺产品保护扶植计划(0.162)、濒危传统工艺及职业的保护(0.151)。在旅游接待与培训政策方面,慢城更加关注的因素依重要性程度依次为:优质旅游接待服务与培训(0.384)、游览指示牌及旅游行程中使用国际标识(0.262)、游客可进入性及提供信息与服务的计划(0.156)、为游客提供慢行程宣传册等的计划(0.098)。在慢城的公民意识培养方面,管理者希望建立慢城的迫切性信息(0.616)和居民加入慢城行列的意愿及对慢城目标和经营模式的认知(0.267)显得更为重要。在支持慢餐运动方面,特别强调地方支持慢城运动并开展各项活动(0.510)的重要性。

4个候选乡镇对7个一级认证指标的评价结果显示(表17):杭州余杭区鸬鸟镇在环境政策指标(0.317)和农业与工匠政策(0.356)方面优势更加突出;富春江镇在提高城市品质的技术与设施(0.424)、旅游接待与培训政策(0.430)、培养慢城公民意识(0.553)和支持慢餐运动(0.440)等方面优势明显;姜家镇在基础设施政策(0.489)和农业与工匠政策(0.357)方面居领先地位;洞桥镇则薄弱环节较多,各项指标相对落后。由此可见,相关乡镇要构建国际慢城存在不同的优势和劣势,需要有针对性地开展相关项目建设与提升工作。

4个候选乡镇对总目标的权重排序结果显示:富春江镇、姜家镇和鸬鸟镇排序分别位列第一、第二与第三名。因此,在现有的条件下,杭州市可据此结果开展相关候选乡镇申报国际慢城的推荐工作,当然,也可根据相关乡镇申报条件改进情况,综合各方面要素作出最后选择。

（四）杭州城市构建"国际慢城"的对策建议

各级政府坚持"以人为本"和城市可持续发展的长期执政理念是申报国际慢城的前提条件。

由于"国际慢城"推行的是慢城认证制度,由慢城国际专家团队根据"国际慢城"评价指标进行现场打分评估。因此,申报城市或乡镇的生态环境政策、基础设施水平、提高城市品质的技术与设施、绿色农业和地方历史文化及手工艺产品的保护与开发利用、居民的热情好客与慢城意识以及对慢城运动及相关项目的支持,均与地方政府长期坚持"绿水青山就是金山银山"和"以人为本,执政为民"等城市绿色可持续发展的长期执政理念相关联。在此前提下,地方政府应成立"国际慢城"生活体验区管委会具体落实与实施相关政策、申报材料和相关项目的投资建设。以国际慢城《认证要求》为标准,突出申报乡镇的个性与特色,编制"国际慢城生活体验区规划",做好前期可行性研究及相关申报策划等准备工作。

理顺与构建"国际慢城"申报的管理体制与运作机制。

机制创新是发展的重要引擎。必须理顺与构建"国际慢城"申报的管理体制与运作机制。通过统一管理、统一规划、统一招商、统一宣传,为相关候选乡镇建设国际慢城创建良好的运行机制和发展环境。地方政府应与各乡镇或社区及关联企业联合建立"国际慢城建设投资公司",统一协调、指导、投资慢城的各项建设项目。如规划建设慢城游客服务或换乘中心、慢城服务小栈或驿站,修建慢行系统,围绕"慢餐文化"和"慢生活"对原有的乡村旅游资源进行升级改造,构筑全域慢生活旅游体验区,建设慢城博物馆,形成各地独特的慢文化落地项目群。同时,为推进慢城运动在杭州和中国的发展,还可以大力推进"慢街区""慢社区"和"慢城区"等城市慢城体系建设,为杭州打造"东方品质之城、美丽中国的样本"创造条件。

通过创建"国际慢城"品牌,引领杭州美丽乡村建设和特色小镇建设走向国际化。

通过创建"国际慢城"品牌,大力发展与"国际慢城"相符产业,充分利用自身的优势条件,注重低碳绿色生态与可持续发展,在招商过程中,对有污染、附加值低与高能耗的项目坚决一票否定,而对能为最美乡村建设提供经济保障的民宿与特色小镇经济、旅游休闲与文化产业、有机与绿色生态农业产业、智慧城市产业、健康与养老产业等则应大力促进发展,带动人民勤劳致富,为实现杭州市委市政府提出的"加快形成一流生态宜居环境"和打造"中国旅游国际化示范城市"作出贡献。

积极开展"国际慢城"外交,加强与意大利国际慢城联盟总部的沟通与交流。

元朝的杭州曾被意大利著名旅行家马可·波罗赞为"世界上最美丽华贵之城"。而"国际慢城"运动就是为了实现人居最理想的城市。"天堂"杭州理应有世界上最美的城市意境与最具幸福感的居民生活状态,这说明意大利和杭州有着深厚的历史渊源。杭州市与意大利的比萨市在2008年就建立了友好城市,杭州可以充分利用友好城市和其他在意大利的华裔商人、学者以及政府之间的长期友好往来,积极开展"国际慢城"外交,增进国际慢城组织与杭州申报城市的沟通和协调,力争早日成为"国际慢城"大家庭成员。

撰稿:张建春、方丽文、廖文锐,杭州师范大学
杭州城市国际化研究院

附录一:中共杭州市委《关于全面提升杭州城市国际化水平的若干意见》

(市委〔2016〕10号)

为抓住和用好重大战略机遇,扬优势补短板,推动城市国际化新突破,全面提升杭州城市的综合实力、创新活力、人文魅力和国际影响力,为建设世界名城打下坚实基础,特提出如下意见。

一、总体要求

1. 形势背景

杭州是浙江省省会和经济、文化、科教中心,长江三角洲中心城市之一,国家历史文化名城和重要的风景旅游城市。把杭州建设成为世界名城,是习近平总书记对杭州的殷切期望,是杭州城市发展的内在要求,也是广大杭州人民的共同心愿。改革开放以来特别是进入新世纪以后,我市坚持以城市化带动国际化、以国际化提升城市化,综合实力显著增强,信息经济竞争力保持领先,城市功能和基础设施加快完善,国际开放合作交流日益加强,城市国际影响力持续扩大。但对照建设世界名城目标和可持续发展要求,在创新驱动能力和经济发展质效、城市功能品质和生态环境质量、对外开放程度和城市特色塑造、社会治理能力和公共服务质量、市民素质和社会文明程度等方面还存在不少差距。面对经济全球化深入发展、改革开放深度推进的新趋势,面对实施"一带一路"建设、长江经济带发展、长三角城市群规划等国家战略的新背景,面对人民群众对美好生活的新期盼,特别是面对举办 2016 年 G20 杭州峰会和 2022 年亚运会等重大机遇,杭州城市国际化发展进入了重要"窗口期",必须顺势应时、用好战略机遇、扬长补短、实施重点突破,全面提升城市国际化水平,加快杭州现代化建设,努力让人民群众共享更好环境、更好发展、更好生活。

2. 指导思想

全面贯彻党的十八大和十八届三中、四中、五中全会精神,深入贯彻习近平总书记系列重要讲话精神,认真落实省委十三届九次全会和省委城市工作会议总体部署,坚持创新、协调、绿色、开放、共享的发展理念,把城市国际化作为引领杭州建设发展的重要抓手,抓机遇、补短板、求突破,着力打造具有全球影响力的"互联网+"创新创业中心、国际会议目的地城市、国际重要的旅游休闲中心、东方文化国际交流重要城市等四大个性特色,加快形成一流生态宜居环境、亚太地区重要国际门户枢纽、现代城市治理体系、区域协同发展新格局等四大基础支撑,持续推进历史文化名城、创新活力之城、东方品质之城和美丽中国样本建设,确保杭州继续稳居全国大城市发展第一方队,努力把杭州建设成为"独特韵味、别样精彩"的世界名城。

3. 基本原则

——统筹谋划,有序推进。科学设计杭州城市国际化中长期目标,既着眼长远、统筹谋划,做好打基础、管长远、起长效的工作,又立足当前、有序推进,加快突破重要领域和关键项目,做到积小胜为大胜、久久为功。

——遵循规律、彰显特色。遵循城市发展规律和国际先进理念,以国内外先进城市为标杆,在强化城市国际化共性特征的同时,坚持植根本土、个性发展,进一步彰显杭州城市的自身特质和特色。

——扬长补短、软硬结合。巩固和扩大杭州优势特长,找准和补齐主要短板,既注重提升经济综合实力、基础设施等城市硬件水平,又突出提升文化品质、市民素质、社会治理等软实力,切实增强产业国际竞争力、区域辐射带动力、文化国际影响力、环境国际吸引力。

——政府引导、社会参与。既注重发挥政府的主导力和推动力,又充分发挥市场机制作用和人民群众主体作用,调动各方面参与城市国际化建设的积极性、主动性、创造性,使政府有形之手、市场无形之手、市民勤劳之手同向发力。

——以人为本、共建共享。坚持以人民为中心的发展思想,以增强人民群众获得感为出发点和落脚点,以城市国际化提升城市现代化,推进城市共治共管,让市民群众共享幸福和谐品质生活。

4. 阶段目标

——到 2020 年,城市创新创业能力和产业国际竞争力明显增强,城市功能和人居环境更加完善,公共服务水平和社会文明程度显著提高,国际往来和人文交流更加深入,成为具有较高全球知名度的国际城市。

——到 2030 年,城市国际化向纵深推进,城市核心竞争力走在全国城市第一方队前列,初步成为特色彰显、具有较大影响力的世界名城。

——到本世纪中叶,杭州城市的国际性特征进一步完备,经济、文化、社会和生态等领域的自身特色和个性特质充分彰显,成为具有独特东方魅力和全球重大影响力的世界名城。

二、着力打造具有全球影响力的"互联网+"创新创业中心

深入实施创新驱动发展战略,抢抓国家自主创新示范区和跨境电商综合试验区战略平台建设机遇,充分发挥信息经济先发优势,重点补齐创新创业资源整合不充分、科技研发有效投入不足、科技成果转化成效不明显、国际经济合作参与不深等短板,着力在集聚高端要素、培育前沿产业、发展高端产业、扩大经济开放度上实现新突破,提升创新活力之城的综合实力和全球影响力。

1. 拓展国际创新创业载体。以杭州国家自主创新示范区建设为龙头,实施"一区十片、多园多点"发展布局,加快创新创业平台建设。发挥

国家高新区引领作用，把杭州高新区（滨江）建设成为世界一流高科技园区、临江高新区建设成为一流制造中心。高水平规划建设杭州城西科创大走廊、城东智造大走廊。加快建设一批具有国际影响力的科创特色小镇、离岸创新创业基地、开放式创业街区和高端众创空间，形成聚合高端要素的国际化创新创业空间体系。提升云栖大会等一批国际创新资源交流平台，大力吸引国际研发机构、知名孵化平台和顶级创新创业导师团队落户。到 2020 年，全市集聚国内外顶尖人才 20 名左右、国家级领军人才 500 名左右、海外高层次人才 2 万名左右。

2. 构建国际前沿和高端产业集群。落实"互联网+"战略，深入实施信息经济与智慧应用互动融合发展的"一号工程"，在重点领域突破掌握一批具有自主核心知识产权的重大共性和关键技术，抢占国际标准制定话语权，形成万亿级信息产业集群，打造全球领先的信息经济科创中心。实施《中国制造 2025 杭州行动纲要》，大力发展新一代信息技术、高端装备制造、汽车与新能源汽车、节能环保与新材料、生物医药和高性能医疗器械、时尚等六大重点产业，跟踪发展人工智能、量子通信、增材制造、新型显示、虚拟现实等前沿产业，抢占全球产业制高点。实施领军企业和跨国企业培育战略，在重点优势领域培育一批国际知名创新型领军企业，打造一批具有国际竞争力的本土跨国企业。到 2020 年，规上高新技术产业增加值占工业增加值比重达到 50% 以上。

3. 打造国际开放合作高地。加快营造高标准的国际化营商环境，加强国际化专业招商队伍建设，着力引进一批世界 500 强企业、全球行业领先企业、国际创新型企业、细分领域"小巨人"企业和优质浙商回归项目。巩固和深化杭州跨境电商综试区先行先试优势，重点突破跨境电商贸易瓶颈，推广运用新商业模式，建设全球最优跨境电商生态圈，打造国际网络贸易中心。推进服务贸易创新发展试点，扩大优质服务产品输出，建设高能级服务贸易产业园区。推进国家综合保税区建设，打造"网上丝绸之路"重要战略枢纽城市，支持企业用好国际国内资源、技术和市场，建设一批境外产业合作园区，实施一批参与"一带一路"建设重大项目。

4. 营造国际创新创业生态环境。深入实施"创新创业新天堂"行动计划,完善政产学研合作机制,支持行业龙头企业联合组建产业研究院,组织实施一批重大科技示范应用项目,加大对本地企业自主创新支持力度。深化国家自主知识产权示范城市建设,打造具有全球影响力的科技交易市场,推动科技成果有效转化。推进钱塘江金融港湾建设,打造财富管理中心和新金融中心,构建创新创业金融服务体系。做好全国小微企业创业创新基地城市示范工作,实施新一轮科技型初创企业培育工程。到 2020 年,全社会研发经费支出占全市生产总值比重达到 3.5%,万人有效发明专利拥有量达到 38 项,国际专利申请量明显提升。

三、着力打造国际会议目的地城市

抢抓举办 G20 峰会和亚运会的历史性战略机遇,发挥杭州本土会展品牌优势,重点补齐国际机构和组织入驻率不高、承办国际会议层次不高、会展服务功能不完善、国际体育赛事少、运营能力不强等短板,实现承办国际会议展览和体育赛事的重大突破,成为具有世界水准的国际会议举办城市、会展之都、赛事之城。

1. 打响全球会议目的地品牌。充分发挥杭州成为 G20 峰会举办城市的带动效应,加强与国际机构和国家部委的合作交流,着力引进一批有世界影响的国际会议、高端论坛项目。充分发挥在杭高校和科研机构的作用,争取更多的国际学术会议在杭举办。争取联合国相关机构和有关国际组织入驻杭州或设立办事处等机构。建设或改造提升大型会议场馆和国际型酒店群等配套设施,培育引进专业会议组织者、目的地管理公司等专业机构,提升举办国际会议承载服务能力。到 2020 年,杭州进入由国际大会及会议协会发布的全球会议目的地城市前 80 强行列。

2. 提升展会国际化水平。完善以杭州国际博览中心为重点的大型会展场馆布局,创新经营理念和运营机制,提升会展服务水平和配套能力,打造会展创新创业基地。继续推进西湖国际博览会转型升级,提升世界休闲博览会、中国国际动漫节等展会国际化水平,挖掘历史人文、旅游休闲、电子商务等杭州特色会展元素,培育具有国际影响力和号召力的本土会展品牌。建立国际会展引进和申办联动机制,引进一批国际知名会展项目。理顺会展业管理体制,完善工作推进机制和管理机构,培育市场主体,壮大会展业市场。

3.增强国际体育赛事组织能力。按照国际一流水准,推进一批重点体育场馆建设和改造提升,办好 2017 年全国学生运动会、2018 年世界短池游泳锦标赛、2022 年亚运会等重大赛事。提升本土赛事品牌的国际知名度,培育发展本土职业体育俱乐部。大力发展群众体育,持续提升杭州游泳等项目的国际领先地位。加强与国际性体育赛事组织的联系与合作,创新体育赛事开发推广方式,大力培育引进体育赛事运营企业和项目,形成市场化、多元化、专业化办赛模式。到 2022 年前,累计承办各类国际 A 类体育赛事 10 项。

四、着力打造国际重要的旅游休闲中心

充分发挥杭州旅游的品牌优势和在城市国际化中的排头兵作用,重点补齐旅游产品开发不够、旅游服务体系不健全、旅游区域发展不平衡、高端消费外流等短板,努力实现高端旅游和商贸消费新突破,成为国际旅游目的地、购物消费新天堂。

1.深入推进旅游国际化。制定实施新一轮旅游国际化行动计划,全面推进旅游产品、营销、功能、服务、管理、环境国际化。拓展“互联网+旅游”模式,加快发展智慧旅游、共享旅游等新业态。依托西湖、西溪湿地、千岛湖、天目山等自然山水资源,挖掘古都古城、大运河等丰厚历史文化资源,推动旅游与休闲、餐饮、会展、文化、健康等特色潜力产业深度融合,积极引进大型品牌主题公园,打造一批世界级旅游产品和品牌,加快形成适应国内外不同层次游客需求的旅游产品体系。建立以国际权威媒体和新媒体为推广重点、以跨国旅行商和在线旅行商为营销切入点的国际旅游营销体系,开展全球性精准化营销主题推广系列活动。加快建设与国际接轨的游客服务体系、导游服务队伍和旅游环境,提升旅游国际可进入性。到 2020 年接待境外游客人数达到 435 万。

2. 大力实施旅游全域化。以创建国家全域旅游示范区为契机,完善美丽乡村建设和城乡统筹协作机制,持续推进"旅游西进",打响一批旅游特色小镇品牌,大力发展乡村旅游,把"三江两岸"打造成为最美绿色风景廊道,着力构建大杭州全域化旅游新格局。深度挖掘市域西部县(市)山水林田湖和文化等资源,重点培育农事体验、民宿乡居、绿道骑游、户外拓展、休闲养生等特色旅游业态,加快区县(市)旅游新业态培育和旅游公共服务体系完善。到2020年,全市旅游休闲产业增加值年均增长10%以上。

3. 努力建设国际消费中心城市。优化商贸业布局,提高延安路商业街国际知名度,深入推进武林、湖滨、吴山、黄龙等商圈融合发展,重点建设钱江新城、钱江世纪城等国际化商业中心。实施名品进名店、名店进名街战略,运用大数据改造提升传统商贸业态,营造既有国际品牌集聚、又有浓郁杭州特色的高品质购物体验环境。强化商旅互动,用好杭州航空口岸144小时过境免签政策,完善中转服务体系,争取境外旅客购物离境退税试点,加快进境免税店落地和大型免税购物中心、区域性进口商品展示交易中心建设。健全与国际接轨的消费领域标准体系,加强跨境消费者权益保护,建立国家电子商务投诉维权中心和国家流通领域网络商品质量监测中心,设立国际商事仲裁机构。

五、着力打造东方文化国际交流重要城市

发挥杭州历史人文优势,重点补齐地域文化特色挖掘推广不够、重大国际文化交流与合作开展较少等短板,讲好"杭州故事",传播杭州"好声音",努力实现国际文化交流和城市文化软实力提升的新突破。

1. 塑造东方文化品牌个性。发挥西湖文化景观、大运河两大世界文化遗产的带动效应,推进跨湖桥、良渚、南宋皇城、钱塘江古海塘、西溪湿地等文化遗址保护与开发,传承弘扬金石篆刻、浙派古琴、传统蚕桑丝织技艺等世界非物质文化遗产和优秀传统文化,形成世界级文化遗产群。实施"城市记忆工程",建设城市历史演进3D展示馆。挖掘吴越、南宋等

地域历史文化,打造东方儒学与世界佛教文化交流中心。实施"文化+"行动,充分展示丝绸、茶叶、中医药、杭帮菜、金石书画、围棋等特色文化。培育时尚文化,发展时尚产业。到2020年,文化创意产业增加值年均增长12%以上。

2.深化国际文化交流与合作。建立健全对外文化交流合作机制,创新对外传播、文化交流、文化贸易方式,加强经常性对外交流。深化发展友好城市和友好交流城市,更好地挖掘友城资源,增强合作的深度和广度。鼓励社会力量参与对外文化交流事业,支持艺术团体创作富有杭州特色和国际元素的作品。加强政策支持、信息服务和平台建设,打造和输出一批现当代文学艺术、出版、影视、戏曲、动漫游戏、数字内容、创意设计等文化精品。支持重点文化企业参与国际展会,开拓海外文化市场。加快建设具有国际水平的音乐厅、美术馆、书画院,培育引进国际一流演艺经纪公司,策划举办一批具有国际影响的音乐节、舞蹈节、电视节、旅游节等重大文化活动。加强与联合国教科文组织、国际知名智库等机构对接,建设具有重要影响的非政府国际文化交流平台。

3.提升市民素质和城市文明程度。深入实施"满城书香"工程,建设全球学习型城市。建设国际化公共文化空间与设施,积极引进国际文化人才、技术和经营管理经验。加强"国际理解教育",拓展国际视野,提升杭州政府、企业和市民的国际意识,增强同国际社会交往的能力。深入实施"市民文明素质提升工程",进一步弘扬"精致和谐、大气开放"的城市人文精神,培育开放包容、多元共融的城市文化,打响"最美现象"品牌,深入开展文明出行、文明行为、文明服务、文明社区等系列文明行动,提升社会文明程度。

六、加快形成一流生态宜居环境

充分发挥杭州生态环境的战略资源优势,重点补齐城市整体风貌不突出、大气和水环境质量不高、体制机制不健全等短板,努力在优化城市功能布局、提升环境质量、彰显城市特色风貌上实现新突破。

1.优化城市空间布局。严格落实新修订的杭州城市总体规划,科学修编新一轮城市总体规划。坚持"多规合一",划定城市开发边界和永久性基本农田,牢牢守住资源消耗上限、环境质量底线、耕地和生态保护红线,加强对山系、水系、绿系的保护和合理利用,努力形成集约紧凑、疏密有致的空间格局。以六条生态带为依托,建设一批郊野公园,实现城市内外绿地连接贯通。加强人口和城市功能调控,完善倒逼和激励机制,严格控制增量,有序疏解存量,引导核心区人口和功能向外疏散。加快钱江新城二期、钱江世纪城、大江东新城等重点区域开发建设,继续推进"三改一拆",区县(市)实现基本无违建,推进棚户区改造,加快实施主城区城中村改造五年攻坚行动。加快地下综合管廊建设,推进城市地下空间综合开发和城市立体发展。

2.塑造城市特色风貌。认真落实中央城市工作会议提出的"一尊重五统筹"要求,树立高水平规划、高标准建设、高效能管理、高品位生活的理念,从整体平面和立体空间统筹协调城市景观风貌,更好体现地域特征、江南特色和时代风貌。着力彰显西湖、钱塘江、大运河、西溪湿地、湘湖等景观风貌区,打造更具东方韵味的山水园林城市。弘扬城市美学、建筑美学、色彩美学、生活美学,制定城市设计政策和标准,落实相关措施,强化建筑立面管理规范,优化城市建筑形态。加强对历史文化遗产保护和利用。提升街道、公园、广场等城市公共空间品质,精心设计城市家具,美化城市景观。

3.提升生态环境质量。持续推进治污水、防洪水、排涝水、保供水、抓节水"五水共治",推进海绵城市建设,到 2020 年前全面消除黑臭河和地表水劣 V 类断面;强化饮用水源安全保障,扎实推进千岛湖配供水工程。严格控制煤炭消费总量,统筹推进燃煤烟气、工业废气、车船尾气、餐饮排气、扬尘灰气"五气共治",实现 PM 2.5 浓度持续下降、空气质量优良天数比率大幅提升。加快装配式建筑发展,推进建筑工业化,减少建筑垃圾和扬尘污染。统筹推进生活固废、建筑固废、污泥固废、有害固废、再生固废"五废共治",合理布局并加快固废收集、运输、处置和利用设施建设,深化落实生活垃圾"三化四分"。深化"两路两侧""四边三化"工作,实施小城镇综合整治行动,深入推进城乡环境综合整治。开展"城市增绿"行动,推广屋顶绿化和垂直绿化,加强对废弃矿山、湿地的环境治理和生态修复。深入实施工业、建筑、交通等重点节能工程,大力推广和应用新能源汽车,开展低碳社区、低碳园区等试点示范。

4.完善生态文明制度。推进建设用地和用能权、碳排放权、排污权、用水权等资源要素交易,实施能源和水资源消耗、建设用地使用等总量和强度双控管理。建立健全环境承载力预警体系,完善对重点生态功能区的生态补偿机制。完善环境信用评价制度,探索建立环境污染责任保险制度。探索生态文明绩效评价和责任追究制度,建立生态环境损害责任终身追究制。

七、加快形成亚太地区重要国际门户枢纽

对接长三角城市群打造亚太地区重要国际门户的定位,充分发挥杭州区位条件和综合交通枢纽优势,重点补齐国际地位不突出、国际通达水平不高、信息基础设施不强等短板,加快推进基础设施现代化,在强化综合枢纽功能、完善对外对内交通和信息网络设施上实现新突破。

1.提升交通枢纽国际化水平。推动萧山国际机场扩容提升和功能配套,开辟更多欧洲、美洲、大洋洲等重点城市国际航线,增加亚非主要城市航班,到2020年杭州空港国际及地区通航点达到40个左右。拓展航空配套服务市场,支持开通国际货运航线,大力发展临空经济,积极争创国家级临空经济示范区。加快建设完善机场至中心城区和杭州都市圈城市的快速通道,有序建设通用机场。加强与"一带一路"节点城市的铁路骨干支线网衔接,积极对接中欧国际货运班列。加强市域重点航道改造提升,深化与宁波舟山港、上海港等战略合作,鼓励企业参与海上丝绸之路建设。加强多式联运高效衔接和设施互联互通,打造区域性国际物流中心。

2.完善城乡综合交通网络。规划实施杭州"一轴两翼五站"铁路枢纽布局,建设杭州城西综合交通枢纽,优化杭州站、杭州东站、杭州西站、

杭州南站、江东站等枢纽站功能配置,加快建设杭黄、商合杭、杭绍台、杭温等高速铁路和杭州都市区城际铁路网,推进杭武高铁规划研究,形成以杭州为中心的省域一小时交通圈。优化城市环线系统,建设完善城市快速路网,加强杭州主城与副城、新区、组团、县城间的路网联系。加快城市轨道交通建设,到2020年形成250公里以上城市轨道交通网络,规划建设现代有轨电车线路。健全大公交体系,完善绿道网和慢行系统,推进各种公共交通工具"零距离换乘",城区机动化出行公交分担率达60%以上,城乡间交通更加便捷顺畅。加快停车设施建设,科学布设人行立体过街设施,优化街坊路和住宅区内道路系统。加快智慧交通建设,完善交通综合信息平台,强化路面严管严治,提升交通治理科学化、智慧化、人性化程度。

3. 加快信息网络和数据开放平台建设。加快国家下一代互联网示范城市建设,推动互联网IPv6规模化应用。建设国家级互联网骨干直联点,增设互联网国际出口专用通道,进一步提升国际和本地网络交换能力。全面推进"三网融合",推进车联网试点,打造5G应用先行区,构建宽带、泛在、融合、便捷的市域无线网络,到2020年全市互联网普及率达到90%。健全网络与信息安全保障体系,确保重要应用系统及超大型网络平台的安全。围绕国家云计算服务创新发展试点示范城市建设,建成国际一流的云平台和大数据交易平台,打造"云上杭州"。以打造跨境电商大数据交换中心为突破口,建设国际贸易、金融、物流等大数据汇集、交易、挖掘、应用的重要枢纽城市。

八、加快形成现代城市治理体系

充分发挥杭州政务公开透明、信用基础较好、智慧应用领先等优势,重点补齐现代城市治理相对滞后、国际公共服务设施不足等短板,努力在提升政务环境、法治环境、服务环境、社会环境上实现新突破。

1. 优化政务法治环境。深化"四张清单一张网"改革,厘清政府权力范围并明确职责。加快推进"互联网+政务服务",深化政务公开,完善

"服务清单"，加强绩效管理，提高政府运行透明度和办事效率。设立政府大数据管理机构，推进政务数据资源跨层级、跨部门归集、共享、开放和应用。建立涉外事务管理负面清单制度，下放外商投资企业注册登记权限，降低港澳地区市场主体准入门槛，进一步完善出入境管理与服务。以创建社会信用体系建设示范城市为契机，深化"信用杭州"建设。加强法治杭州建设，坚持科学立法、依法行政、严格执法、公正司法、全民守法，努力营造规范有序、公平竞争的市场环境和社会环境。

2.提升公共服务国际化水平。推进外籍人员子女学校规划建设，到2020年全市外籍人员子女学校达到8所；大力发展国际教育，引进国外知名教育机构来杭参与办学，中外合作办学机构与项目达到100个。支持民办西湖大学等国际一流研究型高校建设。大力发展外国留学生教育，扩大在杭留学生的来源国别、留学类别和规模。深化图书馆国际交流，增强公共图书馆国际服务功能。推进医疗卫生领域国际化合作，积极引进国际性医疗机构，推进国际化医院试点，建立与国际接轨的远程会诊系统，完善国际医疗服务结算体系。建立完善多语种服务平台，建设统一的外籍人员服务定点窗口，设立面向境外游客的旅游咨询中心，组建长效性外语志愿服务队伍，积极引进使馆签证、评估和认证等国际中介服务组织及其分支机构，健全外文咨询、信息提供、生活设施和公共服务体系。实施国际化标识改造工程，规范城市公示语标志，建设具有杭州特色的国际化街区和社区。

3.加强城市智慧治理。充分利用大数据、云计算、物联网、人工智能等信息化技术，完善城市智慧管理服务，提升城市运行效率。建设智慧政务应用服务体系，全面实现网上办公和互动交流。推进"数字杭州"建设，完善相关标准体系和数据平台，加快在城市建设管理、交通、环保、气象、管网、防灾减灾等领域的智慧应用。加强智能电网建设，构建能源互联网城市样本。加强医疗、教育、养老、就业、社保等领域智慧应用和示范推广，努力建成覆盖城乡、全民共享的智慧民生服务体系。深化平安杭州建设，加强城市安全预警与应急管理体系建设，提升重大气象灾害、突发公共安全事件等防御和应急处置能力。

九、加快形成区域协同发展新格局

抢抓国家区域发展战略机遇，发挥杭州城市国际化与城乡一体化互动融合的优势，重点补齐杭州在区域发展中城市能级不高、城乡发展差距依然较大等短板，进一步增强集聚和辐射功能，在城市群和都市圈协同发展、城乡一体化统筹发展上实现新突破。

1. 主动接轨国家区域发展战略。积极参与国家"一带一路"倡议，主动融入长江经济带和长三角城市群发展规划，加强重大战略平台和重点专题领域合作，巩固和强化长三角区域规划明确的杭州"一基地四中心"特色功能，加强与上海、长三角区域和国内外城市的合作交流，进一步增强集聚和辐射带动能力，提升杭州在长三角世界级城市群中的能级，提高杭州在全国的城市地位。

2. 加快杭州都市区和都市圈建设。充分发挥杭州中心城市龙头作用，加快杭州都市区通勤一体化和公共服务互联互通建设，使杭州都市区成为全省参与国际国内竞争的尖兵和龙头。完善杭州都市圈合作模式，深化加快基础设施互联互通，推进城际轨道、高速公路、高等级航道和综合交通枢纽建设，努力在空间布局优化、产业协同发展、生态环境共保、公共服务共享等方面取得实质性成果，努力打造杭州都市圈全国经济转型升级和改革创新先行区。

3. 深入推进城乡一体化。强化市域空间统筹，坚持以城市国际化带动城乡一体化，构建多层次、多中心、网络型城市体系。加快萧山、余杭、富阳与主城区深度融合，推进市区一体化发展，研究推进城市行政区划调整。深化区县（市）协作，深入实施产业、科技、人才、旅游、交通等"西进"行动，促进市区与县（市）、城市与乡村协同发展，加快建设品质城乡。

十、保障措施

1. 强化统筹协调。加强组织领导，形成党委统一领导、党政齐抓共管、人大政协有效发挥作用的城市国际化工作领导格局。加强协同推进,充分发挥杭州市城市国际化推进工作委员会牵头抓总作用,充分发挥各级各部门的责任主体作用。加强政策配套,研究出台杭州城市国际化指标体系,完善城市国际化专家咨询机制,细化城市国际化政策举措。加强地方立法,制定出台《杭州市城市国际化促进条例》。加强干部能力素质建设,各级干部特别是领导干部要树立宽广的国际视野,掌握国际知识,学会按国际通行规则和国际惯例办事,提升国际合作和交往能力。

2. 强化改革推动。坚持创新思维、敢于探索实践,善于用改革的方法,着力解决城市国际化推进中的突出问题。充分发挥现有各项国家改革创新试点作用,积极争创国家全面创新改革试验区,研究提出科技创新、会展旅游、招商引智、投资融资、文化交流、规划建设、生态环保、交通管理、城市治理、区域协同、对外宣传等改革方案,为深化推进城市国际化提供强有力体制机制保障。

3. 强化人才支撑。深化人才发展体制机制改革,建立海外高层次人才信息库,编制国际高端紧缺人才开发目录,建立与国际规则接轨的高层次人才管理制度,强化专业人才队伍建设。深入实施国家、省"千人计划"和杭州市国外引智引才计划,大力引进国际英才。探索建立政府部门外籍雇员管理制度。积极组织本地人才赴海外培训、参与国际交流活动,加大本地国际化人才培育力度。加强与浙江大学、中国美术学院、浙江工业大学等高校的战略合作,充分发挥高校在杭州国际化人才培养、国际科技创新合作与城市人文交流等方面的综合性作用。

4. 强化宣传推介。健全对外宣传和城市形象推广机制,精心策划杭州国际新形象。充分利用举办重大国际会议和活动的契机,建立与全球主流媒体战略合作关系,借助国际媒体专业能力和国际影响力推介杭州。发挥本地国际知名企业家、在杭外籍人士、外侨、国际友人等名人效应,用好国际友城资源,通过各种载体和途径对外宣传展示杭州。

5. 强化督导落实。推进城市国际化是一项系统工程、长期任务,必须坚持上下联动,必须坚持分阶段分步骤实施。要建立城市国际化目标任务和重点项目分解落实机制,完善工作考核和绩效评估办法,加强各项任务措施实施情况的督促检查。市直各部门各单位和各区县(市)党委、政府要认真贯彻本意见精神,细化工作举措,确保各项任务落到实处。

附录二：The Hangzhou Statement of the Members of the UNESCO Global Network of Learning Cities
(《学习型城市建设杭州宣言》)

Preamble

We, the mayors, deputy mayors, educational executives and representatives of the member cities of the UNESCO Global Network of Learning Cities (GN-LC)① have gathered here in Hangzhou, China, on 15 and 16 November 2016 on the occasion of the First Members' Meeting of the UNESCO Global Network of Learning Cities. We recognize the crucial role that cities and local communities play in achieving the 2030 Agenda for Sustainable Development as outlined in Sustainable Development Goal (SDG) 11 ('Make cities and human settlements inclusive, safe, resilient and sustainable').

We acknowledge that lifelong learning is fundamental to achieving the 2030 Agenda for Sustainable Development. Education and lifelong learning are at the centre of SDG 4 ('Ensure inclusive and equitable quality education and promote lifelong learning opportunities for all'); however, it also intersects the sixteen other goals in the Agenda. Putting education and lifelong learning at the centre of building inclusive sustainable cities and local communities will

---

① UNESCO Global Network of Learning Cities Guiding Documents: http://www. uil. unesco. org/lifelonglearning/project/unesco-global-network-learning-citiesguiding-document.

therefore not only improve local living conditions, but contribute to sustainable nations and regions and to global development.

Reaffirming our commitment to the UNESCO GNLC

We acknowledge the important role the UNESCO GNLC plays in helping cities to effectively mobilize sector-wide resources to promote lifelong learning for all citizens. As members of the UNESCO GNLC, we believe that learning from other cities, sharing and collaborating are central to advancing our agendas in implementing lifelong learning for inclusive and sustainable development in our communities. We are committed to staying up-to-date with our progress, sharing success stories, collectively dealing with challenges encountered and lessons learned, collaborating on common issues, and advocating the continuous implementation of lifelong learning in our countries and regions.

Our road map

As we reflect on the UNESCO Global Network of Learning Cities Guiding Documents 1, which consist of the *Beijing Declaration on Building Learning Cities* and the *Key Features of Learning Cities*, and the *Guidelines for Building Learning Cities*, we reaffirm our commitment to pursuing the strategic approaches and recommended action points that support their implementation.

We also reaffirm the *Mexico City Statement on Sustainable Learning Cities* (*2015*),[1]which outlines the directions that need to be taken to maintain a sustainable learning city and the important role learning cities play in achieving the *2030 Agenda for Sustainable Development*.

We recognise the relevance of learning cities to the *New Urban Agenda*, which was adopted at the United Nations Conference on Housing and Sustain-

---

[1] Mexico City Statement on Sustainable Learning Cities: http://www.uil.unesco.org/lifelong-learning/project/mexicocity-statement-sustainable-learning-cities-0.

able Urban Development(Habitat III) on October 20th 2016 in an effort to formulate a global direction towards achieving sustainable urban development.

We will draw on the progress we have made and the lessons we have learned to implement concrete actions in the areas that were specified in the meeting. These include:

Distributing learning resources evenly between urban and rural areas

Many people living in rural areas, especially those on the outskirts of major cities, experience a lack of systematic and collaborative approaches to learning; consideration should therefore be given to ensuring they have access to quality educational opportunities. Points to consider in this respect include infrastructure; citizens' mobility; increased availability of education providers and learning centres; and provision of delivery systems for learning materials, including information and communication technology (ICTs).

We will engage with and encourage cross-sector stakeholders to provide equal and quality learning opportunities to citizens in rural areas, a step towards guaranteeing the universal right of every resident to learning opportunities.

Monitoring progress in developing learning cities

Building a sustainable learning city requires a pragmatic and multidisciplinary approach. Monitoring and reporting on the progress of building a learning city is necessary to transform political and theoretical discourse into concrete strategies and approaches and to evaluate the benefits of the strategies put into place. Performance indicators are essential to this process; together with other stakeholders, universities can play a key role in the monitoring process. We also call upon UNESCO to support this process.

The list of *Key Features of Learning Cities* is a normative instrument for measuring the development of learning cities. The *Key Features of Learning Cities* also provide a valuable reference that can support the implementation of the SDGs at a local level, particularly from the lifelong learning perspective.

323

We will use this tool to transform our political commitments and good intentions into effective actions and measures.

Better use of ICTs to develop learning cities

Learners need equal access to learning resources. Flexible and accessible learning opportunities, including ICTs, can facilitate this and transform communities into knowledge-building hubs. ICT and online learning can motivate learners, promote quality and effective learning, and help deliver services more efficiently.

We are determined to develop ICT-based learning tools such as online tutorials, electronic libraries, mobile courses and participatory planning. Collaboration and sharing good practice enables us to meet the learning needs of all citizens, in particular those of marginalized groups, and to transform our communities into learning and innovation hubs.

Developing a legal framework for the learning city

Using a legal framework to integrate and strengthen national education policies enables countries to better implement lifelong learning at the national, provincial and municipal levels. The engagement of national governments in promoting learning cities is therefore crucial for success.

A legal framework on any level can be the turning point in making lifelong learning a general organizing principle for formal, non-formal and informal learning. Cities can use the framework to develop various lifelong learning opportunities and resources.

We are determined to work collaboratively and on multiple levels across sectors to build legal and strategic frameworks for mobilizing lifelong learning resources and providing learning opportunities.

The way forward

In addressing the above points, we will work towards our major milestones collectively through the UNESCO Global Network of Learning Cities(GNLC).

附录二：The Hangzhou Statement of the Members of the UNESCO Global Network of
Learning Cities(《学习型城市建设杭州宣言》)

We undertake to:

• Regularly report our progress and achievements; we welcome representatives from the member cities to use the Third International Conference on Learning Cities(ICLC) in Cork, Ireland, in 2017 as the initial opportunity to do this;

   • Initiate intersectoral approaches to local lifelong strategies;

   • Further strengthen the network using regional, sub-regional and partner city-led approaches to cooperation.

We acknowledge Hangzhou as the host city of the meeting and recognize its innovativeness and achievements in promoting sustainable development through lifelong learning and transforming a remarkable historical and cultural city with stunning scenery into a learning city.

We are grateful for the generous hospitality by and great organizational work of the Hangzhou Municipal Government in hosting this meeting. We would also like to express our appreciation to the National Commission of the People's Republic of China for UNESCO for its great support in organizing this meeting, and to UIL for its continuous engagement in supporting growth activities for the learning city network.

In conclusion, we pledge to provide our full support during the preparations for the Third International Conference on Learning Cities and to embrace it as a compelling platform for learning cities as strong transformers in the realization of sustainable development.

Hangzhou, 16th November 2016

CONTENTS

责任编辑:翟金明

封面设计:徐　晖

责任校对:张红霞

图书在版编目(CIP)数据

杭州城市国际化发展报告·2017／杭州市发展和改革委员会，
　杭州师范大学 编. —北京:人民出版社,2018.4
ISBN 978－7－01－019121－8

Ⅰ.①杭…　Ⅱ.①杭…②杭…　Ⅲ.①城市发展-国际化-研究报告-
　杭州-2017　Ⅳ.①F299.275.51

中国版本图书馆 CIP 数据核字(2018)第 055478 号

杭州城市国际化发展报告(2017)
HANGZHOU CHENGSHI GUOJIHUA FAZHAN BAOGAO(2017)

杭州市发展和改革委员会　杭州师范大学　编

人民出版社 出版发行
(100706 北京市东城区隆福寺街 99 号)

北京汇林印务有限公司印刷　新华书店经销

2018 年 4 月第 1 版　2018 年 4 月北京第 1 次印刷
开本:710 毫米×1000 毫米 1/16　印张:21.25
字数:292 千字

ISBN 978－7－01－019121－8　定价:68.00 元

邮购地址 100706　北京市东城区隆福寺街 99 号
人民东方图书销售中心　电话 (010)65250042　65289539